会计名家培养工程学术成果库
——**学术总结**系列丛书

与中国审计同行

张龙平 著

中国财经出版传媒集团
中国财政经济出版社

图书在版编目（CIP）数据

与中国审计同行/张龙平著. --北京：中国财政经济出版社，2020.3

（会计名家培养工程学术成果库. 学术总结系列丛书）

ISBN 978-7-5095-9585-5

Ⅰ. ①与… Ⅱ. ①张… Ⅲ. ①审计学-学术研究 Ⅳ. ①F239.0

中国版本图书馆CIP数据核字（2020）第022789号

责任编辑：赵泽蓬　　责任校对：张　凡
装帧设计：陈宇琰　　责任印制：党　辉

中国财政经济出版社 出版

网址：www.cfeac.com

社址：北京市海淀区阜成路甲28号　邮编：100142

营销中心电话：010-88191537

天猫网店：中国财政经济出版社旗舰店

网址：http://zgczjjcbs.tmall.com

中煤（北京）印务有限公司印装　各地新华书店经销

787×1092毫米　16开　28.75印张　326 000字

2020年8月第1版　2020年8月北京第1次印刷

定价：145.00元

ISBN 978-7-5095-9585-5

(图书出现印装问题，本社负责调换)

本社质量投诉电话：010-88190744

打击盗版举报热线：010-88191661　QQ：2242791300

会计名家培养工程学术成果库
编委会成员

會計名家

出版说明

为贯彻国家人才战略，根据《会计行业中长期人才发展规划（2010~2020年）》（财会〔2010〕19号），财政部于2013年启动“会计名家培养工程”，着力打造一批造诣精深、成就突出，在国内外享有较高声誉的会计名家，推动我国会计人才队伍整体发展。按照《财政部关于印发会计名家培养工程实施方案的通知》（财会〔2013〕14号）要求，受财政部委托，中国会计学会负责会计名家培养工程的具体组织实施。

会计人才特别是以会计名家为代表的会计领军人才是我国人才队伍的重要组成部分，是维护市场经济秩序、推动科学发展、促进社会和谐的重要力量。习近平总书记强调，“人才是衡量一个国家综合国力的重要指标”“要把人才工作抓好，让人才事业兴旺起来，国家发展靠人才，民族振兴靠人才”“发展是第一要务，人才是第一资源，创新是第一动力”。在财政部党组正确领导、有关各方的大力支持下，中国会计学会根据《会计名家培养工程实施方案》，组织会计名家培养工程入选者开展持续的学术研究，进行学术思想梳理，组建研究团队，参与国际交流合作，以实际行动引领会计科研教育和人才培养，取得了显著成绩，也形成了系列研究成果。

为了更好地整理和宣传会计名家的专项科研成果和学术思想，中国会计学会组织编委会出版《会计名家培养工程学术成果库》，包括两个系列丛书和一个数字支持平台：研究报告系列丛书和学术总结系列丛书及名家讲座等音像资料数字支持平台。

1. 研究报告系列丛书，主要为会计名家专项课题研究成果，反映了会计名家对当前会计改革与发展中的重大理论问题和现实问题的研究成果，旨在为改进我国会计实务提供政策参考，为后续会计理论研究提供有益借鉴。

2. 学术总结系列丛书，主要包括会计名家学术思想梳理，教学、科研及社会服务情况总结，旨在展示会计名家的学术思想、主要观点和学术贡献，总结会计行业的优良传统，培育良好的会计文化，发挥会计名家的引领作用。

3. 数字支持平台，即将会计名家讲座等影音资料以二维码形式嵌入学术总结系列丛书中，读者可通过手机扫码收看。

《会计名家培养工程学术成果库》的出版，得到了中国财经出版传媒集团的大力支持。希望本书在宣传会计名家理论与思想的同时，能够促进学术理念在传承中创新、在创新中发展，产出更多扎根中国、面向世界、融通中外、拥抱未来的研究，推动我国会计理论和会计教育持续繁荣发展。

会计名家培养工程学术成果库编委会
2018年7月

目录 CONTENTS

第一部分

个人学术自传

會計

一、贫寒童年的幸运

1966年2月14日，我出生在川东（现渝东）垫江县高峰乡民主大队第六生产小队一个叫张家坝的村子，几十户同宗张姓人家世代在这里繁衍生息。村旁有长江的一个支流河，常年不干，静静流过。在我的记忆中，小时候虽然非常贫穷，但同龄孩子特别多，不愁找不到伙伴玩，也是纯粹自然的快乐。在那个“英雄母亲”辈出的年代，每家一般每隔两年就会添一个孩子，有四五个或五六个孩子的家庭实在很平常。除了吃饭、做作业和帮家里干点活会分开之外，其他时候我们都会在一起无拘无束地玩耍。什么躲迷藏、打泥巴仗、跳大绳、踢毽子、拍烟盒片、抓石子、弹玻璃弹珠、修房子、玩弹弓、踩高跷、滚铁环、坐滑轮车、蹲着在队里晒场水泥地上打乒乓球、游泳等，样样都会。我父亲是个木匠，很多玩具都是我用家里工具做的。现在回想起来，儿时的贪玩会玩、童趣童真，既锻炼了身体，又愉悦了身心；既体会到了沟通协作的意义，又提升了个人的动手能力和胆识智慧。

我很幸运生活在一个十分温暖、重视家教的“半边户”家庭，爸爸是工人，妈妈是农民。我排行老四，上有三个姐姐，下有一个弟弟、两个妹妹。爸爸妈妈很恩爱，没红过脸、吵过架，齐心协力

图1.1　与父母及姐弟妹们在老屋前合影

操持这个家，在没有老人帮忙的情况下，把我们七个兄弟姐妹拉扯大，不仅保障我们的身心健康，还教育我们读好书、做好人。

从我记事起，印象最深的是，爸爸经常跟我们念叨读书的好处和重要性。爸爸文化不高，人却憨厚，不多言语。听他讲过，小时候陪本村同姓地主家孩子一起念过私塾，识一些字，会写毛笔字。他常说的那几句话，我现在仍记忆犹新："万官皆下品，唯有读书高""穷不离猪，富不离书""读书要明，写字要正""跳出农门只有读书这条路""穿皮鞋还是穿草鞋，就看你怎么读书了"。每次爸爸周六下班后，从县城走回家，就必然会向妈妈和姐姐们打听，我在学校和家里的表现。他每次听到我表现不错，成绩在班上数一数二后，就自然地流露出发自内心的欢乐和满足感。这不仅让我感到快乐和自豪，更让我明白了听爸妈话，把书读好才是真正王道和唯一出路。

每逢放寒暑假，爸爸就会把我带到他工作的垫江县城去玩，我特别高兴。从我家到县城近20公里，当时没通公路，全是丘陵地势，老要爬坡上坎，爸爸见我快走不动了，不等我求助，就主动把我扛在肩上。到了县城，他周一到周六白天得上班，就每天给我一分钱，让我自己去"小人书"摊看连环画，到点了，我就回工厂里和他一起吃饭。有一次，不知是哪位好心朋友，给我爸爸两张戏票，他边看边轻声跟我讲解，让我第一次见识和领略了川剧的风采。和爸爸待一块儿的日子里，最让我刻骨铭心的是他在木工房里看着模型图纸时说的一番话："儿子啊，你要好好多读书，我只念了点旧书，看半天图纸都看不懂，好吃亏喔！"最让我兴奋不已的是，他曾在要好的几位工友面前，当面“赤裸裸”地夸奖我。其实，性格内敛的父亲，还是用自己的寡言良行，潜移默化地影响了我，向我全然昭示了何为父爱，何为大爱，父爱就是无私默默地付出，润物无声，拳拳殷殷心；大爱就是真正助儿成人，春风化雨，满满正能量。我爸爸是一个彻底的唯物主义者，他说天上不会掉馅饼，只能靠自己辛勤劳动；他不让我们乱信教，总跟我们说，要记住肚子饿了就会“叫”。语言简朴，道理深刻。这就是我那具有善良人性和本质理性、在很大程度上决定我一生“三观”选择的父亲。父爱表达看似含蓄，其实深刻；父爱二字看似平凡，其实伟大。父爱如山，巍然屹立；父爱如海，雄浑壮阔。我将秉持他的教义，继续健康、快乐地前行。

人生难免遗憾，我辛苦操劳、肯动脑筋、诚实友爱、严于律己的父亲在他84岁那年寿终。尽管在他生前我已竭力尽孝，但其实我所做的一切，永远无法报答他生我、养我、教我之大恩。

我妈妈自幼家境贫寒，没读过书，不会写字，只认识自己的姓名，可她很聪明，会心算两位数以上的乘法，卖鸡蛋几斤几两，单价一斤几毛几分，该收多少钱，比我爸爸算得还对还快，我当时打心眼里佩服她。妈妈虽是不识字的农村妇女，但明事理，知轻重，很有见识和眼光，在支持和督促我们读书的问题上，坚决地和我爸爸站在一边。妈妈常说：“家里再穷我都愿意省吃俭用，哪怕借钱交学费也要让你们读书。”

2018年，我妈妈将满82周岁，她依然身心健康，生活自主，

图1.2　2008年陪母亲游东湖磨山

并乐于接受新鲜事物，还经常挂念和操心我们，这是做儿孙的福分和财富。祝愿她颐养天年、快乐每天！

在我小时候，妈妈和姐姐们都很关心和照顾我，除了放牛、捡狗屎牛粪（积农家肥）、拾稻穗和跟姐姐一起打点猪草牛草外，就再没有给我安排其他农活了。我只要在读书或做作业，家里人都非常安静，从不吵闹我。

正是家里的宁静祥和、耕读并重和照顾有加，为我创造了宝贵的学习、成长环境。

此外，爸爸妈妈还有一些好品格、好习惯，包括勤劳节俭、量入为出，怕欠人钱、忍嘴待客，按顿吃饭、规律作息，讲卫生、爱干净，严慈适度、信任孩子，正直善良、勇敢担当，积极乐观、耐受力强，这些都对我产生了深深的影响，让我铭记、感动和受益终生。值得多说几句的是他们的善良。那时我们家孩子多，年纪小，爸爸又不在家务农，只靠妈妈和年长的姐姐挣工分，每年都要补款110 元左右，给工分超额的“进款户”，还因为爸爸在外工作赚钱，我家从未分得生产队的一颗救济粮。那时的110 元是我爸爸三个月的全部工资。尽管如此贫穷，我亲眼所见，他们多次尽力帮助更穷的邻居家庭。爸爸特别爱干净，喜欢自己洗衣服。经他熏陶，我从13 岁住读高中起，开始自己洗衣服；成家后遇到出差，工作再忙和时间再晚，也要把换下的衣服洗好，不带脏衣服回家。我爸爸常年工作在外，没法教我游泳，妈妈其实也害怕我游泳溺亡，但他们知道生长在河边的人不会游泳是绝对不行的。我六岁那年，妈妈终于在反复叮嘱我，只能在河边浅处游，学会了再跑河远方后，开始允许我和小伙伴们一起下河洗澡、游泳。我很快学会了游泳，后来还成了小我四岁的弟弟和几个外甥的游泳“师傅”。

我也不知道我为何懂事较早，知道心疼父母。大概四岁起，我就比较注意妈妈的一言一行，苦乐冷暖。妈妈经常在人前夸我是个很懂事的孩子。我每天看见妈妈那么辛苦操劳（很早起来为我们做饭；劳动一天自己已很累，从不抱怨，还为我们烧稻草做午饭和晚饭；睡觉前烧水帮我们洗脸洗脚；半夜巡查我们睡觉、陪伴我们起夜），我每次看见妈妈受到过分欺负而和他人吵架，就觉得她一个弱女子，虽坚韧乐观，但撑起那大一个家，真不容易啊！并暗下决心，一定要听话好好读书，今后要有出息，让妈妈高兴，保护好妈妈。

我很幸运，六岁时就读民主大队小学，那是1972年的秋季，教学秩序还算正常。当时比较看，民主大队小学的办学条件和师资，还算好的。教室用的是政府没收的一个大地主的豪宅，桌子板凳齐全，上音乐课还有手风琴和脚踩琴，只是操场是土操场而已。老师都受过正规教育或专门培训。读小学时我很听老师话，眼睛看事，手脚勤快，学习成绩又好，老师们都很喜欢我。有趣的是，我曾多次按姐姐的口述，代她给当兵的未婚姐夫写书信；还帮邻居家的晚辈媳妇，给她远在新疆打工的丈夫，代写家信；遇到不会写的字，就标拼音；写好后，她们一般会给我一点奖赏，我越发尝到读书的甜头。我从小就喜欢读书，读书让我愉悦和满足，特别是学习成绩一直领先时，幸福感倍增。

那是很讲阶级斗争的年代，1977 年五年制小学毕业后，我因为是贫农家庭的孩子，外加成绩好，被推荐到全乡最好的中学——高峰中学念初中。但遗憾和可怜的是，有不少成绩好的小伙伴因家庭成分不好，未能读到好初中。

尽管我的童年时代国家很落后，家乡自然条件又差，生活异常艰苦——比如粮食根本不够吃，一年也见不到几次油腥，吃饱穿暖都成问题，特别是冬天，脚穿单薄的解放鞋或妈妈做的布鞋，冷得直打哆嗦，小孩们手脚都长很多冻疮，要是遇到下雨天，情况就更惨了——但平心而论，这些何尝不是一种极其特殊的、对个人意志和品格的历练，使我们拥有战胜更大困难的信心的同时，更懂得珍惜今天的美好生活。

二、初中高中的奋发

1977 年秋季，我上初中后，发生的两件大事深刻地影响了国家及每个人的前途和命运。

一是恢复高考制度。1977 年 8 月，邓小平主持召开科学和教育工作座谈会并讲话，力主以科教战线为突破口，领导全面拨乱反正，果断作出当年恢复高考的决定。与过去的惯例不同，1977 年的高考在冬天举行，有570 多万人走进了曾被关闭了十余年的高考考场。虽然按当时的办学条件全国大专院校只录取了27.3 万人，但是它却激励了成千上万青年人重新拿起书本，加入到求学大军中去。这是中国有史以来少有的一场读书热潮。1978 年，610 万人报考，录取40.2 万人。77 级学生1978 年春天入学，78 级学生1978 年秋天入学，两次招生仅相隔半年。1977 年冬和1978 年夏的中国，迎来了世界历史上规模最大的考试，报考总人数将近1200 万人。恢复高考制度，使中国的人才培养重新步入健康发展的轨道，不仅改变了几代人的命运，尤为重要的是为我国在新时期及其后的发展和腾飞奠定了良好的基础。

二是全面拨乱改正、实行改革开放。1978 年12 月，中共十一届三中全会召开，邓小平在会上作了《解放思想，实事求是，团结一致向前看》的讲话。本次会议重新确立了解放思想、实事求是的指导思想，实现了思想路线的拨乱反正；停止使用“以阶级斗争为纲”的口号，及时果断地把全党和全国工作的重点转移到社会主义现代化建设上来，实现了政治路线的拨乱反正；形成以邓小平为核心的中共中央领导集体，取得了组织路线的拨乱反正。会议的最重要成果是，作出了实行改革开放的重大决策，开始了“以阶级斗争为纲”到以经济建设为中心的历史性转变。本次会议是建国以来党和国家历史上具有深远意义的伟大转折。它开创了建设中国特色社会主义的新道路，中国从此进入改革开放的新时期，国家的政治建设从此进入一个新时代。

不言而喻，我是幸运的，赶上了改革开放、国家发展的好时代。恢复高考制度从根本上改善了人才的供给侧，使各个学校重整旗鼓，使老师斗志昂扬，使学生有了奔头。全面拨乱反正、实行改革开放从基础上改善了人才的需求侧，使经济快速发展的同时，增大了国家建设对高层次人才的需求。

随着上述形势的变化，我一进初中，就明显感到与读小学相比，大家的学习目标更明确，动力更充足，竞争更激烈。学校抓得很紧，管得很严，出台了一系列奖惩班主任、任课老师及学生的针对性措施。校长大会小会都讲，学校一切要为中考服务，全校师生要坚决打赢中考这一仗。学校每周、每月、每学期都要开展班级之间、不同课程之间、同课程之间、老师之间、学生之间、学生本次考试与上次之间的成绩大比拼、大考核。

我也铆足了劲，更加专心学习。语文学得最好，多次获得奖励，奖励的墨水在家里排了一大排。我有一股不服输的精神，有一次，班上有个数学狠角儿，故意考我一道数学难题，我当时没做出来，就把题目抄回家，晚上点着煤油灯，苦思两小时，终求得正解，我非常兴奋。那时真是贫穷落后，手边除了课本，再没有任何参考资料和求助方式了。尽管初中很努力，但由于班上集中了各大队小学的优秀毕业生，我的总成绩排名，一直徘徊在年级前5%左右。当然，按这个排名，不出意外，也能稳上四川省属中专，实现跳出农门的梦想。

1979 年初，两年制初中快毕业了。临近中考报名，国家政策发生重大调整。主要变化是，年龄未满15 周年的初中毕业生不许报考中专。对我来说，这就是惊天霹雳。为有机会上中专，不少同学家里都设法改了户籍信息中的出生日期。我回家央求我那一生只可帮人、不愿求人的爸爸，也去把我的年龄改成15 岁，但他没答应。他说你就好好读高中吧！高中毕业可以考大学，考上大学可比中专强多了。就这样，我虽然参加了省统一中考，成绩高出省中专线一大截，但还是没走成中专，直接被县里最好的高中——垫江中学录取。

世间万物，因果轮回，祸福相依，没料到我爸爸的话应验了。惜别中专、直读高中，竟然成为我一生中最正确、最关键的决择之一。要是读了中专，就没有后面上大学、读研究生、当大学教授、更好地服务于国家建设的机缘了。

现在回头看，初中时的景象，既团结、紧张，又严肃、活泼。

虽然初中生活条件和小学一样艰苦，但这在一切为了中考的滚滚学习热潮中，早已被冲淡或忽略。年少的我，以优异成绩经受住了中考的强压力测试，心智也成熟了许多，对未来高中学习充满了信心。

说来真该好好感谢初中的领导和老师们，特别是班主任刘文斌老师，在无私奉献、狠抓主干课的同时，要求我们做早操和课间操，上体育课、音乐课和美术课，力争全面发展。学校很关心学生的身体健康，由于下午还要上课，特许我们自带大米，交学校食堂蒸碗碗饭。那个年代，男生也封建、也害羞，我们都躲开女生，跑到学校围墙外面吃饭，没有菜下饭也吃得很香。午饭后，要求我们趴在桌子上午睡，不许讲话、走动和外出。

其实，初中日子虽然过得单调，但幸福、悠然而有规律。早上起来吃饭上学，下午4点放学，然后飞奔回家，再吃家里留着的午饭。因为我是我父母期盼已久难得的长子，他们非常疼爱我，母亲往往给我留较多的饭菜。吃完了，趁天亮，把所有作业做完。天黑宵夜后，洗一洗就去睡觉了。那时村里没供电，全靠煤油灯照明，还要尽量节省煤油，晚上没有任何娱乐活动。要知道外面的世界发生了什么，只有三个来源：一是听乡政府安在山顶上的高音喇叭，二是看村里仅有的一份《涪陵日报》，三是听大人们谈话。每天回家，有妈妈和姐姐照顾我的生活，与高中住读生活相比，实在太幸福了。

1979年9月，我顺利就读垫江中学高中部。该中学位于垫江县桂溪镇峡口社区的玉鼎山下、桂溪河畔，创建于1906年，前身为忠州中学堂，是原四川省首批重点中学，重庆市首批重点中学。师资精良，学生勤奋，历年高考成绩显赫。

据说，当年全县初中毕业生除考取中专外，所有中考成绩排名靠前的，都集中在这里。高中要求住读，从此年仅13岁的我，首次离开爸妈，开始独立生活。新环境下，除了备战高考这一要务外，还面临照顾自己生活、处理师生关系等方面的新挑战。

当时，我们那里的高中都是两年制。第一学年没分科，我总成绩排名在全年级前10%左右。第二学年按文理科分班上课，我选读文科，因为不知何故，物理、化学总学不好。分班后，学习压力特别大。由于高一没有开历史、地理课，在第三学期，除语数外政治照样开课外，我班要从头学完所有的《中国历史》《世界历史》《中国地理》《世界地理》课本，每学完一章一小考，每周一中考，每月一大考，每次考完公布排名，临战气氛渐浓。第四学期为高考前集中复习时间。所有同学都很刻苦用功，使出了浑身招数。洗衣漱口、吃饭、走路、上体育课也在想学习，连上厕所和晚上睡觉还在想学习。晚上到点学校统一拉闸断电，那时可没有停电宝之类的便携照明设备，不少同学就躲在被窝里，打开手电筒看书。

随着高考的临近，气氛越来越紧张，好像学校上空的空气都快凝固了。真正最紧张的，要数年纪稍大的复读生和基础稍差的关系生。不少人面无表情，仿佛都不会笑了。我还好，在班上最年少，理解能力尚可，实在不行，我就把知识要点全部背下来。

最后一个月，进入高考前的冲刺阶段。不少同学开始失眠，明显消瘦，十分憔悴。我的心理承受力还行，临时找爸爸要了点加餐费，营养基本能跟上，庆幸平稳度过了一生中最难熬的一个月。

高中时，我担任班上的劳动生活委员，令我终生难忘和受益。至今都没弄明白班主任为什么要安排我这个年纪最小，个头最矮，既无当班干部的经历，又无特殊背景和授权的学生当劳动生活委员。这个职务主要有两项工作，一是组织大家劳动，其中最难组织的劳动是从学校借粪桶，挑粪上山，给蔬菜施肥，当时大家都在紧张备考，年轻时体力本来就弱，饭也吃不饱，万一粪洒了既难闻又难洗衣，谁都不愿意挑粪劳动；二是领发全班饭票，每月我一个人先收钱（每个同学每天 3 张饭票，一个月共 90 张，每张开始是 8 分钱，后来涨到 9 分钱），再小心翼翼地把收齐的四五百元钱，按时送到伙食科，换领 5400 张饭票后，当面点清，回到教室，如数发给同学。那时的饭票是盖了公章和伙食科科长私章的小片牛皮纸，不好保管，容易丢失。收钱、数钱、交钱，领票、数票、发票，样样都是细活儿，要是差了钱或饭票，就该我全赔了。那时，我爸爸月工资不到四十元，赔不起啊！很幸运，两年下来，没差一分钱，也没差一张饭票。

担任劳动生活委员，对我来说是莫大的锻炼和提高，既增强了我的组织领导能力，又培养了严谨务实、敢于担责的优良作风。这些是我高中紧张课程学习之外，牺牲个人宝贵的空闲时间，换来的无价精神财富。为组织大家劳动，我尝试了如何做人（要平时多关心人、帮助人、团结人）；为领发饭票零差错，我尝试了如何做事

(要事前考虑周全、谨慎操作、双重控制)。所谓双重控制，就是收到每个同学交的钱和在伙食科领取饭票时，当面认真数两遍，看金额和张数对不对；发饭票前，我先找个安全、安静的地方，独自把一人一份90 张认真数两遍、核对无误后分别装袋，然后再发给每位同学。

高中学习和生活条件特别艰苦。在学习方面，除少量的学校油印材料外，再没有任何参考资料。在生活方面，三顿都吃不饱，秋冬衣物单薄，使用稻草铺床，衣食住均堪忧。没有自来水，学校自己打井，定时抽水供水，渴了连水都没喝的，也没办法洗澡，卫生状况极差。那时，不仅没钱，而且学校及周边也没有商店。尽管条件艰苦，但同学们还是打起精神，鼓足干劲，坚定地在充满光明和希望的高考大道上艰难前行。

经过两年奋战，我顺利通过了高考“预考”(不少同学因预考没通过，便与正式高考无缘，更没有了读大学的机会。由于这项制度明显不合理，很快取消了预考)，接着在正式“高考”中，发挥正常，如愿以偿，考入湖北财经学院（后中南财经大学，今中南财经政法大学）财务与会计专业。9 年寒窗，修成正果，从此告别“千军万马过独木桥”的悲壮场景，将开启大学生活的新征程。

万分庆幸，我读的高中集聚了全县各科最优秀的老师，尽管恢复高考后，老师的地位和待遇比以前有所提高，但他们在培育希望的种子的同时，承担着巨大的社会压力和职业压力，是所有行业中最辛苦的。我一直认为，高考面上看考的是学生，实则考的是老师。

从特定角度讲，老师一点不比学生轻松。高中两年里，领导和老师们把所有精力都用在我们身上，尽量改善生活条件，尽量帮助我们备考，600 多个日日夜夜，陪伴坚守，共度难关。正是他们的无私奉献成就了我们，他们不愧是春雨、春蚕，是园丁、蜡烛，是人类灵魂的工程师，是我们成长道路上的人梯和铺路石。愿天下老师幸福安康！

我永远忘不了，高考那几天，学校为了确保全体考生营养充足，正常发挥，在伙食上作出的精心安排，包括提供免费的白糖豆浆。在那贫穷的年代，能喝上卫生的白开水就不错了。白糖豆浆，是我一生中第一次喝到这么好的东西，香甜可口，回味悠长，提神醒脑。至今每当想起，就仿佛回到了温馨的高中校园，回到了可爱老师的身边。

三、大学时代的图强

1981年7月7~9日参加高考。高考结束后，就是寝食难安的苦苦等待。等到高考分数及上线通知后，接着等大学录取通知书。那时交通通讯都很落后，一般邮件只有走中国邮政陆运通道，主要靠邮政专车和邮递员骑自行车运送，公路少且路况差（多为土路，罕见水泥路，更无高速公路），效率十分低下。我收到录取通知书，已是8月30日的下午了。全家打开录取通知书一看，既激动欢喜，又慌张担忧，因为要求9月2~4日报到。当晚爸爸召集全家人聚在一起商量，如何才能在8月31日一天内，把所有事情办好？我家出动了所有能用的人手，安排31日一大早，爸爸、妈妈、大姐夫、堂哥和我按分工各自行动，去办必要学习生活物品购置、户口迁移证、体检、照登记照、换全国粮票（得肩挑稻谷步行10余公里，卖给区国营粮站，换成全国粮票，计划经济时代，要用全国粮票到学校换饭票）。很幸运，一切如愿办妥。9月1日凌晨，天刚蒙蒙亮，我背着行囊，泪别最心爱的妈妈、共甘苦的姐弟妹和养育我的那片土地，带着不舍与希望，踏上异地求学之路；在父亲的陪伴下，经县城转车到达川东门户——万县（今万州）；当晚把我送上“东方红”号轮船后，爸爸就返回了。其实，这之前我从未独自出过远门，他肯定很担心，何尝不想送我到武汉，但手头实在拮

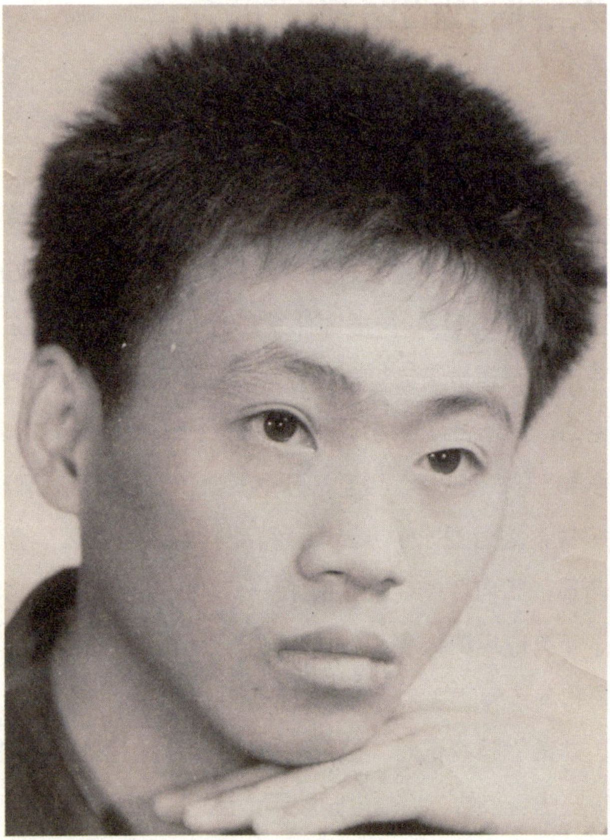

图1.3　15岁上大学时的照片

据，我理解爸爸的境况，父子连心！9月3号下午顺利抵达汉口23号码头，下船后坐迎新卡车到湖北财经学院，终于赶上规定的报到时间，顿时感到一身的轻松。

报到入学后，接受学前教育，领教科书，到教室上课，由此开始了崭新的大学生活。

说实话，刚上财经大学的财会专业时，我虽满足和服从，但心里仍存一丝不甘。受小时候看的电影的影响，觉得律师知识渊博、伶牙俐齿、斗智斗勇，将军赤胆忠心、骁勇善战、顶天立地，极具真男特质，我一直向往读政法大学或军事院校，但困于自己外形不足，务实地放弃了。后来综合考虑高考成绩、个人兴趣和录取可能性三因素后，拟报在本省内招生名额最多的四川财经学院（现西南财经大学），但看到报名的学生实在过多，怕录取不了，遂选择了远在武汉的湖北财经学院；又怕报大家都认为偏好点的财政金融专业走不了，我就选了最冷门的财会专业。那时候，全社会对会计的看法并不好，认为会计就是农村记工分、分粮食的，或者工厂打算盘、发工资的。我的很多高中同学，宁愿读文学、历史、哲学、档案管理和师范专业，也不读财经类专业；退其次，宁愿读财经类的农经、工经和商经专业，也不读会计。

从本质和行动看，我不是一个理想主义者，而是真正的现实主义者。我有理想，但不无味地纠缠于理想；我很现实，但不简单地屈从于现实。俗话说："三百六十行，行行出状元"，关键看你怎么干了。我很快忘却了心里的不甘，置身心于眼前的专业学习中。

在端正专业思想后，我又面临两大方向性问题的决策：首先，班上汇集的，都是来自全国各地的、聪明好学的优秀学生，那我的目标定位还和初中、高中一样，是名列前茅吗？其次，是怎样做才能脱颖而出，成为本班乃至全年级的尖子生？冥冥之中，可能是我的自尊心、好胜心和不服输的精神作祟，最后我毅然决定，要做就做最好，且要拿出第二次高考的架势，更加刻苦用心地学习。我仅知道的那几句励志词句，什么万丈高楼平地起，千里之行始于足下，冰冻三尺非一日之寒，只要功夫深、滴水可以穿石、铁杵可以磨针，反复回荡在我的耳边，牢牢驱使我坚韧前行。

大学四年，我恪守以专业学习为中心，坚持全面发展的原则，取得了满意成绩，毕业时成为我国首批推荐的免试研究生。正是这四年的耐心积淀和刻苦修炼，奠定了我后期攻读硕博和30多年来专业发展的可靠基础。最近20年来，我不时有点骄傲地以为，今生潜心研读会计，不仅无怨无悔，而且幸福多多。如果历史能够重来，未来可以自设，我还会选择干会计这一行。

下面我从课程学习、班级服务、大学生活、假期活动、其他要事等方面，回顾、总结大学的点滴收获和诸多感悟：

（一）课程学习

我校81级“财务与会计”专业课程体系包括公共基础课、专业

基础课、专业主干课和专业相关课，共37门课（当时把课程分“考试”和“考查”两类，“考试”课必须在期末统一安排进行笔试，比“考查”课要求更严更高，“考查”可以课程结束时随堂考，考核形式由任课教师决定）：

1. 公共基础课。包括：（1）政治经济学（两学期），（2）辩证唯物主义与历史唯物主义（两学期），（3）中共党史，（4）思想品德，（5）汉语与写作，（6）数学（两学期），（7）英语（五学期，含财经英语），（8）电子计算机基础（COBOL），（9）计算技术（含珠算与计算器运用），（10）体育（四学期）。

2. 专业基础课。包括：（1）统计学，（2）数理统计，（3）工业生产技术，（4）工业企业管理，（5）国民经济计划，（6）财政与信用，（7）经济法。

3. 专业主干课。包括：（1）会计学原理，（2）工业财务与会计（两学期），（3）工业企业财务，（4）财务成本分析，（5）管理会计，（6）审计学，（7）会计制度设计，（8）专业英语（两学期），（9）电子计算机运用（会计电算化），（10）会计史。

4. 专业相关课。包括：（1）建设单位会计，（2）商业会计，（3）农业会计，（4）财务成本法规，（5）会计专题，（6）外国会计专题，（7）学年论文，（8）毕业论文，（9）见习报告，（10）毕业实习。

从总体看，上列课程的开设是合理的，具有以下特点：

一是重视政治理论学习。大学时的政治理论学习，包括学习《中共党史》课程和每周四下午的分组学习。《中共党史》属于法学门类政治学学科，主要研究中国共产党的历史发展、理论、政策与实践，探索中国共产党领导中国革命、建设、改革和党的建设的历史经验教训，认识并反映中国革命、建设、改革的发展规律和党自身的发展规律。我认为这是培养新中国建设者和共产主义事业接班人的首要必修课。作为一个中国人，必须爱党、爱国、爱人民。要做到这点，就必须首先了解党和国家的发展历程以及人民生活环境的变迁，其后才能运用唯物主义辩证法和历史观，永远坚持以中国国情为基础，坚决拥护中国共产党的领导，始终秉承人民利益至上理念，去研究如何建设我们伟大的社会主义国家。

我学习《中共党史》十分认真，“考试”成绩为“优”（90 分以上）。我认为这门课程解决了我为谁学习、为什么要学习的根本性问题，打牢和增强了我日后从事专业教学和研究的根基与底蕴，从根本上决定了我一生的研究方法（务实求真，理论联系实际）、研究出发点（解决中国问题）和研究目的（服务国家进步）。

我在高中读文科时学过中国历史，但通过大学学习《中共党史》，使我再次接受爱国主义和革命传统教育，进一步坚定了我的政治立场和人生态度，提高了政治理论水平和人文社科涵养。

二是重视经济理论学习。学校安排两学期学习马克思主义《政治经济学》的许多理论，包括劳动价值理论等，足见该课程的重要性。两学期学习《政治经济学》，我的“考试”成绩均得“优”。毫不夸张地说，这门课奠定了我一生专业研究的核心理论功底，对我研究财务、会计和审计的基本理论问题和实践问题影响重大和深远。

劳动是一个历史范畴，价值是一个商品经济范畴。马克思的劳动价值理论，是马克思主义政治经济学体系的出发点。马克思以他创立的劳动价值理论为基本立论基础，系统地分析了资本主义的生产过程及其市场经济活动，深刻地揭示了资本主义生产方式的内在规律。此外，《资本论》是一部伟大的历史宏篇。马克思在《资本论》及其手稿等论著中，对劳动和劳动价值理论进行了精辟的阐述。要研究劳动和劳动价值理论，必须认真攻读《资本论》。我读本科时，学校没有开设《资本论》课程；有幸的是，读硕士时较系统地学习了《资本论》。

众所周知，物质资料的生产是政治经济学研究的出发点。政治经济学指出，物质资料的生产是人类社会存在和发展的基础，进行物质资料的生产，必须具备三个条件：人的劳动、劳动对象、劳动资料。劳动按在物质资料的生产过程中发挥作用的不同分为活劳动与物化劳动（living labour and materialized labour），按对生产商品价值的贡献大小分为简单劳动与复杂劳动。形成商品价值的劳动以简单劳动为计量单位，复杂劳动等于多倍的简单劳动，复杂劳动的产品等于多量简单劳动的产品。还指出，物质资料的的社会再生产过程是生产、交换、分配、消费四个环节的辩证统一过程。社会生产关系就是人们在社会生产和再生产过程中结成的生产、交换、分配、消费的社会关系的总和。政治经济学主要研究社会生产关系，但必须结合生产力研究生产关系。

马克思主义政治经济学的任务就是要揭示经济过程的本质联系及其运动的客观必然性，即揭示客观的经济规律。学习政治经济学，能够帮助我们正确认识社会历史发展的必然趋势，坚定社会主义理想信念和树立共产主义世界观；能够帮助我们借鉴资本主义国家在发展生产力方面的成功经验和掌握市场经济运行的一般经济理论；还能够帮助我们掌握建设社会主义市场经济的一般理论，更好地理解党和政府的经济政策，同时它还是学好其它学科的最重要基础科学。

马克思指出：会计是对（物质资料）生产“过程的控制”和“观念的总结”。我的初步理解是，这里的会计是个大会计概念，所谓“观念的总结”大致指的是会计核算报告（财务会计），“过程的控制”大致指的是会计监督管理（管理会计、财务管理和审计控制）；政治经济学中的劳动成本、价值、价格概念直接决定着会计学中相应的许多概念的本质内涵；会计是记录生产关系和生产力水平，调整生产关系，促进生产力发展的重要工具。因此，可以说，马克思主义政治经济学及其劳动价值学说，是探讨和解决所有重大财务、会计、审计基本问题的最重要理论基础。

三是培养世界观方法论。大学开设两学期的《辩证唯物主义和历史唯物主义》，我的“考试”成绩均为“优”。辩证唯物主义和历史唯物主义是马克思主义哲学的重要组成部分。马克思主义哲学是关于自然、社会和思维发展一般规律的学说，它坚持唯物论和辩证法的统一，坚持唯物主义自然观和历史观的统一，是科学的世界观和方法论。它是吸收了几千年来人类思想和文化发展中的优秀成果，尤其是在批判的继承、吸收德国古典哲学、英国古典政治经济学和法国、英国的空想社会主义合理成分的基础上，在深刻分析资本主义社会的发展趋势和科学总结工人阶级斗争实践的基础上，创立并发展起来的。它以实践的观点为基础，合理地解决了思维与存在的关系问题，从而实现了唯物论和辩证法的统一以及唯物主义认识论和本体论的统一。

很多人觉得学哲学没有用处，枯燥无味，浪费时间。我认为，只要认真学习和领会马克思主义哲学，真正掌握科学的世界观和方法论，人的一生中很多难题、困惑、纷争、抉择都可以迎刃而解；一个人一生是否活明白了，就要看你哲学学得怎样和用得如何；学哲学还使人在为人处世、生活工作和科学研究中变得聪明、智慧、理性和成熟。

唯物辩证法的“三大规律”“五大范畴”“三个基本观点”，对指导我们如何认识世界、改造世界具有直接重要的作用。

所谓“三大规律”，是指事物发展的规律，包括对立统一规律、质量互变规律、否定之否定规律。这三大规律在哲学上普遍性达到极限程度。这是黑格尔在《逻辑学》中首先阐述出来的，恩格斯则将它从《逻辑学》中总结和提炼出来，从而使辩证法的规律变得更加清晰了。辩证法规律揭示的全是极限本质之间的联系，是抽象程度最高的产物。尽管辩证法的规律都是从概念的推演中抽象出来的，但是这些规律完全与客观现实的本质运动相一致，因此，它们都是具有极限真理的客观规律。辩证法的三大规律彼此之间的联系是一分为二的关系。基本规律是对立统一规律，它是其中的“一”。量变质变规律与肯定否定规律是“二”。对立统一规律是核心规律，量变质变规律是变化规律（内部变化规律），肯定否定规律是发展规律（外部过程规律），否定之否定规律包含在肯定否定规律内部，属于发展的连续性具有的客观规律。人们在认识、改造世界以及制定国家或行业发展重大政策时，必须遵守这三大规律，任何忽视或违反三大规律的行为，都会遭致失败和惩罚。

所谓“五大范畴”，是讲事物的联系，包括“现象和本质”“原因和结果”“内容和形式”“必然性和偶然性”“可能性和现实性”。这五大范畴的辩证关系原理，对我们就会计问题进行规范研究，还是实证研究，都有思维方法论和论证逻辑性方面的直接、重要指导作用。目前，我国会计研究中出现的许多问题，就是因为对这“五大范畴”辩证关系原理认识不足或存在偏差造成的。

“现象和本质”辩证关系原理告诉我们，现象和本质的对立说明了科学研究的必要性，现象和本质的统一决定了科学研究的可能性；科学研究的任务就是通过现象去认识本质，达到科学的认识；在实际工作中，要注意把现象作为入门的向导，透过现象去认识本质，不要为假象所迷惑。

“原因和结果”辩证关系原理告诉我们，承认因果联系的客观普遍性是进行科学研究、获得科学认识的前提。科学研究在一定意义上，就是揭示事物因果联系，从而提出解决问题的方法。正确地把握因果联系，有利于总结实际工作经验，还能增强工作中的预见性。预见今后工作中可能产生的结果，及时采取措施，防止和排除不利结果，是做好一切工作的重要条件。

“内容和形式“辩证关系原理告诉我们，要注重内容，并善于选择合适的形式；根据内容与形式矛盾运动的原理，推动事物的发展。

“必然性和偶然性”辩证关系原理告诉我们，掌握客观必然性是科学认识和实践的基础；只有立足于必然性，努力研究揭示必然性，才能使科学研究沿着正确的方向发展；只有认识并利用必然性才能获得自由。但是在科学研究中偶然性的作用也不能忽视。只有认识偶然性的作用，才能注意利用一切的偶然因素去推动科学发展，防止和消除不利的偶然因素的影响，做到“有备无患”。

“可能性和现实性”辩证关系原理告诉我们，一切工作必须立足于现实，从现实出发制定我们的方针、方案、计划。只有从现实出发，才能正确分析种种可能性，正确预见未来，使主观能动性的发挥建立在可靠的基础上，以争取好的可能性转化为现实，避免坏的可能性转化为现实。

马克思主义哲学强调以实践为基础的能动反映论，坚持物质第一性，意识第二性。在马克思主义认识论中，实践的观点是第一的和基本的观点。财务、会计和审计都是应用性极强的学科，现在我们不少的研究没有坚持实践的观点，脱离实际，脱离需求，注定没有真正价值和生命力。

所谓“三个基本观点”，是指坚持“联系的观点”、“发展的观点”和“全面的观点”。唯物辩证法是关于联系和发展的科学，联系的观点和发展的观点是它的总特征，辩证法的三大规律都是讲发展的，五大范畴都是讲联系的。这“三个基本观点”也是我们从事会计理论研究要坚持的重要观点，要求我们不能孤立地、静止地、片面地看待任何社会经济现象及财务、会计、审计问题。

四是强调学生思想品德。我们上大学时，学校很重视学生的思想品德教育，力争把学生培养成为思想先进、品德高尚的又红又专人才。受当时教育和环境的影响，总体看，同学们都做人厚道、诚实守信、学风端正，都很朴实、正统、单纯、懂事、勤奋；大家比表现、比学习、比成绩；不比家底、不比吃穿、不比享受。我学习《思想品德》课程，“考试”成绩也为“优”。

五是具有鲜明时代特征。1978 年实行改革开放政策后，全国形势发生巨大变化，掀起了经济建设的热潮。学校很重视英语和计算机课程。英语（含财经英语）开了五个学期，我的“考试”或“考查”成绩均为“优”。计算机共开了两门课，一是《电子计算机基础》，学的是COBOL语言；二是《电子计算机运用》（相当于今天的会计电算化）。这两门课“考试”成绩分别为99 分、93 分。当时不重视外语，师资严重缺乏，初高中只学了一点皮毛，在高考中英语总分占50 分，我们那代人英语基础普遍较差，我记得上大学后英语课是从音标开始学习的，当时练习英语听说能力的软硬件条件都十分落后。我们学的计算机知识和现在学生比起来，实在太初级了。

六是强化专业课程学习。我共学了16门专业课（未含两次论文写作和两次实习），总的来看，课程体系设计先进合理。除了《工业财务与会计》和《专业英语》开设两学期之外，其余都开一学期。我当时没有什么个人主见，不懂、也不管这些专业课程学了以后有没有用，就是一个很简单的想法，做好眼前的事，把它们都先学好了再说。只管学好，不问西东。为此，我专业学习特别用功，把全部心思和精力都用于读书，几乎不去校外逛街和玩耍。天道酬勤，所有付出都有了好结果，我几乎所有课程成绩在90分以上。

具体课程的名称、授课老师姓名及考试成绩如下：《会计学原理》（阎德玉）93分，《工业财务与会计》（易庭源、李光忠）93分/97分，《工业企业财务》（黄翊枢）99分，《财务成本分析》（李定安）95分，《管理会计》（朱海芳）71分，《审计学》（李成章）优，《会计制度设计》（廖洪）94分，《专业英语》（李心、郭俊奎）96分/98分，《电子计算机运用》（会计电算化）（江光宇）93分，《会计史》（郭道扬）优，《财务成本法规》（朱琦）优，《建设单位会计》（杨开明）90分，《商业会计》（李成章）优，《农业会计》（边恭甫）良，《会计专题》（阎德玉）优，《外国会计专题》优。此外，我的学年论文和毕业论文也都是优。

真是万分荣幸，当时给我们本科会计班讲课的老师中，既有德高望重的老先生，包括易庭源老师（我国著名会计学家、会计教育家、成本会计专家，《话说三国》著名主讲人、厦门大学教授易中天的父亲）、边恭甫教授（我国著名审计学家）、朱琦教授（我国知名财务成本专家）、黄翊枢教授（著名财务专家）等，还有很多我国上世纪五六十年代培养的大学生，包括郭道扬、阎德玉、李成章、朱海芳、廖洪、李定安、李光忠等教授，也有恢复高考后、本校培养的优秀老师，包括江光宇、杨开明、李心、郭俊奎等。

那时教学条件极其简单，一块黑板，一盒粉笔，没有电脑投影设备，更没有网络。老师教案全写在稿纸上，全用粉笔板书，整本书都得讲，从不搞考前辅导和划考试重点什么的。那时的老师讲课都十分投入，也很辛苦。我们在学习专业知识的同时，还从老师身上学到了严谨认真的工作态度。

在学习上，根据大学的特点和要求，我总结了一套适合自己的方法。我坚持抓好“四步”，即做好预习、认真听课、完成作业、搞好复习。还坚持做到“三清”，即当天消化当天学的内容、每周末集中复习和解决本周尚未很好理解和掌握的难题、每月末再集中精力把本月学的重难点全面回顾一遍。有了这样的日清周决月结，何惧期末考试的集中考验。

读大学时，每月除了学校免费发给的17.5元菜票外，还有我爸爸邮寄的10元零花钱。尽管尽量节省，但每月几乎都有点入不敷出。我买不起现成的作业本，就到文化用品商店买回一些大白纸，用刀子裁开，然后用米饭把它们的一端一张一张粘在一起，自己制作作业本。我学习专业课程，全用的是自制作业本。我当时把每次做作业，当期末考试对待，作业做得又正确又整洁，很多次得到老师们的表扬。我记得《工业财务与会计》（含成本核算）课程任课老师李光忠教授，几乎每次批改我的作业后，都会写上“态度认真，答案准确”八个字。每次看到这八个字，我的心里总有说不出的高兴和满足。

我现在还记得，有一次，学校接到财政部通知，在第六学期即1984年上半年，要对某一专业课程在不预告的情况下进行统考，以测试和促进财政部部属院校的教学质量。当时财政部部属高校有湖北财经学院、中央财经学院、东北财经学院、上海财经学院、江西财经学院等。快到期末考试了，财政部突然通知，《工业企业财务》课程被选中为统考课程。在这次统考中，我几乎得了满分，因为我几乎把整本书都背下来了。这次统考中有一道题，我至今记得其参考答案在教材的左页下半部分，但当时老师认为不是重难点或主要知识点，课堂上只是简单提了一下，没有细讲，差不多所有同学都没复习到，都没答出来，只有我答出来了，因为老师没有讲的，我课下也花时间学习弄懂了。当时我就想，要确保取得最好成绩，就必须把整本书的内容都掌握。都掌握了，就不怕统考了，除非考教材外的、我不懂的知识。

读大学时，一般每周都可能遇到一次晚自习期间临时停电。停电后，我们的心里既高兴又彷徨，十分矛盾。高兴的是谁也看不成书了，难得心安理得一次，和同学一起上街看看；彷徨的是万一刚离开学校马上来电了，又失去了学习的机会。有几次，从街上回来，看到教室来电了，灯火通明，心里莫名地有些愧疚和不安。

七是学籍管理十分严格。我们读本科时，学校对老师及学生的要求和管理都十分严格。学生如有八门课考试考核不及格，将会被劝其退学。考试考核舞弊将会被开除学籍。

在这么严格的管理制度下，经济贫穷、信息闭塞、年少幼稚的我们会计81级两个班80余名同学，除一个同学外，其余都顺利毕业。可见，当时的同学们绝大多数能正确对待自己和社会，对规则的认识和遵守比较到位，同学们的心理调节能力和自省自强能力都达到较高的水准。现在回想起来，觉得同学们个个不简单，个个都很棒。

那时的我们都以听老师话为荣，以遵守作息时间、按时上下课和认真完成作业为荣，以品行端正、集体精神强、乐于助人、尊敬师长、考试成绩好为荣。客观讲，的确有极个别同学偶尔逃课，若是逃课，他会掐准时间，在同学们下课回宿舍之前的几分钟，就躲进厕所，好让同学看见他后，觉得他是去上了课的。这说明逃课同学还是有自知之明和羞愧之心的。

（二）班级服务

大学第一学期开始时，是由班主任刘仁满老师指定班干部人选，我被指定为第八组组长。当时会计81级两个班共分八个组，一班为第1~4组，我所在的二班为第5~8组，每组是以每个男生宿舍8位同学为基础，外加两个左右女同学构成。组长的职责就是管理好本组男生宿舍的卫生和纪律，并组织好每周四下午在男生宿舍举行的小组政治学习。实事求是讲，我们第八组综合看排前三，但从学习表现看是最好的了。

第一学期结束后，班上同学之间有了较多的了解，在班主任的组织下，选举产生了班干部。我被大家选为二班的学习委员，一直当到大学毕业。学习委员的职责是做好老师和同学们之间的桥梁，替老师布置和收发作业。我很荣幸作为学习委员，为老师们擦了近四年的黑板，同时锻炼和提高了与老师及同学沟通的能力。当学习委员肯定会耽搁一些时间，但我会更加抓紧时间学习，减少个人休息和娱乐时间，把失去的相对损失补回来。在兼任班干部的情况下，我各门专业课程还取得优秀成绩，实属不易。

大学时一直当班干部，进一步积累了为同学们服务的经验，提高了自己的组织、协调和领导能力，这为大学毕业后的工作期间，从事相关行政管理工作打下了基础。

（三）大学生活

大学课余生活简单而有规律，单调而又快活。每周一至周六为上课学习时间，周日休息。周一至周六早上起来做早操、吃早饭，去教室上课，午饭后午休，下午上课，晚饭前后锻炼，晚饭后上晚自习。除了锻炼就是上课和自习，行动线路就是寝室、教室、图书馆“三点一线”。那时我们没有闲得无聊去逛街的习惯，全身心投入学习。周日早上一般可以多睡会儿，吃早饭后洗衣、整理内务，午休后下午和晚上去教室或图书馆看书。每周六和周日晚上只要不下

图1.4　上大学同学游东湖合影

大雨，学校就放露天电影。银幕是用砖块砌成一面高墙刷白做成的，花五分钱买一张电影票，带上学校发的小折叠凳，就可以去看电影了。那时，我们还经常带着折叠凳，到学校的南边土操场开全校师生大会。

现在回想起来越发觉得，人在年少不懂事的时候，少点主见、少点个人观点也许更好，多听大人和老师的话就行。我们很感谢班主任，当时严格要求我们，在好好读书的同时，养成良好的作息习惯，锻炼好自己的身体。我们中绝大多数同学都能提早起床，简单洗漱后跑步锻炼，时间一到，就到指定地点集合全班一起做早操。大学期间，学校为每个班划定了周一至周六做早操的位置，我班体育委员每天早上负责召集并带领我们做广播体操，班主任和学校体育部老师会不定期地进行实地抽查，开展评比。冬天，武汉实在很冷，肚子又饿，饥寒叠加，有极个别男同学赖床起不来，班主任遇到了就会“残忍地”掀开被窝，叫他起床做操。当时他们有强烈的抵触和反感情绪，对班主任意见很大；但走上社会后，多次同学聚会时，却表达了对班主任当年严格要求的真诚感激之情。我有时候很不理解，现在很多学校，新生入学后从不要求集中做早操，或只做很短时间的早操，这可能不利于学生养成好的作息习惯，以保证吃早饭后按时上课，还不利于身体的锻炼和成长。

我除了早上跑步、集中做操和认真上体育课外，还坚持抽空于晚饭前后做引体向上、练习举重、玩单双杠或在校园的马路两边打羽毛球。大学时的锻炼使我的身体变得越来越结实和健康。这是大学专业学习之外又一大收获。

大学生活条件尽管仍然十分艰苦，但我们非常知足和感恩了。当时，中国刚改革开放，在经济还十分落实的条件下，国家对大学生四年基本生活费实行免费供给制，以确保学生不会因为家庭贫困而辍学或影响学习，实属不易。可以说，我们这代大学生几乎就是国家全公费把我们培养出来的。所以，我们理所当然要通过努力工作和无私奉献服务于国家和反哺于人民。

大学时学校每月向每位男生发32斤饭票（女生30斤饭票），外加约15.5元、17.5元或19.5元不等的助学金。我享受的是每月17.5元的助学金，以饭菜票形式发放。家庭实在贫困的同学，如果节省和克忍一点，每月饭票和菜票能保证其基本生活需要。于我而言，那时候和高中一样，餐餐没吃饱是常态，到月底发餐票的前几天，饭票和菜票均告急也成为常态。当时，小白菜五分钱一份，带点肉的菜都上两角，红烧肉三毛钱左右一份。想吃上一份红烧肉，得计划和节省很多天。

有趣的是，大三下学期有个月末，眼看餐票又不够了，我们八组同学一合计，晚上到外面购进煮熟的鸡蛋、“糯米鸡”和“欢喜坨”，等同学们下晚自习回寝室后，再到学生宿舍叫卖，赚取差价，哪知道，这一买卖竟然开创了我校学生在校内买卖商品的先河。因为这，我们八组被取消了评优秀小组的资格，我们二班也被取消了评优秀班级的资格。

读大学时，最害怕下雨，特别是冬天下雨。武汉的冬天既寒冷又无暖气。我们的教室只有在期末复习和考试期间，管教室的何师傅才烧小煤炉供点暖。图书馆在冬天最寒冷的那段时间里，一直烧小煤炉供暖，但容量十分有限，很难抢到座位。我当时只有一双解放鞋、两条外裤，上身有件大姐夫送我上大学穿的军队短装棉袄，没有毛裤或厚点的保暖裤，没有雨伞、雨鞋。有时候下雨，把鞋子打湿了，一上午坐在教室听课，脚都是冰凉的。冻得实在没办法，我打了张欠条，私下写信找姐夫借了20元钱，买了两条化纤秋裤，勉强度过了大学四年。大学毕业后，我有余钱了，就很快把欠款还了。第一学期的冬天，没有多余棉絮垫在铁床上，每天我都是睡在两层极薄的被子包单上度过的。由于开水喝都不够，所以冬天里只好用冷水洗脚。冬天里的很多夜晚，我的双脚从晚上睡到天亮从没有暖和过，幸亏那时人年轻能扛得住。比高中强一点的是，读大学时，每周能比较痛快地洗上一次热水澡。

大学时，开水定时凭票供应，开水票不够了，得自己额外花钱买。武汉的夏天特别炎热，对爱运动的男生来说，开水票比冬天更为短缺。那时，武汉的夏天还经常停水，渴了想喝点自来水都成了奢望。寝室没有电扇，更没有空调，实在热得受不了了，就跑到宿舍楼顶的露天平台睡觉，但蚊子整夜在身边盘旋、骚扰。艰苦的条件磨练和造就了我顽强的意志、吃苦的精神和耐受的品格，这些成为我一生学习、工作和生活中的克胜砝码和重要财富。

1980年后农村开始分地包产到户，50年政策不变。从此，农民很快差不多或能够吃饱饭了，但并没有余粮出售。所以，一般人家里几乎没有富裕的现钱，额外寄给我们，补贴生活。很难得的是，我15岁上大学身高1.59米，到19岁毕业时长高了6公分，但体重

图1.5　大学同学合影

一直维持在90几斤。其实，班上绝大多数同学由于吃不饱和营养不良，大学四年身材和体重都没有啥大变化。

客观讲，我们这些20世纪60年代出生的人，吃了一点生活方面的苦，和先辈们遭遇的战争、动荡和吃过的苦比起来，根本就不算什么。相反，幸运的是我们赶上了前所未有的国家发展的好时代。

当时，我们两个班很多课都是在一起上，只有极少数课是分班上。两个班经常举行一些集中竞赛活动，比如打篮球、打排球、拔河等，我所在的二班总是输多赢少，但拔河总是我们班赢。现在回想起来，一切都是那么美好、幸福和快乐。

我们会计81级80余位同学，年龄接近，和谐温暖，亲如一家，关系都很融洽，感情都很深厚。大学毕业后相互之间都很照应，见面了特别亲切、激动和忘我。毕业后的大规模正式聚会，都是两个班一起进行。就连大学毕业30周年的最隆重聚会，也是2015年8月底两个班一起在母校所在地武汉举办的。

我们是听着、唱着《年轻的朋友来相会》这首歌，度过大学四年美好时光的。大学毕业后，同学们每次聚会，大家都会情不自禁地合唱这首歌。每次唱完，总有一些多情善感的同学，思绪万千，激动不已，流下热泪。

其实这首歌的诞生，还有非常有趣的、值得回忆的过程及故事。

1980年，张枚同在《词刊》第3期发表了他的新作《八十年代新一辈》。这首词主题新颖、形象鲜明、语言优美、结构严谨、音乐性强、积极乐观、催人奋进，它一下子吸引了作曲家谷建芬的注意，并激发了她的乐思。很快，谷建芬把它谱成了歌曲，同时把这首词的第一句“年轻的朋友来相会”改成了歌曲的题目。最终，《年轻的朋友来相会》以其优美动人的曲调、欢快流畅的旋律，迅速在广大群众中流传开来，传遍祖国大江南北。1983年，它被联合国教科文组织选为亚太地区音乐教材。

这首歌的歌词是：

“年轻的朋友们，今天来相会
荡起小船儿，暖风轻轻吹

花儿香，鸟儿鸣，春光惹人醉
欢歌笑语绕着彩云飞

啊亲爱的朋友们
美妙的春光属于谁
属于我，属于你
属于我们八十年代的新一辈

再过二十年，我们重相会
伟大的祖国，该有多么美

天也新，地也新，春光更明媚
城市乡村处处增光辉

啊亲爱的朋友们
创造这奇迹要靠谁
要靠我，要靠你
要靠我们八十年代的新一辈

但愿到那时，我们再相会
举杯赞英雄，光荣属于谁
为祖国，为四化，流过多少汗
回首往事心中可有愧

啊亲爱的朋友们
让我们自豪地举起杯
挺胸膛，笑扬眉
光荣属于八十年代的新一辈

再过二十年，我们重相会
伟大的祖国，该有多么美
天也新，地也新，春光更明媚
城市乡村处处增光辉

啊，亲爱的朋友们
创造这奇迹要靠谁

要靠我，要靠你
要靠我们八十年代的新一辈

但愿到那时，我们再相会
举杯赞英雄，光荣属于谁
为祖国，为四化，流过多少汗
回首往事心中可有愧

啊亲爱的朋友们
让我们自豪地举起杯
挺胸膛，笑扬眉
光荣属于八十年代的新一辈

挺胸膛，笑扬眉
光荣属于八十年代的新一辈

来来来，来相会。”

（四）假期活动

读大学时，不知是因为年少又生活困苦，还是因为太想念家里的父母亲人，特别盼望放寒暑假，快到放寒暑假时，心情尤为激动。平时在学校，只能靠传统的邮寄书信，和爸爸妈妈联系。从武汉到我川东老家书信单程需要约半个月时间，一学期只能收到三四封信，每次收到爸爸写的信，就异常兴奋。爸爸每次来信中都会先通报家里粮食收成和养猪等情况，最后叮嘱我要好好读书，要安排好自己的生活和照顾好自己的身体。一学期半年之久，听不到爸爸妈妈的声音，看不到爸爸妈妈的模样，实在想念他们和姐弟妹们，一放假就坐绿皮火车回家。

我回老家坐火车走的是襄渝铁路，襄渝铁路东起湖北襄阳（原襄樊），西至重庆。自1968年4月开始修建，1970年8月铺通到四川省达县（今达州市），1975年11月临时运营。1979年12月全线建成，并正式交付运营。线路先经湖北省襄阳市、十堰市进入陕西省，后过安康市折向西南进入四川省，再经达州市、广安市抵达重庆市。

俗话说：蜀道难难于上青天。当时修建这条铁路，桥梁隧道占了里程的一半，实属不易，先后动用了近24万名铁道兵和大量四川、湖北、陕西三省的民兵和民工。很感谢这些建设者们为我们铺就了进出川的重要通道。

襄渝铁路的建设标准没有今天动车和高铁那么高，那时绿皮火车是靠烧煤提供动力，不仅行驶速度慢，基础条件差（没空调，只能靠人工打开窗户透气，全车只有一个车厢有锅炉烧煤供应开水），而且过隧道时煤烟煤渣就会飘进来，让人难受和全身沾满火车味。

1981年后，改革开放如火如荼，经济建设蒸蒸日上，全国沿海地区，特别是改革开放的前沿阵地深圳和广州，急需更多的劳动力。很多四川人纷纷开始外出打工，挣点活钱，当时社会上称他们为“人口盲流”。暑假回家还不要紧，遇到寒假，回趟老家要历经千辛万苦。中国人都有春节回老家团圆的传统，四川人也不例外。每次放寒假我来回赶火车，就像参加一场激烈的战斗一样。

那时从武汉进出川渝地区每天只有两趟火车，一趟到重庆约28个小时，一趟到成都需要更多的时间。买票后能挤上火车，到站了能下成车，都是很难做到的事。春节前后进出四川的每趟火车上都坐着、站着挤满了人，座位下还躺满了人，就连两节车厢连接处的过道乃至厕所也人满为患。到任何一站前，必须关好窗户；不然，大量人群会通过开着的窗户，使劲地爬进来。

我印象最深、最尴尬的是实在内急坚持不住了，也没法上厕所。所以，每次放寒假，我会在上火车前，至少提前两小时断水断食，免得上火车后，因无法上厕所而难受不已。我大学时几乎每次放寒暑假都是在达县（现达州）站上下火车，因为的确不想再多坐从重庆到达县的长达六小时的火车了。

经历这些，当时认为真是辛苦和不易，但现在回忆起来，觉得很锻炼人，不仅丰富了人生阅历，还增强了克服和战胜任何困难的信心与决心。那时困于经济和交通条件限制，我们不可能到同学家里和家乡去看看，更不可能趁假期看看祖国的大好河山，压根儿就没有旅游的概念。

路上虽然艰辛，但回家后能和爸爸妈妈及姐弟妹们快乐地在一起，一切都值了。

（五）其他要事

大学时我们有两次大规模的上街游行，现在还记忆犹新。一是1982年新宪法的发布施行。《中华人民共和国宪法》是中华人民共和国的根本大法，规定拥有最高法律效力。中华人民共和国成立后，曾于1954年9月20日、1975年1月17日、1978年3月5日和1982年12月4日通过四个宪法，现行宪法为1982年宪法。1982年宪法是中国法制建设的一个里程碑，在法律上结束了文化大革命，并宣布了一个法制时代的开始，为新时期法制建设确立了目标。1982年宪法历经1988年、1993年、1999年、2004年四次修订。1988年修正案有两条，1993年修正案有五条，1999年修正案有六条，2004修正案修改幅度最大，有十一条。中共十九届二中全会于2018年1月20日在京举行，通过了《中共中央关于修改宪法部分内容的建议》，2018年2月25日，根据新时代坚持和发展中国特色社会主义的新形势新实践，中国共产党中央委员会向全国人民代表大会常务委员会提出关于修改《中华人民共和国宪法》部分内容的建议，包括21处修订建议。

第二次上街游行是为了庆祝中国女排1981年首次获得世界杯冠军。当时同学们都挤在宿舍楼过道，看一个有雪花点不断闪烁的20英寸黑白电视，直播中国对日本的女排世界杯比赛，结果中国女排获胜。比赛一结束，同学们情不自禁地冲回寝室，拿起脸盆和茶缸，像潮水般涌向外面街道，脸盆茶缸的敲击声，热血沸腾的呐喊声，汇成一片欢乐的海洋，中国女排夺冠的顽强拼搏精神一直激励着我们在大学四年好好学习。中国女排首获世界冠军的是在1981年世界杯夺冠，世界杯已经固定在日本举行，因为日本已经买下了特权。日本一向钦佩强者，主场作战可以自己排序自己的对战顺序，于是，日本在那一年把中国女排作为最后一个对手，以便为这场比赛做充分准备。那时中国以3：2险胜日本，夺得了来之不易的世界冠军。20世纪80年代，那是中国女排的巅峰期，实现了世界三大赛（世锦赛，世界杯，奥运会）的5连冠，分别是1981年世界杯夺冠，1982年世锦赛夺冠，1984年奥运会夺冠，1985年世界杯夺冠，1986年世锦赛夺冠。

我们第八组（含一个寝室八个男生），亲如一家，爱学习、很团结。冬天的期末考试复习期间，我们都会事先抢下教室烤火炉周围的座位，并把可移动的桌椅，围成一个O字形，一起看书复习，其乐融融，幸福满满。

我们大学毕业时，都是国家包分配工作。我因为被推免攻读硕士学位，未参加分配。我们会计81级两个班80余位同学中，除考上研究生和坚持自己分回生源省的近20位外，其余都分配到了中央部委工作。

四、攻读硕博的拼搏

1985年大学毕业时，读硕士的比现在读博士的还少。现在招的硕士生比我们那时候招的本科生都多多了。恢复高考后，湖北财经学院会计学硕士招生数量分别为：79级2人，81级1人，82级5人，83级8人，84级13人。当时，国家建设正需要更多研究生，所以，从1985年起，开始招两年制的研究生班，两年毕业时发毕业证，第三年边工作边准备学位论文答辩，答辩通过后再授予硕士学位。中南财经大学85级会计学硕士研究生班共25位同学，除本校我等三位为推免生外，其余都是参加国家统考考上的。

我所在的研究生班年龄差距较大，我是最小的（19岁），最大的同学有30多岁，已结婚生子；从经历看，除10位同学是应届本科毕业的，其余的同学读硕之前，有的是高校老师，还有的在企业工作。他们都是人中豪杰，英语基础好，专业学得扎实，都很珍惜来之不易的学习机会，非常刻苦，整个班班风朴实、学风端正。著名审计学家、中国人民大学商学院教授耿建新，财政部“会计学家”工程入选者、中南财经政法大学二级教授唐国平，著名财务专家、原湖南财经学院副校长、教授、今中国人民银行国库局局长刘贵生，著名会计史学专家、原中南财经大学副教授、今北京瑞丰投资管理有限公司董事长、经理曹大宽，都是我们硕士研究生班同学中的佼佼者。

可能因我是本校毕业读硕的，一开学大家就一致推选我为研究生班班长，为大家服务了两年。我每天比大家早到教室，帮老师准备好开水，擦好黑板，迎接老师的到来。班上同学有啥事我也肯帮忙。我记得有一次一位同学生病了，就帮忙联系学校车队派车送进医院，然后，在医院跑上跑下，协助检查和治疗，还组织同学们轮流值班照顾，直到该同学痊愈。

我们85级硕士研究生班很幸运，有很多资深著名教授为我们授课和（或）指导学位论文，他们是：杨时展、刘炳炎、田鉴、毛恩培、徐时澍、易庭源、边恭甫、朱信诚、向泽生、沈如琛、黄翊枢、郭道扬、阎德玉、方正生、李成章、罗飞、李道明、朱海芳、高子宏、王学农等。当时中南财经大学会计系（现中南财经政法大学会计学院）是学校师资力量最雄厚的一个系，其前身是1949年12月成立的中原大学财经学院和1952年全国高校院系调整时由中南地区六省多所主要高等院校（包括武汉大学、湖南大学、河南大学、广西大学、中山大学、暨南大学、南昌大学）的会计学师资和图书资料集中组建而成的会计系。可以说，学校派出了最强大的阵容，培养我们这个研究生班的全体同学。这些老师不仅治学严谨、学识渊博、成就卓著，而且教学认真、要求严格、言传身教。我们从他们身上既学到了专业知识，还感受到了大师们良好的师德师风和人格魅力，使我们终身受益。

硕士课程中，绝大多数专业课是采用英文原版教材授课，比如，易庭源教授主讲的成本管理会计，罗飞教授主讲的中级财务会计和高级财务会计，李成章教授主讲的现代审计学，这为我们阅读英文专业文献和讲授双语课程，奠定了重要的基础。

给我们上过课的老师，都是令人敬佩的好老师，但有三位老先生最值得缅怀和追忆，他们是刘炳炎、杨时展和易庭源。杨时展教授是我的博士生指导教师，在我自传的最后一部分拟作专门的追忆。这里，我想着重追忆另外两位德高望重的老先生。

一位是刘炳炎先生，他教我们班《会计理论专题》课。我的记忆里，刘老先生上课总身着中式布衫，简朴、干净、体瘦、精神，讲课字斟句酌，语速适中，十分严谨。年近80岁的他，每次两节课不仅不带水杯、不喝一滴水，并且一直站着讲课。同学们劝他喝点我们备好的开水，建议他坐着讲课，都被他谢绝。他还慎重地向我们全班同学说，讲课时不喝水和站着讲课是对老师职业的最起码要求。他要求我们每次上课必须着装整洁得体，还要求我们做会计必须一丝不苟，从他身上我明白了什么是“学高为师，德高为范”。

刘炳炎先生（1906~1990），男，江西南昌人。曾任中国会计学会常务理事，中国会计学会顾问，湖北省会计学会副会长，湖北省会计学会顾问，原中南财经大学会计系主任，湖北省政协委员，湖北省第五届人大代表。刘先生是三级教授、行政级别是9级。待遇很高，当时武汉仅三位，包括同济医科大学的裘法祖教授和华中师范大学历史系的张教授。

刘先生年幼时家境贫寒，就读于南昌政府的“贫儿小学”，成绩出众，聪明过人，老师出钱送他到“南昌第一师范”学习。与中国的现代大画家付抱石同住上下铺，期间付教会了刘先生如何刻印章，亦称金石。毕业后恰逢南京中央政治学校成立不久，全国招生。刘先生被江西省送南京应考，同去8人，只他一人考上，成为该校大学部财政系第二届学生。因为家里穷没有钱回南昌过暑假，就在学校图书馆用功学习英语，期间为陈果夫做家教：为其女儿补习数学，准备考大学。1929年毕业于南京中央政治学校大学部财政系。

刘炳炎教授为会计教育奉献了自己的一生，是一位人民的会计教育家，20世纪30年代中期曾执教于浙江省立杭州高级中学的商科专业（现浙江工商大学）的会计学课程。

抗日战争时期，刘炳炎教授于1940年在国民政府的中央政治学校研究部（重庆南温泉）任职，重点研究抗日战争期间相关的财政经济等策略问题，在“战时问题丛刊”中发表了《纸币与战争》的专著，从经济学的角度揭示了好战国家的侵略目的和其失败的必然性。

后任湖南国立商学院会计系主任。抗日战争时间在湖南的所里（吉首），没有教材，刘先生每天晚上亲自刻蜡版，第二天印发给学生。刘先生没有多的行李，主要是他在政治学校学习期间的美国原版英文会计书。1947年，完成了40万字的《高等会计》一书，作为湖南商学院教材。1980年，在很短时间内节译了一本《会计的基本方法、基本知识》，率先在国内介绍会计的基本假定、基本原则，满足了各兄弟院校教学的需要。1948 年被国家教育部授予教授资格；湖南国立商学院战后合并到长沙的湖南大学会计系，刘先生任系主任。

1953 年院系调整，刘先生参与中南财经学院（财政部直属院校）筹备委员会委员参加学院的筹建工作；曾任会计系主任，因为身体原因移交金根宪。

1978 年恢复高等教育后任中南财经学院（后改名为中南财经大学，现中南财经政法大学）第一任会计系主任；1979 年会计系成为第一批国家允许招收研究生的单位。

1989 年，根据指导研究生的提纲，写成了25 万字的《现代会计学要义》一书。刘炳炎教授少年时代家境贫寒，大学毕业时他不仅放弃了去日本公费留学的机会，也未去政府机关任要职，而是选择了有益于人民的教育事业。在教学上，年届80 高龄时依然保持当年的热情，要求学生必须具有独立思考、解决实际问题的能力，反对那些进得去、出不来的钻牛角尖式的书呆子学习方法。其言传身教，常教育学生搞财务工作不能没有人格，不能做对不起人民的事。

另一位是易庭源老教授，他教我们班成本管理会计研究，使用的是美国斯坦福大学会计学教授、曾任美国会计学会主席的 C · T · 霍格伦著《成本管理会计》英文原版教材（复印本）。这是一本经久不衰的世界会计名著。这本书我们学后很受益，书中很多观点至今在学术界仍然有着重大影响，比如书中说：“成本会计和一般所谓‘管理会计’或‘经营会计’很难区别，它的基本目的是协助经理制定大量的决策。会计领域可以分成两大部分：财务会计和管理会计。二者的差别主要在于两类不同决策者的不同用途。财务会计部分主要涉及会计怎样才能适应外部决策，诸如股东、债权人、政府及其它方面的需要。管理（成本）会计部分主要涉及会计怎样适应内部决策者（如经理）的需要。”

易老先生每次上课总身着中山装，慈眉善目，和蔼亲切，鹤发银髯，精神矍铄。从他讲课中不难体会到，作为我国一代成本管理大师，他不仅学识渊博，而且研究功力极深。他是我见过的把理论研究成果、实践调研成果和课堂教学，自然结合在一起的最难得的好老师。每每讲到得意和出彩之处时，他总会突然站起来，恰到好处地配合使用肢体语言，清晰生动地表达他对某要点或某难题的理解和自己的创新观点，让人永生难忘。他很注重理论和实践相结合，在课堂上，他还把多次带学生到东风二汽、燕山石化、武重、武锅、武船实习得到的宝贵资料及个人实践调研结果，和我们分享。

易先生爱生如子，他教过的学生，毕业多年后去拜见他，他不仅能叫出名字，还会把他教课时该学生所在班的花名册拿出来，这是一位多么敬业和可亲的老师啊！我们读硕士时，正值他担任会计学硕士生导师组组长，我们班上同学遇到任何困难，他都会想尽办法予以帮助。我们班毕业后几次聚会都集中到先生家拜访，先生回忆起往事，兴奋不已；临别前，总是依依不舍，非要坚持出门把我们送到几百米以外的地方，让我们感动的同时，又增添了对他老人家的敬重和祝福。

易庭源教授（1919~2011），曾用名易林原，男，湖南汨罗人，中国共产党优秀党员、我国著名会计学家、会计教育家。1949年8月参加工作，1957年加入九三学社，1981年4月加入中国共产党。易庭源同志1940年至1944年在湖南国立商学院会计统计系学习并获学士学位，毕业后留校任教。1949年至1953年湖南大学工作，任会计统计系讲师；1953年至1980年7月在原中南财经学院、原湖北大学、原湖北财经专科学校、原湖北财经学院工作，任工经系/财会系讲师。其中，1980年6月兼任原湖北财经学院工会副主席；1980年8月在原湖北财经学院工作，任工经系/会计系副教授，1983年8月任原湖北财经学院教授。1990年3月退休。1991年7月至1992年7月被学校返聘，任会计学院教授。曾任教研室主任、会计学专业硕士研究生导师组组长、兼任中国成本研究会理事、常务理事，武汉市会计学会顾问和湖北省成本研究会副会长等职。

易庭源教授潜心从教50余载。由他独创的资金运动论、成本控制论、成本分块与利润分块理论、新战略会计理论等在我国会计界独树一帜，在国际上亦有重大影响。他将中西学术思想有机融合，形成了自己的学术流派。自1947年在《中央日报》上发表第一篇论文《折旧原理之我见》起，几十年来出版专著、主编教材八部，公开发表学术论文163篇。其中，专著《资金运动会计理论》曾获1989年湖北省社会科学联合会二等奖、1990年获湖北省成本研究会科研成果一等奖、1996年获财政部第三届全国财政系统大中专优秀教材二等奖。即便是92岁的高龄，易教授仍在对其专著《资金运动会计原理》进行第四次修订，直至生命的最后一刻。易教授主编的教材《企业成本学》1992年获财政部第二届全国财政系统大中专优秀教材二等奖。论文《抓住“以节约来增产”建立中国独特的经济责任制》，获得中国财政学会1989年“全国优秀财政理论研究成果佳作奖”。成本分块与利润分块理论与方法（十篇论文）获国家教委1992年度科技进步奖（甲类）三等奖。上世纪末，易庭源教授又将研究方向转到“人才资源价值会计”学说的创立上，并著有多篇论著。他注重理论联系实际，他带学生实习、调查研究、进行现场教学，并将实际经验上升为理论进行指导，引导学生找出进一步发展的方向。

易庭源教授一生生活简朴，却希望百年之后将其所有资产捐给学校设立奖学金，以勉励后生。为此，他在学校设立“易庭源奖学金”，用以奖励品学兼优学子。易庭源教授不仅是学问大师、是一代宗师，更是一位做人的楷模。他一身淡泊名利、甘于奉献，将毕生的精力奉献给我国的会计教育事业。

读硕士期间，除了专业课和基础课（含概率论与数理统计、资本论等）学习压力大之外，于我而言，英语学习压力最大。硕士一入学，全校举行了一次英语水平统考，达到及格线以上的，硕士期间可免修英语，我没有达到免修要求。整个硕士期间，我几乎没有抽时间锻炼身体，全部精力都用在了学习外语、专业课以及科研写作上，加上每月国家发给我60元左右的助学金，生活条件大大改善，人很快胖了起来，硕士毕业时已达到140多斤，读硕士两年体重净增加了40多斤。幸亏读本科时注重锻炼，打下了较好的身体底子。不然，可能就要出麻烦了。

我们班不少同学很喜欢科研写作，一是因为受到任课的那些爱做学问的老师们的积极影响，二是因为班上总有同学带头搞科研发表文章。那时，谁要是发表了文章，都感到无上光荣，其他同学都会投以敬佩和羡慕的目光。中南财大会计84级研究生中陈毓圭同学（前中国注册会计师协会秘书长）是科研领头羊，我们会计85级研究生班上，刘贵生、王正德同学是科研带头人。他们为我们树立了榜样，大家纷纷动笔效仿。

那时，硕士生哪怕能写点豆腐块大的文章发表都不容易，因为杂志少、版面少，参考资料极少，全国著名老教授和突出中年学者较多，他们是发表文章的主力军。硕士生写的文章要想发表，必须要有独到的学术观点。没有独到见解或观点的文章，是难以发表的。在科研领头羊的示范效应影响下，我也参入了科研写作发文章的队伍。现在回头看，真得感谢任课老师的教导和科研优秀同学的带头，使我在“兴趣和压力”双重因素合力作用下，试探性地走上了人生的科研之路。

经过两年的拼搏和专心写作，我人生中的第一篇专业论文“关于会计学科体系的探讨”，发表于《会计研究》1987年第2期。写作这篇文章当时我很下了功夫，参考阅读了大量文献，思考并提出了许多个人观点。这篇文章的发表对我是莫大的鼓励和荣誉，极大地提升了我的科研信心和兴趣。其实，这篇文章的初稿基础是阎德玉教授指导的我的本科毕业论文，到最后发表经过了近三年的反复思考和修改。

文章一开篇就明确了研究会计学科体系问题的意义以及文章要解决的问题，首先指出："会计学科体系体现着一个国家会计学发展的科学水平，对它的研究不仅是我国会计科学自身发展的需要，而且也是指导我国会计教学实践的迫切需要，因此，会计学科体系问题的探讨被列为我国会计领域'七·五'期间重点科研课题。建国以来，会计界曾多次触及这一问题，尤其是1982年全国高等财经院校会计专业课程体系改革，又将会计学科体系的建设提到日程上。此后《会计研究》多次发表了有关文章。无疑这些研究具有一定价值。但依我们拙见，不少文章在观点上混淆了会计学科体系和会计专业课程体系间的区别及其联系。究竟什么是会计学科体系？如何建立会计学科体系？以及如何认识它与会计专业课程体系等问题的关系？都值得深人研究。"

其次，文章明确建立学科体系应遵循的4项原则（是建立科学的会计学科体系的根本前提，这个问题的实质就是科学的学科体系的评判标准）：一是充分反映和揭示现代会计学科科学化程度和水平（学科体系的充分揭示性）；二是正确表现会计学科系统的内在的逻辑结构和层次关系（学科体系的逻辑结构规律性）；三是科学的会计学科体系必须为我国未来会计学科发展指明新的研究领域和研究方向（学科体系的预见性）；四是必须最大限度地吸收自然科学和其他社会科学研究成果和国外会计学科研究成果，以加强我国会计学科体系的科学性和先进性。

明确以上原则后，文章分析了会计学科体系的内在规定性（或决定性）问题，即建立学科体系的客观依据问题。通过对会计基本特征和会计学历史发展过程的思考，我们认为会计学科体系是会计实体规定性、会计对象规定性、会计职能规定性、学科研究相关性和研究规律规定性共同作用决定的。绝不能从以上某一方面规定性出发来建立会计学科体系。只有以上四大规定性有机结合，才能充分揭示会计学科体系的本质。

在上述基础上，再来建立会计学科体系就容易多了。先澄清对会计学科体系概念的认识。文章将会计学科体系定义为“它是会计学科客观系统中不同层次知识类别的内在逻辑结构及其变化规律的科学反映”。根据以上定义和会计学科体系的四大规定性，我们认为由于会计学本质上是服务于经济管理的实践性很强的科学，因此职能会计学科是会计学科体系的主体和核心。为保证职能会计学科的主体功能，必然要以基础会计学科为前提，因此，基础会计学科是会计学科体系的基础。会计学科研究必须同其他科学结合，由此产生相关会计学科，这是由学科研究的相关性决定的，因此，相关会计学科也是整个学科体系不可缺少的组成部份。基于以上分析，会计学科体系应由基础会计学科、职能会计学科和相关会计学科三层次构成。职能会计学科可分反映职能会计学科和管理职能会计学科两层；反映职能会计学科又可分为实体会计学科和会计对象要素学科两层。以“四大规定性”为理论依据而建立的会计学科体系，反映了会计学科系统的内在逻辑结构。我们可以把所有会计学科门类归入该体系之中。

文章最后，清楚辨析了会计学科体系与会计理论体系、会计方法体系及会计专业课程体系之间的关系。一是与会计理论体系的关系。会计理论体系就是会计理论研究对象自身逻辑的科学反映。会计理论体系是会计学科体系的理论根基，会计理论体系内容始终贯穿和融合于会计学科体系中；会计理论体系科学水平决定着学科体系科学水平。认为会计学科体系是会计理论体系在学科研究和建设上的反映。二是与会计方法体系的关系。会计方法体系是完成会计职能的一系列会计方法的有机结合体。我们认为会计方法是由会计职能决定的，因为任何会计方法都为实现特定会计职能服务，会计方法体系无疑是会计学科体系组成内容，会计学科体系中每一职能学科都存在许多会计方法的结合。会计方法体系渗透于会计学科体系中，会计方法体系科学性直接影响到会计学科体系科学性。因此，建立科学的学科体系必须加强对会计方法体系的研究。三是与会计专业课程体系的关系。会计专业课程体系是指具有不同培养目标的不同类别（或层次）会计专业为保证其目标实现所必须设置的与会计专业相关的课程所构成的总体。某种程度上，可理解为是会计理论方法体系在教学上的表现。会计学科体系则是会计学科知识总体系统化。两者既有区别，又相互联系。区别之一：决定要素和目的不同。课程体系是以专业目标要素为中心并结合学生认识规律（或教学规律）、客观条件可能性及时间一效果要求等诸因素来设计，带有综合性特点，其目的方便教学。学科体系则以会计学科系统内在规律揭示为中心来建立，其目的有利于学科发展，有利于对课程体系进行指导。作为课程体系应尽可能地避免重复，学科体系研究则具有较大的依靠性和复杂性。区别之二：我国会计学科体系在某一时点应是统一的东西，具有唯一性，而由于不同类型的会计专业同时存在，允许多种会计专业课程体系同时存在，以满足不同需要，因此，课程体系具有多样性特点。当然二者并非一成不变，随实践发展而不断发展。

1988 年 5 月，在阎德玉教授指导下，我顺利完成硕士学位论文《会计理论结构体系研究》的写作。我很幸运，将硕士学位论文重新修改整理后，定题为"试论财务会计理论结构体系"，发表于《会计研究》1989 年第 2 期。

文章开篇指出，如何科学合理地构造财务会计理论结构体系，是"建立具有中国特色的以提高经济效益为中心的会计理论方法体系"所必须研究的课题。认为，所谓财务会计理论结构体系，就是"系统化的以概念、范畴、判断、推理等形式完整表述反映会计客观对象的理论和方法及其会计行为规律性的科学知识体系。"

主张构造该结构体系应遵循五大基本原则：一是必须全面完整且客观真实地认识和反映会计理论总体的现有发展水平（结构体系的全面系统性与客观真理性）；二是正确表现财务会计理论总体的内在逻辑结构和层次关系（结构体系的逻辑严密性）；三是科学的财务会计理论结构体系必须为我国财务会计理论研究指明方向（结构体系的预见性）；四是在对一系列构成财务会计理论结构体系概念进行抽象时，语言文字必须精练概括，以体现科学体系的严谨和科学化程度（结构体系的概括性）；五是我国财务会计理论结构体系必须在广泛借鉴国内外有关研究成果基础上，体现"中国特色"（结构体系的特殊性）。以上五大原则决定了财务会计理论结构体系必备四大功能：（1）解释功能（对现实会计实践能加以科学合理的解释）；（2）认识功能（对现实会计问题研究提供认识的方法论）；（3）指导功能；(4）预测功能（能展示和预见未来财务会计研究的方向和领域)。

明确以上原则后，便对财务会计理论结构体系的内在决定要素进行剖析。通过对理论结构体系的基本特征和财务会计理论研究的发展过程的思考，我们认为财务会计理论结构体系是由逻辑起点决定性、会计对象决定性、会计目标决定性、理论研究相关性和研究规律决定性共同作用的结果。以上四大决定因素相互联系，缺一不可。

根据四大决定性知道，财务会计理论结构体系的研究建设过程就是以价值为逻辑起点，以会计对象作为财务会计作用客体，借助于其他学科研究成果以实现财务会计目标的过程。提出了财务会计理论结构体系的具体构造图示。

构造的结构体系以静态形式揭示了现代财务会计理论的内容及其相互联系，同时还隐含着财务会计理论研究的动态趋势，为深化财会理论研究指明了方向：1.价值起点理论研究方向（包括价值形成因素与价值计量问题，价值与会计形式的关系，价值变动、价格变动、通货膨胀与会计原则，价值管理与会计目标等)；2.会计对象理论研究方向（包括会计工作对象与会计学对象、会计属性、会计地位、作用、会计职能、会计方法等的关系，会计对象决定理论，会计对象的质与量的规定性，会计对象运动的时空观与价值观，会计对象的判别、选定与层次性同会计实体的关系等)；3.会计规定性和会计理论概念研究方向（包括会计规定性与会计对象、客观环境的关系，会计规定性的质与量的研究，会计理论概念内涵与外延、发展与创新的研究，概念计盆及其概念间规律与会计平衡的关系等）；4.会计原则理论研究方向（包括会计原则管理体制，会计原则结构层次与各层次内容具体设计，有些遭冲击的会计原则的再研究，如何同国际会计原则协调等）；5.会计制度和会计惯例理论研究方向（包括会计制度管理体制，会计法制建设理论，会计制度设计理论，会计惯例综合、总结、分析和抽象等）；6.会计技术方法理论研究方向（包括会计方法体系结构与内容，如何提高其科学性、适应性，会计方法的理论依据和实践问题等）；7.会计工作组织理论研究方向（包括会计工作组织原则，会计工作组织与会计技术方法的关系，会计工作组织形式的选择与实施问题，会计工作组织与会计目标的关系等）；8.财务会计基本目标和经济效益会计理论研究方向（包括会计信息质和量的研究，信息的成本效益问题，会计与经济效益的关系，经济效益概念、层次与分类，经济效益计算方法、考核指标与评价，提高经济效益应遵循的规律性与途径等）。

我1987年硕士毕业后留校，未被分配到教研室，而是直接接受会计系主任李成章教授的工作指令。1988年春，被派到海口负责筹建和管理中南财经大学大信会计师事务所海口分所（与当时的海口市税务局合办）；同年2~3月，接受并圆满完成了系里安排的会计86级硕士生21位同学的毕业实习。同年底返校，被分配到审计教研室。因为那时硕士已经很稀罕了，就没有立刻读博士的打算。

1988年5月，我和大学硕士同学7年的李长爱领证结婚。李长爱硕士毕业后，被分配到与中南财经大学隔山相望的、中国人民银

图1.6　全家福

行总行直属的、武汉金融高等专科学校（今湖北经济学院）任教。1989 年，在我人生中，意义非凡，同年 8 月，健康、聪慧、懂事的爱女张里远出生了。

随后的一段时间里，我对自己读书和科研的要求，不自觉地放松了一些。到了 1990 年初，我认为，这样长期下去不是个办法，何不趁大家都不想念书的此时，把博士读了。

1990 年中期，我和妻子商量后，决定报考本校杨时展先生的 1991 级博士。由于只是在读硕士时，听过杨先生的课，无其他往来，对杨先生既敬重、又害怕，担心他看不上我，会拒绝我读他的博士。有一天，我终于鼓起勇气，揣着个人简历，怀着忐忑心情，抱着一线希望，走进了杨时展教授的家门。

其实，杨时展先生早从其他渠道，对我有所了解，在听我简要介绍情况后，他对我说："龙平，你是本校优秀本科毕业生推免上的硕士，学习很刻苦，为人正直热情，大家对你印象不错，欢迎你报考博士。你有两个方面需要注意：一是你成家太早，要孩子也太早，不能因为家庭琐事影响读书；二是你的英语水平还需要进一步提高。"我走出先生家门，把我高兴坏了，先生终于答应我报考了，后面就得靠自己努力准备考试了。

1990 年下半年至 1991 年春节后，我开启了比较"残酷"和"少休"的拼命工作模式，即每天从早 8 点至晚 12 点，除了上课和必须要做的家务外，全身心静读，不会客、不外出、不运动。孩子

图1.7　与博士生导师杨时展教授合影

出生后，我们住进了位于武昌蛇山北麓的武汉金融高等专科学校（简称“武汉金专”）在粮道街社区的、清朝时期建的老房子。我每天忙完必须做的事后，就一人躲在武汉金专行政楼我爱人所在的教研室办公房间里，看书复习。永远记得，1991 年大年三十的晚上，武昌城区烟花爆竹鸣响不断，留下全城弥漫的烟雾。那天，我也坚持学到转钟后，才回家休息。在回家的路上，我被一阵阵夹着烟雾的凉风吹醒。我当时就强烈地感觉到，冬终去、春即归，花落花开；白雪阳春、人间烟火，交互辉映。今天看来，这何尝不是美好人生奋斗经历的真实写照与浪漫回味。1991 年春节过后，我参加了中南财大的博士生入学统考，当时考的是三门课：一是湖北省统考的英语，二是会计学，三是审计学。结果如愿考上了。由于长期坐着不动，营养有点过剩，考上博士后，体重增加至 160 斤。我是一个一安静下来，认真学习和工作，体重就会增加的人。幸运的是，只是体重增加了，但身体没有出现啥大问题。

说实话，人生就在于选择。现在回想起来，趁年轻早点选择报考博士，是正确的，它进一步调整并坚定了我当时的人生航向。尽管复习考博的确很辛苦，但世界上哪有那么多好事，一点不辛苦怎会有收获？艰苦付出、考上博士后，学习和科研就有了更高的平台。这个平台上，导师一对一、有针对性的指导和帮助，使我开阔眼界，增长学识，不断超越自我。

读博后，杨先生从我院未来学科带头人布局的高度，指定我主攻审计方向，尤其是注册会计师审计。他要求我精读几本西方审计名著，还要求我重点研习美国和国际审计准则。他说：“我国未来也

图1.8　与博导杨时展教授、沈如琛教授合影

要大力发展资本市场；发展资本市场，必须要重视会计和审计。你现在好好学习美国和国际审计准则，今后制定我国审计准则时，就可以派上用场了。”1995 年至今，我能够在我国审计准则制定中长期发挥积极的作用，与先生的高瞻远瞩、精准定位和辛勤栽培是分不开的。

杨先生对我平时的活动要求也很严。他明确警告过我，不允许我在读博期间，外出讲课挣钱。他说，读书就要专心，要能坐冷板凳。我每次去先生家，送报纸信件，或有问题请教他，都看到先生，在封闭阳台上放的小书桌旁边，看书或写东西，我感慨万千。如果一个人有安静的社会环境，能够和愿意坐下来，做点自己能做好的事情，实属国之幸，民之福。我必须要对得起难得的安静祥和、奋发向上的国家给予我们的成人成才环境。先生对我的指导特别尽心尽力，但他从来没有特意表达过，他对我的喜欢和认真。我当时作为二十几岁的青年教师，完全彻底地体会到了老一辈是如何默默期待和殷切教育我，做好人、读好书，处好事、早成才。我还记得，撰写博士学位论文时，写完前五章就交给先生看。当时先生已是80岁高龄，他每章都帮我一字一句修改，旁边写满了红字批注。写第一章时，经他改后到处是红字，批注里全是批评的字眼，批评我最多的是文章逻辑性不强、表达啰嗦、有“八股文”陋习，他要求我“三个字可以说明的，绝不用五个字”。我交第二章时，就特别注意改掉自己的毛病，先生满意多了，在批注里没少表扬和鼓励我。

杨先生1986 年被国务院学位委员会评为博导（通称“国博”，非“校博”，即指不是学校自我评定的博导）。杨先生一生共招了11

图1.9　杨时展教授指导的部分博士合影

位博士，他们及其所在的年级和博士学位论文题目是：李雄鹰（87级，未毕业）、张杰明（88级，现代审计基础结构研究）、王光远（90级，外向型管理审计的规范化问题）、文善恩（90级，会计控制系统论）、张龙平（91级，注册会计师审计控制系统研究）、徐锡洲（92级，受托责任与会计）、任咏恒（92级，审计标准研究）、罗飞（94级，合并财务报表问题研究）、汪祥耀（94级，会计准则基本问题研究）、阎红玉（94级，商誉会计研究）、徐唐先（95级，宏观会计学若干基本问题研究）、庄丹（95级，企业财务会计准则研究）。

每次遇到博士论文答辩，我按照我体会到的先生的意思，几乎包揽了所有会务，包括会议现场准备（含预定校招待所会议室和住房，从学校花房借花盆，从学校外事处借扩音设备，联系制作横幅，安排伙食等）和联系校车到机场或武昌火车站，接送外校答辩专家。

我的记忆中，接待过很多老前辈，包括葛家澍，余绪缨，阎金锷，徐政旦，王松年，裘宗舜，成圣树，吴水澎，黄菊波，彭及时，廖洪，李守明、曲晓辉等。从多次接待工作中，我不仅得到了实实在在的锻炼，还从老前辈身上学到很多东西，他们不仅学识渊博，而且为人谦逊友善。

印象最深的是，有次博士论文答辩，是下午两点开始；陪专家们吃完午饭后，我和杨先生一道送他们回房间午休；送到房间门口后，我就说，您好好午休，我会在中午1点50分来“叫”您。杨先生听后当即批评我说，你该说中午1点50分来“请”您。我知道自

图1.10　与葛家澍教授合影

己错了，就立马进行了更正。忠言逆耳，这是多么率真、注重言传身教的好先生啊！他是利用细节在全过程培养我，在全方面帮助我成长。先生越是直言对我，说明先生恨铁不成钢之心越真切！

我1991年9月入学跟先生读博，先生已经78岁了。先生早年到农场养猪劳动，严重缺少营养，患上肝病，时不时遇上病情加重，我就陪先生去湖北省人民医院楚康楼住院治疗，先帮先生办理入院手续，再找学校医院开支票结账，偶尔和医生沟通等。先生要求自己十分严格，进出医院从不动用公车，也不让医生开好药。从这些日常相处中，我见识和学习了先生很多从书本里学不到的珍贵品格。

1992年我首次申请破格晋升副教授，未能如愿。他不仅没责怪学校，反倒很平静地鼓励我，继续努力。终于在1993年，我被学校破格晋升为副教授。

1994年5月，先生又鼓励和支持我投标，结果中标作为主编，编译了全国注册会计师专门化九门核心课程统编教材之一的《审计》，1995年该教材由经济科学出版社出版。写作这本教材，可能是对我人生最全面、最严格的一次锻炼和考验，不仅锻炼了意志力，更考验了身体的健康程度。

我接标后的一年里，几乎不分白天黑夜，只要还能睁开眼睛，就继续写作；实在睁不开眼睛了，就去睡会儿。那时，我的女儿还没上小学，见到我伏案写作，就悄悄地离去了。她从小就学会了不打搅爸爸的工作。我至今还保留着那近70万字的手写书稿。这书稿，不是一般意义的简单、有字的纸张，对我而言，是历史，是现在，是未来。因为她无言地时刻提醒着我，只要我能够延续当年的精气神，就能够把现在的事情做好，也能够把未来的事情做好。经历了，就知道了。经历了就是人生财富，知道了就懂如何进步。

1995 年，我破格晋升为教授。一路走来，先生的关怀无处不在；每次进步，都凝聚了先生的心血！

我比较年轻，就被评为副教授、教授，2007 年被学校评为首批二级教授。平心而论，不是我自己有多么的聪明和努力，主要是因为有老师们的无私教育，有校领导的大志栽培，有好时代的政策环境。我必须知恩、感恩、报恩，我永远知恩、感恩、报恩。

五、教书育人的快乐

1985 年 9 月，读推免硕士那天起，我就被中南财经大学会计系时任系主任李成章教授告知，硕士毕业必须留校教书。所以，我是早就做好了当大学老师的思想准备了。

硕士入学不久，学校函授处（今成人教育学院）想在我班找人，去武钢职工大学函授站，讲企业财务管理课。我和另外两位当过老师的研究生同学商量，共同接下了这门课，我排第一个先讲。这是我一生中第一次正式接课、上课。

第一次接课，心里特别紧张。不仅因为我才 19 岁，难以一下子适应角色的转变，更是因为那个年代，大学期间同学们大多胆怯，缺少沟通锻炼，不敢在公众场所讲话。我当时只有一个念头，既然接了这课，就必须讲好，为一生的教书生涯开个好头、找点底气。平时总听老师说，要想讲好课，就一定要先备好课。我备课分六步走：一是把教材内容彻底吃透；二是提炼出基本知识点及重难点；三是写出详尽的讲稿包括连接词等；四是熟背讲稿的全部内容（当时我作了最坏的打算，即使讲课现场高度紧张，不知所措，那我也会在适当把握快慢节奏的前提下，把讲课内容全部背出来）；五是在讲稿中标识出需要板书的内容；六是上课前，找个空教室，边板书边讲，多演练几遍。

丑媳妇迟早得见公婆，没过几天，我正式去武钢职工大学上第一堂课。我走进教室，抬头一看，全是比我年纪还大的学员，我故作镇定，按照事先操练的程序，有模有样地做着课前的各项准备工作。不一会儿，上课铃响了，我开始上课。我先板书了课程名称和课程的学习目的和主要内容，然后开讲。没讲到几句，我强烈地感觉到自己太紧张，紧张到连耳根附近都红了。我当时自己暗示自己，必须尽快平静下来，不能再这样紧张下去。难道，自己要赶自己下台，永远不再当老师？于是我很快启动了“背诵”模式，由于事前花了大量时间把讲稿都背下来了，心情慢慢恢复平静，后来就越讲就顺了。我边讲边观察学员们的面部表情。每讲一个重要知识点，我会稍稍停顿一会儿，问问大家我讲清楚了没有。大家说很清楚了，我就接着讲下一个知识点。万事开头难，就这样对付着，讲完了四节课。

讲完课，回到学校，异常兴奋。我冷静后仔细一想，发现头一回上课所谓的紧张，纯粹是自己吓唬自己，自己把书本内容真正弄懂了，把怎么讲才能让学员很快明白都设计好了，再留意下学员在课堂上的反应，就没必要有啥额外的思想包袱。第二次再去上课，几乎一点也不紧张了，不仅和学员们沟通顺畅，而且还发现我讲课中面带微笑，神情自然，充满激情，语言幽默，重难点讲解清晰，很在意学员的现场反应，注重互动交流，讲课节奏适时调整等做法和风格，很受学员们的欢迎，使我对当老师这个职业产生了一种莫名的、由心而生的一点点快乐感和满足感。在三个老师的共同努力下，终于完成了这门课。据事后反馈，我的教学效果得到了最好的评价。于是，我第一次尝到讲课的甜头，有了一点讲课的自信。

后来，我慢慢地、坚定地悟出，其实，讲课跟搞科研、写文章是一个道理：一是要由衷喜欢，二是真正重视，三是认真构思，四是艰苦付出，五是反省改进；绝不能自以为是，以为自己付出很多了（可能别人比你付出更多）；更不能自我陶醉，以为自己表现最好了（可能别人比你表现更好）。文章是写给编辑看、写给读者看，让编辑和读者满意的才是好文章；讲课是讲给学生听，讲给同行听，让学生和同行满意的才是好老师。有人说，讲课既是科学，更是艺术。我对这话有了初步的理解。

硕士期间，第二次接课是经中南财经大学会计系84级研究生师兄王光远（原厦门大学会计系教授、博导，今福建省工商联主席）介绍，到位于汉口的武汉成才自修大学，讲企业财务课。王光远讲同一个班的企业成本课。那时武汉开办了很多这样的自修大学，平时课程讲解和考前辅导由学校自己找老师，但各科考试的命题和阅卷，则是由湖北省教委自考办统一组织进行，所以，竞争十分激烈。自修大学、自考学生和授课老师三方都非常清楚，自修辅导完毕参加全省统考后的全班同学课程考试合格率的高低，是评价任课教师教学水平，并决定是否续聘的唯一标准。根据这一特点，我课前仔细阅读和分析了湖北省自修考试大纲的要求，有针对性地认真备课，把课程的必考内容和重难点，自己先理解透彻，再思考如何进行讲解，以便于学生理解和掌握。这种应试教育，只能靠实力说话，靠

图1.11　2011年与中南财大注会94级同学合影

成绩立信，教师压力特别大。最后，统考结果一出来，大家皆大欢喜，我倍感快乐和幸福。我在武汉成才自修大学带完两个班后，由于手头工作忙，就没有再去任课了。现在回想起来觉得，年轻时讲讲这类课，也是难得的锻炼和成长机会。

1988 年底，我到审计教研室后，主要为会计系以外的本校其他经济管理类专业讲授审计学。第一次为会计系学生讲审计学，是在 1991 年为审计 88 级授课。

1996~1999 年我曾受湖北省注册会计师协会的委托，担任全省注册会计师全国统考科目《审计》的考前辅导老师，帮助考生们尽快通过考试。讲这种课，压力可想而知。我除了一如既往地认真备课外，更加慎重对待课堂教学。考前辅导一般安排在暑假进行，武汉的夏天特别的热，那时学校条件很差，教室里都没有空调，我一讲就是站着讲一整天，上午讲完课后，汗流浃背，全身湿透，回到家吃完中午饭，换上干净衣服午休一会儿，下午接着讲课。当时的我身体实在太胖，在夏天里，即使不上课，也是汗水直淌。辛勤付出终于有了好的结果，不少学员通过参加考前辅导，顺利通过了《审计》科目的全国统考。现在回想起，自己 30 岁之前趁年轻能为我国早期注册会计师后备人才的培养做点事情，感到无比光荣和欣慰。1998 年 6 月，还担任辽宁省证券注册会计师考前辅导班审计主讲教师。

在教学生涯里，还值得回忆的是为 ACCA 班上课。我校于 1994 年开办英国 ACCA 班，是中国大陆地区最早开办此班的高校之一。最初这个班不是一个单独的建制班，而是从每个班上挑选英文基础好且有强烈学习愿望的同学，组成一个“业余”特殊班，他们在ACCA班上的考试成绩，可以折合为本校相关课程的成绩，纳入本校学籍考核和管理，以便学员在取得ACCA考试成绩的同时，能符合本校毕业条件，获得本校核发的文凭。

当时，ACCA在中国大陆处于推广期，免收一切费用，包括教师和学员的教材费、资料费、注册费、考试费等，我们学校只象征性地向学员收点费用。时任会计系主任阎德玉教授认为，开办此班的目的，一是借机带动师资队伍的建设和升级，二是培养学生的国际视野，为学生提供一个更好的学习平台和发展空间。

所有课程师资从一开始就由会计系自己的老师担任，我被系里安排为ACCA班，讲解Paper 6，Audit Framework。那时，讲解英国ACCA原版教材，除了一般认为的双语课程的共性难题外，还有两大难处：一是教材按照英国会计审计准则和经济、税收等方面法律编写，不是按照国际准则编写；二是教材里的英文句子很古典，很英式，有的句子很长，占了七八行，晦涩难懂。当然，后来的ACCA教材，顺应潮流和需求，做了语言通俗化和准则国际化等方面的重要改进。

其实，当时我动点脑筋，找个理由，谢绝此课，不是难事，但我没那么做。我认为，人不能太聪明，太计较，要看长远，要多锻炼。见难事就躲，见好事就抢，不是我的一贯风格。只有不断做事，挑战自我，才会进步。经历多了，见识就会增加，能力自然得到提高。

我们只是提供平时的讲课辅导，真正命题、监考和阅卷全由英国ACCA负责。客观来说，讲ACCA课程的每个教师压力都很大。由于我的英文基础只能算一般般，我得比其他英语基础好的老师，花费更多的时间备课。今天回想起来，觉得很值得。因为不仅提高了自己的专业文献阅读和理解能力，还对英国的公司法、税法及审计制度等有了比较深入的了解，充实和完善了我的知识结构。看到不少同学能够在我的辅导下，顺利通过考试，我感到由衷的高兴和幸福。

从1994年起，给英国ACCA班授课，不仅为我日后的双语课程教学积累了宝贵的经验，还有一个意想不到的特大收获。那就是我在1995下半年，破格晋升教授时的单独英语听力测试中，凭借多年上ACCA英文原版教材积累的英语词汇和语感，取得了优异的成绩，为顺利评上教授铺平了道路。

1995年底，我申请破格晋升教授，按当时政策，博士毕业的，可以免试英语。但原中南财经大学时任校长王行远教授为了提醒我们年轻教师，要抓紧学好外语，就临时想出了个招。他要求学校人事处会同外语教研室，对我们当年所有申请破格晋升教授的、已博士毕业的年轻教师，进行英语听力的特别测试。我记得，1995年底的一天下午，学校人事处把我们集中在原中南财经大学二号楼二楼的一个教室，要求隔列而坐，防止考试舞弊。坐妥后，开始听写20个完整的英语句子，放的是录音。其中10个句子先由一个外籍教师

图1.12　2010年与硕士生合影

读，每个句子读三遍；另外10个句子改由本土英语教师读，每个句子也读三遍。要求大家听后，用英语原原本本写出你所听到的每个句子、每个单词的内容，不能写你听到句子或单词的任何中文含义。当年申请破格教授的年轻教师中，大家公认出过国、留过学、英文基础比我好的多得很，但他们不少人考前心里紧张，顾虑太多，反复听了很多盘录音磁带，而我作为一个“纯种土鳖”，未出过国，未经过特别的英语培训，也没临考前抓紧时间，听听英语录音带，不但没感觉到一丝的紧张，反倒很放松，结果考试发挥出乎我的意料。看来，凡事功夫在平时，平时多做多练，关键时候能保持良好的心态，就可能水到渠成了。

1993年，我破格晋升副教授后，开始带93级会计学硕士生的毕业论文。我最早给硕士生上课，是给94级会计学硕士生，系统讲授美国Arens审计学（英文版）。我校现任会计学院院长张敦力教授，中国注册会计师协会专业标准与技术指导部主任唐建华就是我校94级会计学硕士生的杰出代表。1997年至今，我一直为会计学院博士生们授课。

迄今，我讲授过的硕士生课程包括现代审计学、审计理论研究、审计准则研究、会计审计前沿专题等；为我院博士生讲授过的课程包括西方审计理论、政府审计研究、内部审计研究、审计理论与准则研究、环境审计专题研究等。

1993年至今，我已指导全日制硕士生100余人，1999年任博士生导师至今，已指导博士生约40人。特别感到欣慰的是，我指导的

图1.13　2010年与博士生合影

研究生，几乎都是研究审计，他们毕业后在各自岗位上，都取得了比较突出的业绩，受到业界同行的称赞。

反思迄今33年来的大学教书育人工作，我总的体会是，教书育人是大学教师的天职，教书育人是教师快乐的源泉。当老师最令人不齿的是，站不稳讲台，学生给差评。一个大学老师，只有把课讲好了，才有基本的自信和底气。课没讲好，绝不能怪学生，要多反思自己是重视不够，投入不够，还是教学方法和技巧需要改进。对教师而言，唯有不断的自省自新才是持续进步之道，才能获得教书的快乐和职业满足感。

当然，不同层次的课程，对老师的要求也不一样。我们要针对不同学生或学员的特点和需要，有目的、有重点地备课，并采取适当的教学方式，争取好的教学效果。当老师的，自己要不断学习新法规新知识，了解专业实践发展的现状及问题，还要多做理论研究和实务调研，只有这样，讲课才有理论深度、思想高度和知识宽度，学生或学员听后才会有所收获。

除上课外，还认真指导研究生。本人指导的李银香博士（今湖北工业大学教授）、吕伶俐博士（今湖北经济学院副教授）、吕敏康博士（今中南财经政法大学副教授）等撰写的博士学位论文，荣获“湖北省优秀博士学位论文”称号。

长期的审计教学、课程建设、教书育人成果得到国家有关部门和同行专家的认可。本人负责主持讲授和领衔建设的《审计学》，先后获得国家级精品课程、国家级双语示范课程（与本院李璐教授共同主持）、国家级网络精品课程、国家级精品资源共享课程等荣誉称号。本人负责的审计学教学团队，被评为“湖北省优秀教学团队”。受学院指派，还牵头成功申报了湖北省品牌专业和首批“高级国际会计人才”湖北省拔尖创新人才培养试验基地。1994 年，荣获“湖北省优秀教师”称号；1999 年，荣获教育部全国首届百佳“高校青年教师奖”（系教学科研综合奖，从全国1999 年35 周岁以下的高校教授中择优遴选，本人荣幸成为全国审计学专业教师的唯一获奖者）。此外，曾荣获“华为奖教金”，两次荣获“中南财经政法大学优秀博士生指导教师”称号。

六、科学研究的锤炼

（一）科研概况

我从读硕士起，就开始科研写作，并越做越有兴趣。开始那几年，研究主题集中于会计基本理论和财会实务问题。1988 年底分至审计教研室后，就开始转向研究审计学，并坚持至今。1995 年后，无论是承担课题研究，还是写作发表文章、出版著作都是审计方面的。简单总结，我的科研有以下特点：

一是聚焦，即一直咬住审计理论实务研究不放松；

二是坚守，即无论遇多大诱惑都要保持科研习惯；

三是务实，即科研要服务于国家需要和行业发展；

四是创新，即科研必须要有自己独到认识和见解；

五是整合，即科研要与教学及社会服务紧密融合。

图1.14 中国独立审计准则专家与财政部领导合影

本人一贯专注于审计学领域，虽对政府审计和内部审计也有涉猎，但侧重于注册会计师国际审计、鉴证及相关服务等执业准则与相关理论研究，中国注册会计师执业准则、职业教育与行业实务改进研究，取得了较突出的成果。在《管理世界》《会计研究》《审计研究》等专业期刊上发表论文译文200多篇。主持或参与完成国家级、省部级课题等近40项，其中任首席专家主持国家社科重大项目1项（编号：11&ZD044），主持国家社科基金青年项目1项，作为主要成员参加国家社科和自科课题各1项，主持教育部课题2项，审计署课题4项，财政部及中注协委托课题近30项。出版著作教材40余部。获得了一些科研荣誉和奖励，包括2013年3月，我主持完成的教育部课题成果《我国上市公司财务欺诈的量质特征及审计战略调整研究》，荣获第六届教育部高校（人文社会科学）科研优秀成果奖（研究报告类）三等奖。

（二）论文译文

本人1987~2017年发表论文译文200余篇，详见第六部分“科研成果统计”。

（三）著作教材

本人1987~2017年出版专著教材40余部，主要有：

1.专著：《注册会计师审计控制系统研究》，东北财经大学出版社，20万字，1994年。

这是本人在杨时展教授指导下完成的博士学位论文基础上修订、出版的第一部著作，也是我国第一本系统研究审计控制系统的专著，书中观点和建议对于进一步完善我国注册会计师审计制度有重要参考价值。

书中指出，世界各发达国家和地区的经验表明，发展市场经济，必须发展注册会计师审计制度。我国的注册会计师审计要更好地为社会主义市场经济服务，就应当建立一个行之有效的注册会计师审计控制系统。该综合控制系统由宏观控制子系统、中观控制子系统、微观控制子系统构成。这三个子系统相互制约、相互影响，共同为实现综合控制系统目标发挥自己的作用。该著作对发展市场经济与注册会计师审计控制的紧密关系，该综合控制系统的性质和特征，各个子系统的功能、目标、现状、问题及改进建议作了深入有益的探讨。

2. 主编（独著）:《审计》（全国注册会计师专门化统编九门核心课程教材之一），经济科学出版社，约 70 万字，1995 年。

1994 年初，时任总理朱镕基在接见来访的新加坡前任总理吴作栋时，与其探讨中国发展市场经济需要做好哪些工作。吴作栋先生建议，中国发展市场经济需要三个“30 万”，即 30 万律师，30 万注册会计师，30 万税务师。镕基总理深刻认识到注册会计师对发展市场经济特别重要，决定借助有实力高校，抓紧培养具有国际水准的我国注册会计师后备人才。

为落实朱镕基总理指示，国务院成立了全国注册会计师培训工作领导小组，并决定从1994年起在全国会计学师资较雄厚的23所高校，当年开设“注册会计师专门化”（会计学专业方向）招收优秀本科生，以培养我国注册会计师队伍的高级人才。财政部对招收注册会计师专门化的高校，每年拨付专项经费予以支持。

培养我国注册会计师高级人才，教材是关键。为此，全国注册会计师培训工作领导小组成立了全国注册会计师教育教材编审委员会。编审委员会根据注册会计师专门化的培养目标，考虑到我国高等院校会计学专业的教学实际，经过反复的论证，确定了注册会计师专门化的9门核心课程，并决定重点建设这九门核心课程的教材，即由编审委员会统一组织编写。九门核心课程是：中级财务会计、成本管理会计、财务管理、审计、管理咨询、经济法、税法、高级财务会计、电算化会计与审计。编审委员会对这套教材提出了编译为主、务实创新的原则，要求大胆借鉴，与国际惯例接轨，并通过招标的方式选择最适当的专家、教授来主编各门教材。

本人投标其中的《审计》教材，并获得中标。1994年5月至1995年5月，我全神贯注，不分白昼，夜以继日，加班加点，终于按期保质保量完成任务，编写质量获得主管领导和同行专家、教授的一致好评。

3.张龙平、陈建明编著：《独立审计准则导论》（第一本全国注册会计师后续教材），经济科学出版社，1996年。

4.张龙平、李璐编著:《现代审计学》(国家级“十一五”规划教材),北京大学出版社,2012年。

5.张龙平、李璐编著:《现代审计学》(国家级“十一五”规划教材),北京大学出版社,2017年。

6.张龙平、谢盛纹主译:《审计与保证服务——整合法》(美国阿尔文.A.阿伦斯等原著),东北财经大学出版社ISBN7-81084-135-1,74.8万字,2005年。

该教材是美国最经典的现代审计学教材之一,被公认为系统学习和全面掌握现代西方特别是美国审计理论和实务的最佳图书,为全球多所著名大学采用。该书由于首次提出并倡导“切块审计”的思想而备受审计理论界、教育界和实务界推崇。在中国,该书曾受我国已故著名会计审计学家杨时展先生的高度重视、推介和使用,并组织了最初的引介和翻译工作。该书从审计职业、审计过程、审计过程在销售与收款循环中的应用、审计过程在其他循环中的应用、完成审计工作、其他保证和非保证服务六个方面入手,主要关注财务报表审计和财务报告内部控制审计中的审计决策过程,强调将审计和其他保证服务的重要概念与相关实务结合起来,以帮助读者理解审计决策与证据收集的逻辑方式。该书内容新颖,体例合理,理论分析深入,实务说明具有典型性和可操作性,易于讲教与学习。特别值得赞赏的是,江西财经大学谢盛纹教授当年正在读我的博士,他为本书的翻译作了大量艰苦细致的工作。他钟爱审计学术,专业功底扎实,做事一丝不苟,翻译较好地做到了信达雅。他持之以恒，亦步亦趋，紧密跟踪该教材的修订进展，对该书此后出版的多个新版本做了认真续译并正式出版。该教材的多版中译本，一直被国内多所著名高校采用为本科生和研究生教材。

7. 张龙平、谢盛纹主译：《审计与保证服务——整合法》（习题配套光盘）（美国阿尔文、A、阿伦斯等原著），东北财经大学出版社（新出音管［2005］096 号电子出版物数据中心）ISBN7-89994-437-6，共232 页，35 万字，2005 年。

8. 谢盛纹译、张龙平校：《审计学：一种整合方法》（第12 版）（原著为美国Arens 等合著的AUDITING AND ASSURANCE SERVICES：AN INTEGRATED APPROACH），中国人民大学出版社，2009 年。

9. 谢盛纹译、张龙平校：《审计学：一种整合方法》（第14 版）（原著为美国Arens 等合著的AUDITING AND ASSURANCE SERVICES：AN INTEGRATED APPROACH），中国人民大学出版社，2013 年。

10. 参编：《中国注册会计师执业准则指南》（财政部组织编写的全国性法规读本），5 万字，中国财政经济出版社，2007 年6 月。

11. 参编：《财务报表审计工作底稿编制指南》（财政部组织编写的全国性法规读本），6 万字，经济科学出版社，2007 年8 月。

12. 主要作者：《审计》（1995 年度注册会计师全国统一考试辅

导教材，第1~8章等)，中国财政经济出版社，1996年。

13. 主要作者:《审计》(1999年度注册会计师全国统一考试辅导教材，第1~8章等)，中国财政经济出版社，1999年。

14. 主要作者:《审计》(2000年度注册会计师全国统一考试辅导教材，第1~8章等)，中国财政经济出版社，2000年。

15. 主审:《审计》(2014年度注册会计师全国统一考试辅导教材)，经济科学出版社，2014年。

16. 主审:《审计》(2015年度注册会计师全国统一考试辅导教材)，经济科学出版社，2015年。

17. 主审:《审计》(2016年度注册会计师全国统一考试辅导教材)，经济科学出版社，2016年。

18. 主审:《审计》(2017年度注册会计师全国统一考试辅导教材)，中国财政经济出版社，2017年。

19. 参译:《国际审计准则(2012)》，国际审计与鉴证准则理事会制定，中国注册会计师协会组织翻译，中国财政经济出版社，2013年。

20. 参译:《国际职业会计师道德准则2012》，国际审计与鉴证准则理事会制定，中国注册会计师协会组织翻译，中国财政经济出版社，2013 年。

21. 参编：《审计学原理》（审计法治建设及审计质量管理一章）（高子宏主编），中国财政经济出版社，1992 年。

22. 参编：《审计学》（三章）（高子宏主编），湖北科学技术出版社，1993 年。

23. 参编：《现代审计手册》（审计理论、审计方法两篇），武汉工业大学出版社，1991 年。

24. 参编：《现代西方审计学》（经营管理审计一章），东北财经大学出版社，1993 年。

25. 主编：《新编审计学》，武汉大学出版社，1995 年。

26. 参编：《中国注册会计师业务全书》（审查会计帐目部分，10 万字），经济管理出版社，1993 年。

27. 参编：《全国注册会计师资格考试复习指南1993》（审计部分，9.5 万字），科学普及出版社，1993 年。

28. 参编：《中国注册会计师独立审计准则（问题解答）》（中国独立审计准则组编），东北财经大学出版社，1997 年。

29. 参编：《中国注册会计师独立审计准则（释义）》（中国独立审计准则组编），东北财经大学出版社，1997 年。

30. 参编：《中国财政百科全书》（审计部分），中国文史出版社，1992 年。

31. 王光远、张龙平著：《现代财务会计结构》（完成 7 章 12 万字），福建人民出版社，1991 年。

32. 参编：《财务通则会计准则知识详解》（会计准则部分），企业管理出版社，1993 年。

33. 参编：《企业特种会计》（罗飞主编），湖北科学技术出版社，1994 年。

34. 参编：《企业特种会计》（第二版）（罗飞主编），湖北科学技术出版社，1997 年。

35. 参编：《简明会计辞典》，中国财政经济出版社，2002 年。

36. 副主编：《21 世纪的现代会计》（上中下），东北财经大学出版社，1996 年。

37. 参编：《最新实用会计方法大全》，企业管理出版社，1994 年。

38. 参编：《新编会计方法操作全书》，辽宁人民出版社，1994 年。

（四）科研项目

本人主持完成或领衔带领审计研究团队成员聂曼曼、李璐、吴琼、陈丽红、朱锦余、邓川、柳木华、陈作习等博士完成的财政部及财政部中国注册会计师协会重点课题包括：

1. 财政部项目，我国现行《注册会计师法》修订问题研究，1999 年。

2. 财政部项目，九五我国注册会计师行业发展若干问题研究，1997 年。

3. 财政部项目，中国注册会计师审计制度研究，1996 年。

4. 财政部项目，企业内部控制鉴证（审计）准则研究（2008KJA05），2008 年。

5. 财政部中注协项目，06AU1121 中国注册会计师审计准则第 1121 号。

6. 财政部中注协项目，06AU1142 中国注册会计师审计准则第 1142 号。

7.财政部中注协项目，06AU1313 中国注册会计师审计准则第1313 号。

8.财政部中注协项目，06AU1221 中国注册会计师审计准则第1221 号。

9.财政部中注协项目，06AU5101 中国注册会计师审计准则第5101 号。

10.财政部中注协项目，06AUG1121 中国注册会计师审计准则指南第 1121 号。

11.财政部中注协项目，06AUG1142 中国注册会计师审计准则指南第 1142 号。

12.财政部中注协项目，06AUG1313 中国注册会计师审计准则指南第 1313 号。

13.财政部中注协项目，06AUG1221 中国注册会计师审计准则指南第 1221 号。

14.财政部中注协项目，注册会计师质量控制基本准则，1998 年。

15.财政部中注协项目，违反法规行为，1998 年。

16.财政部中注协项目，存货监盘，1998 年。

17.财政部中注协项目，注册会计师审计报告准则，1998 年。

18.财政部中注协项目，资产减值准备的会计审计问题研究，(2003–A–13)，张龙平、张敦力主持。

19.财政部中注协项目，中国注册会计师执业准则总体修订方案设计，2007 年。

20.财政部中注协项目，中国注册会计师执业准则具体修订问题研究，2007 年。

21.财政部中注协项目，企业内部控制鉴证研究（2008–D–4），2008 年。

22.财政部重点资助项目：中国注册会计师行业社会责任指标体系研究，财政部首批“会计名家”培养工程资助项目，2013~2016 年。

23.财政部中注协项目，注册会计师行业社会责任报告的框架与指标体系研究，2014 年。

24.财政部中注协项目，《温室气体报告鉴证业务》，2015~2017 年。

本人主持完成的审计署等重点课题包括：

1. 审计署重点课题，我国审计公告制问题研究（发表于《审计研究》，2003（6）：39–43），2002~2003 年。

2. 审计署重点课题，审计管理科学化实现机制研究（审会字［2003］9 号），主持人，2003~2006 年。

3. 审计署重点课题，审计项目计划管理研究，主持人，2003~2005 年。

4. 审计署重点课题，绩效审计指南（09SJ02004），主持人，2009~2010 年。

5. 中国内部审计学会课题，内部审计的体制、职能、地位与作用，张龙平、张敦力主持，1997~1998 年。

6. 湖北省审计学会课题，审计风险控制，1998~1999 年。

7. 湖北省审计厅项目，金融审计维护国家金融安全的功能及其实现机制的研究（08SJ01001），2008~2009 年。

8. 湖北省人事厅项目，我国会计师事务所审计监管控制研究，2008~2009 年。

9. 武汉市社科课题：国家审计风险及其控制研究，主持人，2003 年。

本人主持完成和作为主要成员参与完成的国家“两金”课题及教育部课题包括：

1. 国家社科基金重大项目，国家利益保护导向的中国环境审计体系创新研究（编号：11&ZD044），首席专家，2011~2017 年。

2. 国家社科基金项目，中国会计师事务所审计资本市场舞弊的路径改革研究（编号：02CJY007），主持人，2002~2010 年。

3. 国家社科基金项目，我国注册会计师行业监管的理论、体制与效率研究，李长爱、张龙平等，2005~2009 年。

4. 国家自科基金项目，管理舞弊审计控制理论创新及应用研究，王泽霞、张龙平等，2004~2006 年。

5. 教育部高校青年教师奖资助项目，中国资本市场可持续发展与注册会计师审计制度创新研究（教人司［2002］26 号），主持人，2000~2006 年。

6. 教育部人文社科研究项目，中国上市公司财务欺诈的量质特征及审计战略调整研究（编号：02JA790058），主持人，2002~2009 年。

七、社会服务的有为

大学教师有四大职能：一是教书育人，二是科学研究，三是社会服务，四是文化传承。所谓社会服务，就是利用自己的专业知识和技能，为学校以外的社会有关方面做一些有益的工作，包括为有关政府部门提供技术咨询和专业服务，为你所研究的行业进步和发展做力所能及的事情等。

我长期从事的大学审计教学和审计研究，特别是注册会计师审计及行业发展研究，应用性特别强，上有国家审计署、财政部、中国注册会计师协会、中国审计学会、中国会计学会制定行业发展制度和政策，下有具体单位的内部审计工作及政府审计、注册会计师审计工作的开展和执行。我们必须理论和实践结合，理论研究必须推进实践进步。否则，理论研究和学术探讨就没有生命力。

我任大学教师30多年来，一直坚持为财政部、审计署等政府部门的决策服务，一直坚持为审计行业的健康发展服务，在我国审计制度建设，行业标准制定，高级人才培养等方面做了自己很愿意和能够做的一些工作，下面简要归类列举如下：

1. 为全国首批试办注册会计师专门化的23所高校，独著编写指定统编教材《审计》（约70万字），为培养具有国际水准的中国注册会计师后备人才尽一份力量。

2. 1996年主编了全国注册会计师行业的第一本后续教育教材《独立审计准则导论》。

3. 长期参加注册会计师全国统一考试辅导教材《审计》科目的编写、主审、修改、命题、审题和全部考试科目的阅卷组织管理工作。

4. 按时保质完成了财政部委托我主持的多个涉及我国注册会计师行业发展的重点研究课题。

5. 按时保质完成了审计署立项委托我主持的多个涉及我国国家审计制度和实务改进的重点研究课题。

6. 一直为国家审计署国家审计规范的制定和修订提供技术咨询。

7. 按时保质完成了财政部中国注册会计师协会委托我主持的多个涉及我国注册会计师行业发展的重点研究课题。

8. 按时保质完成了财政部中国注册会计师协会委托我主持的近30个准则及指南的起草、制定和修订工作。

9. 1996年起一直担任中国注册会计师协会举办的各类注册会计师行业培训班的主讲老师，主讲审计准则和一些审计实务专题。

10. 1996年起一直担任财政部监督检查局、证监会、三个国家会计学院、相关省级注协及大型事务所等单位举办的各类注册会计师行业及监管行业培训班、会计领军班的主讲老师，主讲审计准则和一些重大审计实务专题。

很荣幸，2006年我国发布实施与国际趋同的新会计、审计准则体系，我应邀出席了中国会计审计准则体系发布会。当时收到的邀请函写道："各位审计准则委员会委员：在党中央、国务院的正确领导和有关部门的大力配合下，我国会计、审计准则体系的建设工作已取得重大进展。目前，一套较为完整、适应我国社会主义市场经济发展需要、与国际准则充分趋同、可独立实施的会计、审计准则体系已初步建成。财政部拟于2006年2月15日下午14：00–15：30在人民大会堂召开发布会，正式对外发布，特邀请您与会。发布会后，还将举行会计、审计准则国际演讲会（15：45–17：00)。"看到我国会计审计准则的不断进步，想到我能为我国审计准则的起草持续作出贡献，感到由衷的高兴和自豪。

还有一件事，我记忆犹新。本人应审计署的邀请，作为国家审计准则技术咨询专家组专家，于2008年11月24日下午，在北京怀柔审计署培训基地，为"牢固树立科学审计理念，充分发挥'免疫系统'功能"专题研讨班，作了题为"审计理论的创新——'免疫系统论'产生的理论基础"的学术报告，时长两小时。我的报告分两部分：一是对刘家义审计长提出的国家审计免疫系统论，从12各方面诠释了其产生的理论基础；二是个人对我国国家审计理论创新、体制创新、管理创新和技术创新的思路和方法。为了讲好这次课，我花费了近一个月时间准备。本次报告中体现出的认真的教学态度，娴熟的教学技巧和深厚的专业功底，受到审计署领导和全体学员的好评。为该班作报告的专家学者还有：审计署审计长刘家义博士、审计署总审计师孙宝厚博士、国务院研究室谢伏瞻主任和中国社科院高培勇教授。听报告的对象是全国审计系统高层领导干部，包括审计署机关及其派出机构的正司局级以上干部和各省、自治区、直辖市审计厅局的一把手共90余人。

本人多次出访美国、加拿大、新西兰、澳大利亚等国家和港澳台地区的多所大学和专业团体，进行学术交流和工作洽谈。

本人被西南财经大学、重庆理工大学、杭州电子科技大学、浙江财经大学、安徽财经大学、山西财经大学、郑州航空工业管理学院、铜陵学院等国内多所大学和研究机构聘为兼职教授、研究员或学术顾问。多次应邀为相关大学师生作学术报告。作为一名会计学教授和中国注册会计师协会非执业会员及第二批“资深会员”，还积极响应国家号召，担任我国一些上市公司的独立董事，恪尽职守，切实履行社会责任，发挥其专业监督和决策咨询作用，努力为我国资本市场的健康发展、上市公司治理结构的完善以及中小投资者合法权利的保护，尽自己的一份力量，同时，为教学、科学研究及指导研究生学位论文选题，积累了大量的第一手素材。

图1.15　参加国务院学位委员会工商管理学科评议组会议

目前主要学术兼职有：国务院学位委员会第六届、第七届工商管理学科评议组成员，全国首届审计专硕教指委委员，全国工商管理类专业（会计学）教学指导委员会委员，中国会计学会副会长，中国商业会计学会副会长，中国CPA审计准则委员会、中国会计准则咨询委员会、中国企业内控标准委员会和中国企业财务管理协会特聘专家，中国审计学会常务理事，2005年12月被审计署特聘为“中国审计理论课题研究与指导小组”专家，中国审计学会学术委员会委员，中国审计学会教育分会副会长，湖北省审计学会副会长，中国社会科学、会计研究、审计研究审稿人。还兼任中国会计学会审计专业委员会副主任委员，曾任中国会计学会财务成本分会副会长、会长，中国注册会计师协会技术咨询专家，中国会计教授会副秘书长等。

八、行政工作的奉献

作为一名一线大学教师，我从没想通过做会计系或会计学院领导，获得额外的好处和机会，完全本着为人民服务、为大家奉献的集体精神和为公思想，从事了20余年的院领导工作，评良知说，绝对是一种无私付出和自我牺牲。

我自1988年底，分至审计教研室后，一直任教审计学。1993年，会计系指定我任国际会计与电算会计教研室副主任。1995年，经全系教职工推选和学校批准，我担任中南财经大学会计系副主任，时任系主任是阎德玉教授。1999年，会计系更名为会计学院，罗飞教授接替阎德玉教授，由学校研究生处处长调任会计学院院长，我任会计学院副院长。2004年，我任中南财经大学会计硕士教育中心首任主任（正处级）兼会计学院副院长。2008年，接替罗飞教授，任会计学院院长。2015年12月底，按当时国家政策及个人选择，我主动提出辞去会计学院院长职务，得到学校批准。2016年起，张敦力教授任会计学院院长。

我在原会计系系领导和会计学院院领导职位一干就是20余年，个人认为，能够坚持以学院发展为要务，克己奉公，注重院班子团结，不拉帮结派，树立正气，尽心尽力，敢作为、有担当，带领全院教职员工在教学、科研、社会服务、文化传承等方面取得了显著成绩，是正确和值得的。如果一生只为自己的教学和科研，不是错，但那就有点简单和自我了。

其实从某种意义上讲，做一个真正的好领导，比做一个好老师、好的科研能手，难多了。一个好领导，不是自己封的，而是大家评的。在高校里，一个好中层领导，肯定不能是一个精致的利己主义者，更不能是一个高智商、高情商的狭隘自私者。做一个好领导，需要胸怀、眼界，需要智慧、奉献，需要克己、大爱，需要宁静、亲和。要乐于运筹，善于决策，敢于担当；要勇于挑战，自强不息，自我超越；要给一个单位及其绝大多数人足够的安全感、发展感、幸福感。这里面不仅需要正确的执政观，更需要优秀的执行力。有人说，中国人个个都认为自己是一条龙，高校里更是如此，高级知识分子成堆，谁都不愿意服从谁，所以，做院领导，难的是如何把一条条龙组织在一起，共同龙腾虎跃，铸造辉煌。

我在任会计系副主任和会计学院副院长期间，分管过科研、外事和教学等方面的工作。我分管教学时，自主设计的一些教学管理制度和管理表格如学年论文、毕业论文开题、指导、答辩、评审过程控制表，被学校采用至今。担任会计硕士教育中心主任后，着力建章建制，努力提高培养质量，受到全国会计专业学位教育指导委员会和学校的好评。

2008 年我任院长，至 2015 年底主动辞去院长职务，客观讲，全院科研上了一个新台阶。我院教师除了在国家二类、三类权威期刊上发表一系列重要文章外，申报成功获准立项的国家社科基金和国家自科基金课题累计近50项，教育部课题近20多项，审计署和财政部等省部级项目20余项。特别值得一提的是，2011年，我院扛旗人物、资深教授郭道扬和我本人分别任首席专家，申报成功，获得两项国家社科基金重大项目立项，还获得立项国家自科基金项目5项，国家社科基金一般项目4项，教育部课题4项，创造了前所未有的科研辉煌，谱写了会计学院发展新篇章。

20余年的学院行政工作经历，使自己学到了许多，成熟了许多，知道了许多；认识人很多，共的事很多；通过人认识事很多，通过事认识人更多。当然最多的是感恩和感动，尽管也有不少的无奈和遗憾。幸好的是，现在看，这一切都过去了，对我个人而言也不重要了。

老实说，在行政工作中，少不了发生误会或不愉快的事情，但人活一生，很不容易，请多多理解、谅解和包涵。世界上有两件事比较容易：一是看自己的优点和成绩，二是找别人的问题和缺点。但最难能可贵的是看到自己的问题和不足。今后工作和生活中，我将更加注重学习他人的优点，改进自己的不足。

2015年底辞去会计学院院长职务，我现在倍感身心清净、时间富裕、思想飞驰、读写由我的难得与珍贵，后面将尽心尽力继续做好自己作为二级教授的本职工作。借写个人学术自传机会，初步总结自己和感慨人生，是为了使自己的未来更加美好。舍得放下已经远去的人和事，舍得放下早已尘封的是与非，更加珍惜现在的时光，作出更大的贡献，不仅是一种必然和明智的选择，更是我余生要坚持的一个基本原则。

必须直言，我一生认识了很多的好领导、好老师、好学生、好同事、好朋友，是他们给了我成长的机会和工作的舞台。可以说，没有他们，就没有我的过去、今天和未来。

在此，由衷感激财政部、审计署、中国会计学会、中国审计学会、中国注册会计师协会、中国内部审计协会、湖北省有关政府部门及学会协会等单位的领导和专家们，我国财会审学术教育界的前辈和同行们，以及社会有关方面的师者和朋友们，对我长期的理解支持、关爱提携和宽容包涵。您的恩情德义我将永远铭刻心上，恕我不在此细列您的尊姓大名，祝福您身体康健、生活美满、工作顺利。

我还要特别感谢会计学院院班子每位成员的呕心沥血、努力工作，特别感谢全院教职工对我的长期理解、一贯支持，当然，更要特别感谢学校各届领导及各职能部门领导对我院发展的关心和指导、对我个人的信任和帮助。祝愿会计学院的明天会更好，中南财经政法大学的明天会更好。

九、感谢恩师苦栽培

清代思想家唐甄在《潜学》中写道“学贵得师，亦贵得友。师也者，犹行路之有导也；友也者，犹涉险之有助也。得师得友，可以为学矣”。我今生很幸运的是，在中南财经大学读本科、硕士和博士，以及硕士毕业留校任教审计学至今，一直得到很多老师的无私关怀和用心栽培。

是中南财经政法大学学术委员会前任主任委员、世界著名会计史学家郭道扬教授，一直鼓励、支持、提携我，最强力推荐我接替他，担任中国会计学会副会长和国务院学位委员会第六、七届工商管理学科评议组成员；是他殚精竭虑、毫无保留地，从框架构思、观点创新再到一字一句，帮我修改2011年我任首席专家填写的、国家社科基金重大项目《国家利益保护导向的中国环境审计体系创新研究》投标申请书，才使项目顺利得以批准立项；是他在我于2008~2015年担任会计学院院长期间，全心全意为学院发展出谋划策，尽力尽量支持学院的改革举措，使学院各项工作特别是科研上了一个大台阶。

是中南财经政法大学阎德玉教授，精心指导我的本科毕业论文和硕士学位论文，才使这两篇论文的修定稿发表于《会计研究》(1987.2，1989.2)；1992年7月，他带我参加云南财贸学院（今云南财经大学）承办、在昆明召开的“全国高校（部分）会计教学研讨会”第三次年会，第一次坐了飞机；1994年上半年，时任会计系主任的他，多次带我参加全国试办注册会计师专门化相关工作协调布置会，使我有机会投标，竞争获得该专门化九门核心课程教材之一的《审计》主编权。

是罗飞教授在我读硕士期间，认真为我们研究生班，讲授两门英文原版课程《中级财务会计》和《高级财务会计》，培养和提高了我快速阅读、翻译专业文献的能力及双语教学能力；是他担任会计学院院长，无私奉献，管理有方，为学院发展奠定了很好的人才（师资）、钱财（资金）和科研基础；是作为我国MPAcc教育发起人之一的他，规划组建我校MPAcc中心，推荐我担任首届中心主任，并拨付足够资金支持中心初创期的建设，使中心工作得以正常高效运转。

我一直学习并工作在此的中南财经（政法）大学还有很多恩师，如刘炳炎、易庭源、田鉴、毛恩培、向泽生、刘宗鲁、柴华峰、王宪真、朱信诚、边恭甫、张郁波、朱琦、黄翊枢、李成章、方正生、李道明、朱海芳、廖洪、李定安、高子宏、李光忠、陶亚文、江光宇、聂宏斌、张孝华等前辈和领导，都对我特别关爱、帮助和支持。恕我不在此细述您们对我的真心呵护与栽培。

特别要感激的是，我的博士生指导教师，我国杰出的会计审计学家和教育家杨时展先生。杨先生是我的人生楷模，是我亦师亦友的好导师。他对我的教诲，让我受益一生，终身难忘。2017 年，他已离开我们20 周年。2017 年底，学校和学院举办了“杨时展先生会计学术思想研讨会暨铜像揭幕仪式”。下面我想主要就自己与先生交往的一些切身感受，写成文字，以表达对先生的万分敬佩、感激与思念之情。

（一）爱国爱民，品德高尚

杨先生一生勤奋好学，品学兼优，努力工作，成就卓著。他历经艰辛与坎坷而不泯报国之志，始终保持对祖国的忠诚，对人民的热爱，对教育事业的追求。1913 年 11 月 26 日，他出生于浙江宁波。1936 年，毕业于南京中央政治学校大学部财政系会计专业，留校任助教，同年参加高等文官（会计审计人员类）考试，以优异成绩，分至国民政府主计处会计局工作。1937 年，调至浙江省财政厅会计室。1938 年，任浙江省财政厅会计主任。1943 年，兼授国立英士大学经济学、货币银行学课程。1945 年春，任国立英士大学教授，兼任会计专修科主任。1946 年，改任英士大学经济系教授。1947 年，参加中国共产党组织的反内战、反饥饿、反迫害的大游行。1948 年，任广西大学会计银行系教授。1953 年，全国高校院系调整后任中南财经学院教授。1980 年，任湖北财经学院教授。

平日里，无论逆境，还是顺时，杨先生都能做到坚持真理，爱憎分明，坚韧豁达，虚怀若谷，乐观向上，满满的正能量。所有这些都值得我终生学习。

杨先生一直在与时间赛跑，争分夺秒地工作。除了上课带研究生外，他把所有业余时间都花在科研写作上，成果累累。宁静而忙碌的备课上课，读书写作，培养研究生等日常工作，让他无比快乐和充实。1997 年 10 月 10 日与世长辞前，他还强忍病痛，抽空潜心撰写他的著作《1949~1992 年中国会计制度的演进》。此著作后经人整理，于 1998 年由中国财政经济出版社出版。据我所知，杨先生是我国为数不多的，真正学贯中西方财务会计、管理会计和审计的学界大师之一，这不仅是因为他在这三大学科领域都有诸多极具独特思想和见地的传世作品，还因为听过他课或读过他作品的人，都会被他那一丝不苟的认真态度、层层递进的研论风格、通俗易懂的表达方式、一语中的的真知灼见深深地吸引和折服。

杨先生很注重将知识服务于国家所需，积极参与学会建设。1982 年，他受财政部之托，与澳大利亚合办审计班，培养了我国恢复审计制度所需的第一批专门人才。1983 年 3 月，任中国会计学会第二届理事会常务理事。1984 年 6 月，任中国审计学会第一届理事会理事。1986 年，经国务院学位委员会批准，任中南财经大学会计学专业博士生导师。1987 年，任中国会计学会第三届理事会常务理事。同年 12 月，任湖北省会计学会第二届理事会副会长。1992 年，享受国务院特殊津贴待遇，任中国会计学会第四届理事会顾问。1995 年 12 月，任湖北省会计学会第三届理事会顾问。1996 年，任中国会计学会第五届理事会顾问。

杨先生赤胆忠心，一身正气。他反对巧言令色，反对投机取巧。他把他的居室称为“拙庐”，经常勉励自己笨一点，再笨一点。学术

图1.16　博士同门与导师杨时展教授、沈如琛教授合影

上，他主张兼收并蓄；行为上，他要求知耻、制欲。他把“博学于文，有容乃大；行己为耻，无欲则刚”16 个字作为自己立身治学的座右铭。

杨先生对自己要求十分严格，只重奉献、不图享受，有事不轻易向组织伸手，生怕给组织添麻烦。外出开会尽量乘公汽或步行到武昌火车站坐火车。在他多次生病需要住院时，我提议在学校订个车，他却说：“不用动用学校公车了，你扶着我走到紫阳路校门口，我们坐人力三轮车去医院。”我知道犟不过他，又怕惹他生气，就按他的意思办了。他怕花国家的钱多了，坚持要医生给他开普通药，不用好药，每次病未痊愈就要求出院。

（二）同舟共济，肝胆相照

作为民革党员，杨先生积极为新中国成立后我党各项事业的发展献计献策，热心推动海峡两岸的学术交流，为我党的统战工作做出了自己的贡献。20 世纪 90 年代中期，他利用一次到台湾学术交流的机会，拜见了陈立夫先生。陈立夫先生是他读大学时的《政治经济学》任课老师，师生见面，高兴之至。他们坦诚交流了对两岸和平统一的看法、建议和期待。离别前，立夫先生还送了他亲笔题写的“爱己惜群”四字墨宝。杨先生很关切国家进步和民族兴旺，时刻牢记知识分子的历史使命，坚持做到学术要为指导社会实践和推动经济发展服务。他的大多数研究成果，都与我国当时的重大经济变革问题密切相关。1983 年 3 月，任政协武汉市第六届委员会副主席。1984 年 6 月，任民革武汉市第六届主任委员。1988 年，任政协武汉市第七届委员会副主席，并任民革武汉市第七届名誉主任委员。1992 年，任民革武汉市第八届名誉主任委员。1997 年，任民革武汉市第九届名誉主任委员。

杨先生平易近人，却又刚直不阿，直言无忌，从不隐瞒自己的观点。在政协任职期间，他本着对党的事业的高度责任感，对党和国家提出过许多直言不讳的意见和批评。他从受托责任学说出发，力主加强国家一切工作人员的公仆意识和人民群众当家做主的观念。他在政协领导岗位上的积极有为表现，受到社会各界的充分肯定和尊重。

武汉市政协在杨先生生平中写道：“杨时展教授不仅是一位享誉海内外的著名学者，而且是一位杰出的社会活动家，是新时期爱国统一战线工作方面的优秀代表。1947 年，杨时展教授不满国民党当局的黑暗统治，参加了中国共产党领导的反内战、反饥饿、反迫害运动，虽遭解职而不悔。晚年，杨时展教授运用其高层次的社会关系（作者注：据说陈立夫先生教过他班半年的政治经济学课程）和高水平的学术思想，往来于海峡两岸，为推动海峡两岸的学术交流和祖国和平统一大业做出了积极的贡献。”

（三）治学严谨，创新求实

杨先生治学严谨，创新求实，在财务会计、管理会计、审计以及会计、审计思想和史学等领域造诣精深，著述颇丰，成就非凡。他所提出的受托责任理论、会计控制系统、差异分析不连锁等观点以及审计建制民主化的思想，为国际会计界所公认，在学术界享有很高的声誉。他率先研究管理会计和开设管理会计课程，带头恢复了我国中断30余年的审计学教学工作，并积极开展国家审计思想、审计学理论与方法的研究，取得了引人瞩目的成果，填补了解放后我国在这一科学领域的空白。他还提出了我国大学会计学系的第一个教学改革方案，将解放以来的“老三门”体系改为以财务会计、管理会计、审计学、电算化会计为主的新体系。

至今我还记得，杨先生对待教学和科研的认真和严谨几乎到了十分苛刻的程度。他从不轻易写文章发表，也不轻易接受邀请作学术报告。因为怕对不住教授这个称谓，误人损己。杨先生的文章几乎都是针对当时的重大经济问题有感而写，条分缕析，言简意赅，观点鲜明，逻辑性极强。每篇文章初稿写成后，他都要反复阅读、修改几十遍。请杨先生作学术报告，必须至少提前一个月邀请，否则会被他婉拒。有一次，我看到他接受报告邀请后就开始构想，整理观点和内容，再逐字逐句把要讲的报告内容全部写在稿纸上，后反复修改多次，稿子定型后重新誊写一遍。对照誊正稿，他还会在家里大声朗读演练很多遍。到了作报告时，稿子内容几乎都背下来了。他每次讲课或作报告都站着，声音洪亮，条理清晰，观点独到，论述精辟，发人深省。他很注意所有听众的眼睛是否一直盯着他、围绕着他的思路转。听众们都对他的严谨态度和治学水准由衷叹服。

（四）爱生如子，关怀有加

培养博士生方面，杨先生很强调古为今用，洋为中用。20世纪

90 年代初期，我国资本市场初步建立，他深知资本市场越发展，会计越重要，审计越重要。他要求博士生多阅读西方专业名著名篇，多阅读美国、国际的会计审计准则原文。刚读博士，杨先生就安排我主攻注册会计师审计方向。我按他的布置精读了几本原版西方经典审计著作和美国、国际审计准则原文。一有不懂，就问先生，先生总能为我释疑解惑。1994 年我博士毕业后，能中标主编并较好地独立编译完成近 70 万字的我国注册会计师专门化全国统编教材《审计》，从 1995 年至今，一直能够为我国注册会计师行业标准的起草制定和修改完善做点事情，全得益于先生对我最初学业进步方向的把控和悉心指导。

杨先生很注重言传身教，润物无声，对学生既严格要求又爱护有加。他的崇高师德和率先垂范，我至今记忆犹新。1994 年，中国注册会计师协会组织在我校召开专门研讨会，征求大家对我编译的《审计》教材初稿的修改意见。当时，全国 23 所试办注册会计师专门化方向的高校审计师资都来参加会议。那时杨先生刚出院，身体极度虚弱，在正式研讨前却坚持站立两个多小时，为参会代表作一场审计方面的学术报告。报告中，他双手撑着讲台，讲得很吃力，气喘得厉害，上气难接下气，我心里十分难受。事前我就问过先生："会议没要求承办方必须派人作报告，您可以不去作报告，在家好好静养。"他没有回答我。但事后从他的眼神和报告中，我很快明白了一切。他是担心我的年纪比参会的绝大多数审计老师都小很多，怕我怯场或镇不住场，影响学校声誉和个人前途。

1993 年，我国财政部发布"两则""两制"，实行会计改革。院里不少老师出去讲新准则、新制度，赚点外快补贴家用。有个多年好友想请我给他们讲半天，很难推辞。我惶恐地轻声给杨先生说起，期望他准许，结果我被狠狠地训斥了一顿。他说：“你没钱花，我可以借给你，读书必须专心，必须付出。”其实，他一直要求我们，读博士期间，必须在学校好好读书和做研究，不准许我们出去讲课挣小钱。

1994 年，我博士学位论文答辩前，他看到我紧张的样子，及时给我指点。那时没有电脑播放PPT提示即将陈述的内容。他建议我提前认真写好论文陈述稿，然后熟背下来。就这样，我顺利地完成了长达50 分钟的论文陈述。

杨先生很关心博士生们的家庭生活，强调和睦的家庭是事业成功的基础。他不主张博士生早结婚，怕影响其学业进步与事业发展，但他却很喜欢学生的孩子。在学生的孩子们眼里，他是一位可亲可爱、童心未泯的老爷爷。1994 年春节，我和徐锡洲博士两家人陪先生和师母过年，两家的孩子在先生家客厅的地毯上唱歌、跳舞、翻跟头，表演前滚翻和后滚翻。杨先生看得开怀大笑，偶尔还和孩子们一起哼唱几句。他那对学生下一代如此关心喜爱的慈祥笑容和哼唱唱，我们现在回想起来，都能强烈地感受到，他给予我们的温暖和幸福。我还记得1997 年10 月8 日上午，我和妻子一起去武汉协和医院看望杨先生。当时情况很不好，几近弥留之际，先生已经讲不出话了。我们握着他的手，清楚地看到，先生嘴巴一直在动，想跟我们说话但又没有力气说出来，很着急的样子。我们便问先生，您是不是想问我们来看望您了，家里孩子的午饭怎么办，他立马点了点头。然后，我们告诉先生，中午把孩子托给邻居吴奶奶了，您不用操心，先生听后又点了点头并微笑了。

正是因为有先生的指导、扶助和关怀，我才能信心满满地稳步走在审计的教学和研究之路上，这一走就是近30年。师如父，恩如山。我将永远铭记先生的培育之恩。

（五）勤俭节约，反哺人民

杨先生很有知识分子的良知和道德。他常说，他出身贫寒，是花老百姓的税捐读完大学的，需要反哺于人民。他在生活上极度勤俭节约，绝不乱花一分钱。我记得，他想买一双在正式场合穿的皮鞋，但嫌商场里的太贵，就去武昌火车站旁边的千家街自由市场，在地摊上买了一双人造革皮鞋。我还记得先生喜欢吃鱼，谁都想吃好点贵点的鱼，但先生实在舍不得，每次总买最便宜的白鲢鱼，不仅如此，就连未吃完剩下的刺最多的鱼尾巴也舍不得浪费倒掉，还要留到下顿再吃。好的新鲜时令蔬菜，他嫌贵也不让家人买。有一次，杨先生和沈老师一起坐轮船去南京开会，路途需要两天，他嫌四角钱一袋的方便面太贵，便去国营粮店买六角钱一斤的波纹面，供途中食用。大家都知道，波纹面用开水是泡不开的，得用火煮好了才能吃。

但为了帮助品学兼优的贫困学生完成学业，在1996年，他倾其所有，毅然把节衣缩食省下的钱，捐资10万元人民币，为中南财经大学设立“勤诚助学金”，了却一生的夙愿，实现了他一直倡导的、知识分子要反哺于人民的崇高志向和精神追求。1996 年的 10 万元可以在武汉买一套 100 多平方米的商品房。此举感人至深，至今被传为美谈。

杨时展教授毕生致力于教书育人，把半个世纪的宝贵年华奉献给我国的会计事业和教育事业，历任各国立大学教授 53 载，为国家培养了大批优秀专门人才，为我们后学留下了宝贵的精神财富。

杨先生，我们永远崇敬和怀念您！

图1.17　杨时展先生逝世十周年纪念会合影

第二部分

主要学术观点

會計

一、审计理论与准则研究

（一）内部控制审计研究

本人和陈作习、宋浩合写的《美国内部控制审计的制度变迁及其启示》发表于《会计研究》2009 年第 2 期，第 75–80 页。文章是本人主持的财政部重点课题“企业内部控制鉴证（审计）准则研究”（2008KJA05）的重要阶段性成果。该研究成果直接为 2010 年 4 月由财政部等五部委联合发布《企业内部控制审计指引》（财会〔2010〕11 号）提供了重要参考。该指引的实施对规范会计师事务所内控审计行为将产生积极作用。

从世界范围看，美国内控审计发展历史最久，最有代表性。文章回顾了美国内控审计制度变迁的历程，提出了制定我国内控审计准则时需注意解决的七大问题。

1. 美国内部控制审计的制度变迁历程

在当今美国，内部控制审计成为与财务报表审计并行的一种新审计业务，其发展大体经历以下三个阶段。需要特别说明的是，这三个阶段的划分是为厘清美国内部控制审计的基本发展脉络，并不意味着到了内部控制审计阶段，再执行财务报表审计就不用进行内部控制评价了。

（1）财务报表审计中的内部控制评价阶段（20世纪初至20世纪60年代）。20世纪初，内部控制评价就开始进入审计的视野，以依赖内部控制为基础的审计实践亦由此开始。1912年，罗伯特·蒙哥马利在《审计：理论与实践》书中就已初步认识到内部控制对审计的重要性。美国会计师协会于1939年10月发布第1号《审计程序公告》，首次增加对内部控制的评价。次年10月，SEC正式要求审计师在审计报告中增加与上述公告类似的关于内部控制审查的内容。从此开始，账项基础审计逐步为制度基础审计取代。20世纪40年代后，内控评价在报表审计中的应用日趋成熟。美国会计师协会于1949年首次对内部控制作了定义。此后，审计程序委员会对发展内控评价作了不懈努力。至此美国实现了从关注内控评价在报表审计中的作用，到将内控评价规定为报表审计的必要程序、进而写入审计准则的第一次飞跃。

（2）财务报告内部控制审核阶段（20世纪70年代至20世纪90年代）。内控评价的意义多次在重大情况下受到职业团体、政府监管部门和立法机构的高度重视，进而使在报表审计中评价内控，演变为单独的鉴证业务即内部控制审核业务。下述重大事件对演变起了重要作用：一是1977年实施的《反国外贿赂法案》。二是科恩委员会的建议及SEC的回应和AICPA的行动。三是反欺诈财务报告委员会的建议及SEC的再次回应。四是1991年出台的《联邦储蓄保险公司改善法》。为了规范内控审核（examination）业务，AICPA发布了SSAE No.2：财务报告内部控制的审核。至此，美国实现了从报表审计中评价内控，到正式将内控审核规定为注册会计师单独承办的鉴证业务的第二次飞跃。

（3）财务报告内部控制审计阶段（21世纪初至今）。美国国会于2002年发布《萨班斯—奥克斯利法案》的302和404条款规定，公司首席执行官、首席财务官或类似职务者必须书面声明对内控设计和执行的有效性负责，并要求随定期报告一同对外披露管理层对财务报告内部控制的评价报告，该报告还需经负责公司定期报告审计的注册会计师的审计。这标志着美国公司管理层的内控报告由以前自愿性披露改为强制性披露，并实现了由审计师单独执行内控审核业务到单独执行内控审计业务的第三次飞跃。

根据SOX的要求，SEC于2003年发布《最终规则——管理层对财务报告内部控制的报告及其对定期披露的证明》，要求所有受1934年证券交易法13（a）或者15（d）条款约束的公司，不仅仅是上市公司，均需在年报中包括管理层对财务报告内部控制的评估报告。紧接着，PCAOB于2004年发布审计准则第2号《与财务报表审计结合进行的财务报告内部控制审计》。至此，现代审计也全面走进财务报表审计与财务报告内部控制审计并重的“双重审计”新时代。

2. 美国内部控制审计制度变迁的特点及启示

（1）内部控制受到关注的直接目的和关注范围问题。由于在美国对内部控制进行评价、审核和审计的直接目的是增强财务报告的可靠性，因此，美国审计师主要关注的是财务报告方面的内部控制，而不是整个内部控制。在我国，目前可考虑规定只对财务报告内部控制进行审计。

（2）执行财务报告内部控制审计的主体资格及策略问题。美国规定必须由同一事务所同时进行同一公司的财务报表审计和财务报告内部控制审计，并采用与报表审计相同的风险导向法，执行财务报告内部控制审计业务。我国在制定内部控制审计准则时可考虑采用类似规定。

（3）内部控制审计与内部控制咨询的关系问题。美国规定负责审计财务报表的事务所不能同时为同一公司提供与财务报告内部控制的咨询服务，但可提供其他方面的内部控制的咨询服务，以免咨询服务直接损害审计独立性。我国《企业内部控制基本规范》第十条第二款规定："为企业内部控制提供咨询的会计师事务所，不得同时为同一企业提供内部控制审计服务。"总体上和实质上看是正确的，但建议在执行此规定时应针对下列不同问题，作出不同处理：1）目标差异性问题；2）时间间隔性问题；3）利益关联性问题；4）专业协调性问题；5）咨询隐形化问题。详见原文论述。

（4）财务报表审计和内部控制审计的整合问题。美国比较重视财务报表审计和内部控制审计如何整合的问题，以及内部控制审计结论对投资者和被审计单位的信号放大刺激作用，为此规定，对内部控制进行审计后不能发表保留意见，只要审计范围受到任何限制，就要出具无法表示意见的审计报告。建议我国采纳美国的做法。

(5) 内部控制审计期望差得以解决的耗时长短问题。美国注册会计师对内部控制关注的不断升级，表明内控在上市公司治理和资本市场监管中的作用越来越受到重视，广大投资者对内控信息及其鉴证工作提出了越来越高的期望。我国应朝着逐步缩小期望差的方向努力。

(6) 内部控制审计与减少财务舞弊的相互作用问题。从美国情况看，促使内控不断完善是解决财务舞弊的重要途径。但值得注意的是，解决财务舞弊不能一蹴而就。我国要充分认识上市公司内控完善的长期性和艰巨性，在制定内控审计准则时，要突出重点，首先要解决财务报告可靠性问题。

(7) 如何正确对待审计师追求审计成本效益最大化的问题。从美国情况看，审计师为了追求审计成本效益最大化，不断研究内控与审计的关系，使得对内控的了解从最开始的内部牵制，发展到后来的内控制度、内控结构、内控整合框架甚至企业风险管理框架。PCAOB财务报告内部控制审计准则从第2号修改为第5号，在一定程度上也是为了追求审计成本效益最大化的结果。实际上，想解决既要保证实现财务报表审计目标，又要减少审计程序、节约审计成本之间的矛盾是相当困难的。我国在制定内控审计准则时要注意掌控审计师追求审计成本效益最大化的适度问题。

（二）舞弊审计准则研究

本人和王泽霞教授合写的《美国舞弊审计准则的制度变迁及启示》发表于《会计研究》2003 年第4 期，第61–64 页。如何有效审计财务报表舞弊一直是世界性难题。美国在20 世纪为解决该难题作了不懈努力，曾三度对舞弊审计准则作重大修订。最近美国注协迫于压力又发布舞弊审计新准则SAS No.99，替代第82 号。本文在回顾美国舞弊审计准则的变迁历史和分析SAS No.99 发布背景及改进要点的基础上，提出了完善我国舞弊审计准则，改进舞弊审计效果的设想。文章主要观点对我国2006 年发布新舞弊审计准则有重要参考价值。

1. 美国舞弊审计准则的四次制度变迁

（1）第一次制度变迁（SAS No.1 → SAS No.16）。AICPA 在 1972 年发布的 SAS No.1“审计准则和程序汇编”中明确规定：①揭露舞弊行为不是注册会计师的审计目的；②不能依赖常规的报表审计来确保揭露舞弊行为。20 世纪 70 年代后，美国连续发生几起重大舞弊案，引发监管部门及公众的强烈不满，AICPA 被迫作出一系列反应，并于 1977 年发布 SAS No.16 和 No.17。SAS No.16“独立审计师检查错误和舞弊的责任”取代第 1 号的有关规定，明确指出注册会计师对舞弊负有审计责任。可见，第一次制度变迁实现了由不承认注册会计师在报表审计中对舞弊负有审计责任到承认的根本性立场和观念的转变，这将对整个审计职业产生深远影响。

（2）第二次制度变迁（SAS No.16 →SAS No.53）。由于第16

号措辞含糊，只一般要求计划审计以发现对报表有重大影响的错弊，没提供审计舞弊的详细指南，因此运用该准则审计舞弊的效果并不明显。公司舞弊大案继续发生。AICPA被迫于1988年发布SAS No.53“审计师检查和报告错误和舞弊的责任”取代第16号，要求所设计的审计工作应能为查出报表的重大错弊提供“合理保证”，并提供了更广泛的舞弊审计指南。可见，第二次制度变迁实现了由从总体立场上抽象承认对舞弊负审计责任，到明确要求检查舞弊的“工作重心前移至审计计划阶段”，并“合理保证”所设计审计工作能查出重大错误和舞弊的转变。

（3）第三次制度变迁（SAS No.53→SAS No.82）。1993年POB在“站在公众利益的立场上”的报告中，明确指出公众最期望的是注册会计师能揭露管理舞弊并承担审计责任，而注册会计师却不能满足要求且存在较大差距。美国于1995年通过的《私人有价证券诉讼改革法案》，在标题3部分明确规定了注册会计师应承担识别和揭露某些舞弊行为的责任。这促使AICPA在1997年颁布了SAS No.82“财务报表审计中对舞弊的关注”，取代第53号。

（4）第四次制度变迁（SAS No.82→SAS No.99）。第82号施行后的5年多时间里，又发生一些著名公司特大财务欺诈及审计失败案，令美国政府及公众极度不满，强烈要求审计行业自我检讨，切实改进审计舞弊的效果。AICPA及时认真作了大量调研和征求意见工作，对舞弊审计准则作了第四次修订，于2002年发布SAS No.99取代第82号。本次修订周期在历次中属最短的。与第82号相比，第99号为提高审计舞弊的效果，作出了一系列改进。

2. SAS No.99 关于舞弊审计思路及程序的七大新变化

颁布第 99 号是美国安然事件后 AICPA 从审计程序入手解决舞弊问题迈出的重要一步。第 99 号由 10 部分组成，结构严谨，指导性更强，主要有 7 大新变化：

（1）引入新概念，强调了解舞弊环境的特别重要性。第 99 号首次明确指出了解舞弊的环境及特征对审计舞弊的特别重要性，强调审计舞弊必须以了解舞弊环境为前提。

（2）共享经验，保持职业怀疑态度。第 99 号要求审计小组全体成员在计划阶段，集中讨论因舞弊导致财务报表重大错报的风险，并强调在审计全程对舞弊保持职业谨慎的重要性。

（3）拓展询问。法律专家认为询问是调查舞弊案的一种有效方法。第 99 号要求注册会计师合理运用专业判断，向管理层及雇员、客户外的其他人询问。

（4）扩大识别舞弊风险的范围。第 99 号强调注册会计师除关注第 82 号中提供的舞弊风险因素外，还应通过小组讨论、向管理层和其他人员询问、在计划阶段执行分析程序、考虑舞弊风险因素等途径获取所需的信息。

（5）强调收入确认风险。收入确认是大量舞弊案涉及的核心问题，第 99 号强调要求注册会计师应特别注意识别与收入确认有关的舞弊风险，并在计划阶段更有效运用分析程序，找出涉及收入及相关账户的非正常或非预期的关系。

(6) 评价被审计单位计划和控制的适当性。第99号要求注册会计师应在评价客户针对已识别舞弊风险而施行的有关计划和控制的有效性后，考虑这些计划和控制是减轻还是加剧了已识别的舞弊风险，再据以评估已识别舞弊风险的水平高低。

(7) 规定对舞弊风险评估结果作出适当反应的具体方式及程序。新准则要求，注册会计师应对舞弊风险评估结果作出适当反应，并强调在收集及评价审计证据时，应保持职业怀疑态度。

3.有益的启示

(1) 合理定位和适当履行舞弊审计责任是注册会计师行业持续健康发展的前提和基础。美国舞弊审计准则的变迁史实质上就是注册会计师审计舞弊责任的演变史。在诉讼爆炸时代，审计职业界必须承担舞弊审计责任的压力及风险，并思考有效应对诉讼爆炸，缩小合理审计期望差的途径。

(2) 保持职业怀疑，恪守职业谨慎，合理运用专业判断，有效识别与评估舞弊风险，并对舞弊风险评估结果作出适当反应，及时调整与改进审计思路及程序是提高舞弊审计效果的得力措施和重要方法。SAS第99号提出“职业怀疑主义”观点，为注册会计师如何履行职业谨慎这一概念提供了具体的指导。这是审计思路及程序的重大突破，将对审计业绩产生深远的影响。

（3）加紧研究和修订我国现行舞弊审计准则，为注册会计师审计舞弊建立更实用的标准和提供更详细的指南。

（4）注册会计师审计舞弊的责任不能替代或减轻客户管理当局、审计委员会、法规制定者及其他有关方面防范、发现和监管舞弊的责任。美国新准则并未改变对注册会计师责任的定位，仍然只要求合理保证报表不存在因错弊等导致的重大错报，不要求绝对保证发现所有因错弊导致的重大错报。第99号突出贡献在于以务实态度，总结提炼了更加有效的审计舞弊的思路和程序。诚然，不断提高注册会计师审计舞弊的能力和效果固然重要，但需强调的是客户管理当局、审计委员会、法规制定者及其他有关方面在防查舞弊中起着不可替代的作用。

（三）风险导向审计研究

本人和聂曼曼博士合写的“试论新审计风险模型的理论进步与运用”发表于《审计研究》2005年第4期。本文以国际审计和鉴证准则理事会发布的新审计风险准则为背景，重点论述新审计风险模型的重大实质性变化，以及在实务中如何正确理解与运用该模型。文章主要观点对我国2006年发布新审计风险准则有重要参考价值。

为有效提升审计师评估风险、发现舞弊的能力，国际审计和保证准则委员会于2003年发布了3个新审计风险准则：一是ISA315“了解被审计单位及其环境并评估重大错报风险”；二是

ISA330“针对评估的重大错报风险实施的程序”；三是ISA500（修订）“审计证据”。新准则的核心是启用新风险模型，即审计风险＝重大错报风险X检查风险。与原模型相比，新模型有显著理论进步，对CPA的要求更高更严。

1.新审计风险模型的理论进步

原模型为审计风险 = 固有风险 × 控制风险 × 检查风险，理论上看无明显不妥，但在实务中该模型运用却面临很大的问题和困难。从 CPA 角度看，只抓住固有风险和控制风险，而不明确地直接以评估重大错报风险作为审计工作的起点和导向，有舍本求末、隔靴搔痒之嫌。新模型理论进步包括：

（1）引入“重大错报风险”概念，将模型重构为审计风险=重大错报风险 × 检查风险，并规定评估重大错报风险是首要的必要审计程序，为发现重大错报找到了正确的起点及导向。这不是简单将固有和控制风险合并为重大错报风险，而是作出了重大实质性改进。新准则要求CPA在设计和实施审计测试前须适当评估重大错报风险，而不能未评估重大错报风险就盲目进行测试；也不能像以往那样可设定重大错报风险为最高水平而直接实施更广泛的实质性测试。新风险准则及模型也是对有些著名会计公司在过去较长时期实行的、以评估客户经营风险为导向的风险导向审计方法的校正。

（2）规定必须针对财务报表整体层次和认定层次分别评估重大错报风险，并采取不同应对措施，力保所获取审计证据的充分、适当性。

（3）改进了审计业务流程，增强了实施审计程序的效果。原准则依据3要素模型，把审计流程和程序分为4大块。新风险准则依据2要素模型，把审计流程和程序分为3大块：①了解被审计单位及其环境，包括内部控制（目的是为了评估报表总体层次和认定层次的重大错报风险），即“风险评估程序”；②（必要时）控制测试（为测试内控在防止、发现和纠正认定层次重大错报方面的有效性，并据此重新评估认定层次的重大错报风险）；③实质性测试（为发现认定层次的重大错报，降低检查风险）。BC合称“进一步审计程序”。审计流程作上述改进后，要求CPA全程关注报表重大错报风险，并将风险评估作为整个审计的前提和基础。

（4）规定认定层次的重大错报风险仍由固有风险和控制风险构成，但审计人员基于审计技术或方法偏好以及实务考虑，可单独或合并评估固有风险和控制风险，并强调CPA对重大错报风险作出适当评估的极度重要性。

2.新审计风险模型的运用

新准则要求新模型必须在财务报表层次和交易、账户余额及列报与披露的认定层次上加以运用，运用过程为：

（1）了解被审计单位及其环境（包括内部控制）。这是运用新审计风险模型必须做好的首要程序。CPA不是为了解而了解，了解的目的是为了足以识别和评估出财务报表重大错报风险，进而设计和实施进一步审计程序。

（2）评估财务报表层次和认定层次的重大错报风险。CPA应当识别和评估财务报表层次以及各类交易、账户余额、列报与披露认定层次的重大错报风险。CPA还应当确定识别的重大错报风险是与特定的某类交易、账户余额、列报与披露的认定相关，还是与财务报表整体广泛相关，进而影响多项认定。新风险准则及模型首次强调警惕特别风险和仅靠实质性程序无法提供充分、适当审计证据的风险。这对解决实务中普存的下列突出问题有针对性意义：①审计往往抓不住重点，容易忽视那些需要特别审计考虑的风险；②不重视风险评估和内控了解，不分情况盲目期望仅靠实施实质性程序获取证据等。

（3）针对财务报表层次的重大错报风险确定“总体应对措施”。新模型要求CPA针对评估的报表层次重大错报风险采用五类总体应对措施。新风险准则指出，CPA评估的报表层次重大错报风险以及所采取的总体应对措施，对拟实施进一步审计程序的整体审计策略具有重大影响。不能轻视新风险模型在财务报表层次的适当运用。

（4）针对认定层次的重大错报风险设计和实施“进一步审计程序”，以降低检查风险至可接受的水平。CPA设计和实施的进一步审计程序的性质、时间和范围应当与重大错报风险评估明确对应。

（5）强调需要注意的其他事项。包括：①新准则重新划分认定层次的构成类别，强调获取列报与披露认定的审计证据的重要性；②新准则强调保持职业怀疑态度，切实提高发现重大错报的概率；③新准则设专章规定并强调与治理当局沟通和与管理当局沟通并重，以优化审计环境。

新风险准则及模型的运用清楚表明，现代审计就是风险导向审计，即以重大错报风险为导向的审计，还表明审计工作的重心必须前移，必须重视审计计划，重视重大错报风险的评估，重视针对评估出的重大错报风险实施程序。只有这样才能合理保证财务报表整体不存在重大错报。需要特别强调的是，新风险准则和模型并没改变财务报表审计目标和责任的基本定位，也没改变现行审计基本理论和方法，而只是为了指导CPA更好地实现审计目标和履行审计责任，缩小审计期望差。

二、审计制度与实务研究

（一）注册会计师考试制度研究

本人撰写的《关于我国注册会计师考试制度的系统思考》发表于《中国注册会计师》1992 年第 11 期，第 36–39 页。我国于 1991 年 12 月首次举行全国注册会计师资格考试，文中提出的下列完善我国现行注册会计师考试制度的初步设想，对于改进我国注册会计师资格考试制度和制定我国《注册会计师法》有重要参考价值。

1. 关于考试与考核的问题

1986 年颁布我国《注册会计师条例》后，尽管明确规定了我国注册会计师的产生实行“考试和考核双轨制”，但由于种种原因考试工作未来得及抓，直到 1991 年 12 月才举行注册会计师首次全国统考。而在此前十余年间，我国注册会计师几乎都是考核产生的。实行考试和考核并存的“双轨制”从长远看不利于我国注册会计师事业发展。理由有：(1)“双轨制”并没有为所有愿意从事注册会计师事业的人们提供一个公平竞争的机会，而造成考生心里不平衡。因而无法吸引更多具有真才实学的中青年同志来壮大注册会计师队伍。(2) 大量事实表明，只经过考核批准的现有注册会计师有相当一部分没有掌握注册会计师必备的专业知识，其能力和精力都很难胜任工作。客观而言，不少注册会计师受以前从事的职业的限制，其知识结构存在明显缺陷。(3) 同世界各国普遍做法不协调。在美国和德国，尽管对会计师的教育、经历等的规定有所不同，但都要求必须通过全国性统一考试。在日本和英国，会计师要经过多次（或多级）考试，可谓是层层过关，这样才能真正把人才选出来。

如何改进“双轨制”呢？有两种方案可供选择：第一方案是一次性地改“双轨制”为只以考试方式选拔注册会计师的“单轨制”；第二方案是分两步改进“双轨制”。第一步，对符合现行考核条件的人员根据其从事工作的性质按规定审核后准予免考部分专业课程如会计学或审计学，但必须参加其他科目的考试；其他符合报考条件的人员参加全科考试；只有考试和考核都合格的人员才能申请授予“注册会计师”称号。为确保第一步改进措施收效，中注协必须认真制定和严格执行有关部分科目免试的规定。第二步，待客观条件成熟和人们观念转变，最后全部过渡到采用考试方式。相比之下，第一方案“转弯”过急，而第二方案循序渐进，比较符合我国的实际情况。

2. 关于考试的报考条件及注册问题

目前，我国只有在事务所才可能成为注册会计师，在事务所之外无注册会计师。要改变这一现状，真正为我国注册会计师事业建立高质量的丰富的“人才库”和“后备军”，美国的经验可供借鉴。在美国，为扩大注册会计师的社会影响，树立良好的职业形象和对从事公共实务的注册会计师实行监督，并不要求注册会计师一定在会计师事务所工作。值得强调的是，我国注册会计师只有在会计师事务所才能受理法定会计师业务，这点不能改变。

为使我国注册会计师事业广为人知、才源茂盛，在上述改进基础上还必须相应地对现行报考条件作些补充规定，允许有大学会计审计本科学位而暂无实务经历的人员参加统考。当然，由于实务经历对注册会计师工作尤为重要，因此对有本科学位的考试合格者成为注册会计师须具有的实务经历应作出严格规定。目前不少国家就是这样做的。

此外，还应切实作好注册会计师的审批工作，中注协应特别加强对各省级财政厅（局）审批注册会计师的监管指导和复查工作。否则，亦将影响人们参加注册会计师考试的积极性。

3. 关于考试内容的设计问题

我国注册会计师首次统考范围包括会计、财务管理、审计和经济法四科。但每科究竟应包括哪些内容，应以什么为考试重点有待讨论。

（1）关于“会计”课程。主张：①应以制造业会计理论和实践为考试重点，再兼及其他专业会计。1991 年首次全国统考规定“会计”考题包括会计一般、工业会计、商业会计、基本建设会计和中外合资经营企业会计五个部分，其中“会计一般”为全体考生必答题，其余四门专业会计，考生应从中任选一门作答。这样不利于检查考生是否具备胜任注册会计师法定业务的系统知识和技能。②应加重会计考题的份量。美国注册会计师统考也考四门即会计实务、会计理论、审计学及商法；但值得注意的是尽管“会计实务”总分也是100，可却分两个半天考试，共考9个小时，可谓是对财务会计和管理会计知识的大检阅。由此可见“会计实务”知识在注册会计师工作中的重要程度。因此，建议我国注册会计师考试在保留“财务管理”课程前提下，宜将“会计”课程（100分）分“会计实务”和“会计理论”两部分考试。在“会计实务”中考实际操作能力，在“会计理论”中考对会计准则及其他规范的理解和熟悉情况。

（2）关于“财务管理”课程。主张：①注册会计师办理管理咨询应具备的知识必须纳入“财务管理”考题范围。②考试内容还应包括各种企业组织形式的财管问题。此外，如有必要，可延长考试时间。

（3）关于“审计”课程。审计作为一种专门职业，有其独特的职业标准、注册会计师非审计服务的标准、职业道德、职业工作程序与手续、职业惯例、职业责任和职业利益。因此，必须把这些知识纳入注册会计师职业资格考试的范围，同时还应注重同国际审计标准及其他规范相协调，全面检查考生对该职业的熟悉程度。

（4）关于“经济法”课程。考题主要包括：①各种税务法规；②其他相关经济法规；③注册会计师的法律责任。

4.关于考前辅导制度和考试次数的问题

为帮助考生备考，中注协除了公布“统一考试大纲”外，还应出版权威的“注册会计师全国统考复习指南”。这样就可避免考生找错复习资料或所作答案不准甚至错误。考虑到我国经济发展对注册会计师的需要，只要条件具备就可改为一年举办一次注册会计师统考或每年举办两次统考。

5.关于考试制度的配套措施建设问题

建议抓好以下两个方面的工作：(1) 在目前条件下，当务之急要建立一套系统的注册会计师职业培训制度，并定期进行知识更新培训。根据我国实际情况，建议我国实行中国注册会计师协会、各省市注册会计师协会和各会计师事务所“三结合”培训制度。(2) 要重视研究和出版工作，以提高注册会计师的业务素质。

（二）会计师事务所“挂靠”设立体制改革研究

本人撰写的《会计师事务所“挂靠”设立体制必须改革》发表于《财会月刊》1994 年第 9 期。本文的研究对于推动我国会计师事务所在 20 世纪末期的“脱钩改制”起到了积极作用。主要内容和观点有：

1.现行会计师事务所设立体制的缺陷

我国的《注册会计师法》规定，会计师事务所可以由注册会计师合伙设立（负无限责任）；也可以是负有限责任的法人。但实际上，我国现在所有的会计师事务所几乎都是挂靠单位发起设立的。这种由挂靠单位出资、派人、提供工作条件申报设立会计师事务所的体制，在我国恢复和发展注册会计师制度的初期，对于迅速创建会计师事务所，为改革开放服务，起到了一定的积极作用。但也日益暴露出一些问题：

（1）不符合国际上的通行作法。目前，世界上绝大多数国家的会计师事务所体制是负无限责任的个人开业（独资）制和合伙制。只有英国1989年的公司法规定，会计师事务所可以以有限责任形式设立；美国有一个州允许以有限责任方式设立。看来，由单位发起设立事务所是“中国特色”。这种设立方式，不利于中外会计师事务所之间的合作，不利于中国注册会计师及会计师事务所走向世界。这种设立方式导致从1992年开始到1993年末，财政部已批准的7家中外合作会计师事务所，实际上也是一个负有限责任和无限责任的“混合体”，是一个“怪胎”。

（2）有损审计组织的独立性。独立性是审计的灵魂。审计组织没有独立性，审计就很容易流于形式；而审计流于形式，广大投资者就很难相信所审计会计报表具有可信性和决策参考价值，最终将会给社会造成严重危害。

（3）极易造成不必要的行政干预和注册会计师业务的垄断，有损会计师事务所的公平竞争，也有损会计师事务所客观、公正的职业形象，有碍注册会计师事业的健康发展。

现在不少的会计师事务所挂靠的是国家行政（事业）机关，如财政部门、税务部门、工商局、银行等，这些机关利用手中的权力，为会计师事务所招揽业务，对事务所蛮加干涉，使会计师事务所之间无法平等竞争。另外，这些行政部门发起设立会计师事务所的真正动机，有不少单位把会计师事务所作为解决离退休人员或富余人员的场所，作为“创收”的“正大光明”的渠道。这样使会计师事务所只认“钱”，一切以盈利为目的，不讲质量，不讲职业道德，从而使其在组织上、工作上，无法真正做到客观和公正。这种依靠特权办会计师事务所，从长远来看，不仅会使我国注册会计师事业走入歧途，而且严重违背了《注册会计师法》的规定。

（4）使会计师事务所缺乏加强内部管理的动力，不注重风险控制和质量控制。我国目前的会计师事务所体制，使会计师事务所借助外部权利来生存，而不是通过提高审计人员的素质和强化业务控制来发展壮大。这样继续下去，终将导致我国整个注册会计师行业水平的低下，会计师事务所面临严重的信誉危机和大量的法律诉讼。到头来，注册会计师为我国市场经济服务，参与国际会计市场竞争，只能成为空话。

（5）会计师事务所由挂靠单位出资，使不少会计师事务所的负责人及工作人员法律意识淡薄，不管审计欺诈或过失所带来的严重法律后果，以及会计师事务所会不会破产清算的问题。

2. 改革现行会计师事务所设立体制的设想

我认为，应从我国的实际情况出发，逐步同世界接轨。其初步设想如下：

（1）整顿现有的“有限责任”的会计师事务所，逐步将其改组为负无限责任的合伙事务所，或按照有关规定解散。会计师事务所怎样做到同挂靠单位在人、财、物上真正脱钩，中国注册会计师协会应尽早拿出切实可行的办法来。

（2）不再审批新的由挂靠单位发起的会计师事务所。今后绝不能审批先有单位发起，再脱钩的会计师事务所。更不能规定唯有“财政部门”等才有资格作为“发起单位”，只有不再审批“挂靠”的会计师事务所，才能从根本上解决上述问题。

（3）积极稳妥地发展合伙制会计师事务所，允许个人开业。在我国没有财产申报登记制度和职业保险制度的情况下，会计师事务所实行无限责任的合伙制和个人开业制，确实有许多法律问题和制度问题要研究。在目前无法做到一步到位的情况下，可考虑采取一些过渡性措施来解决。

（三）会计师事务所内部控制问题研究

本人撰写的《试论会计师事务所内部控制结构》发表于《中国注册会计师》1994 年第 9 期，第 9–12 页。当时我国尚未发布审计准则、质量控制准则及职业道德规范，文中的观点对于推进我国注册会计师行业准则建设和实务进步发挥了积极作用。主要观点有：

（1）研究会计师事务所内部控制问题的重要性。注册会计师职业界对审计客户的内部控制的重要性的认识是统一的，那么，作为审计实施主体的会计师事务所本身有没有内部控制的问题？本人认为，不仅应该有，而且还应加强。因为：一从会计师事务所的性质看，它实际上是审查普通工商企业的“特殊企业”，普通企业少不了内部控制，会计师事务所更少不了内部控制；二从内部控制的作用看，完善内部控制是实现事务所各项运作目标的基本手段。事务所也有资产安全、会计记录正确和经营合理化问题，因此，很有必要加强对事务所内控的研究。

（2）会计师事务所内部控制结构设计的原则和要求。认为必须遵循三大原则：一是积极吸收各国关于企业内控的研究成果和成功经验，大胆借鉴普通工商企业广泛运用的内控原理和方法，以保证事务所内控结构的先进性；二是充分考虑事务所这一“特殊企业”的职业特征，将内控一般原理和方法同具体情况紧密结合，以保证事务所内控结构的实效性；三是始终以经济有效地实现事务所各项管理目标为基点，以保证事务所内控结构的目的性。可参照国际和美国审计准则对内部控制设计的要求及学者们认同的权威观点，设计事务所内控结构。

（3）会计师事务所内控结构的组成要素与基本内容。主张采用三分法研究组成要素与基本内容，对事务所而言，资产控制和会计控制的要求和内容，同工商企业相比，并无实质性区别，只是繁简程度的不同。但事务所的业务控制某种意义上讲，比普通企业可能更复杂。因为事务所业务质量并不完全取决于事务所从业人员的主观努力，还深受客户各种因素的影响，此外，事务所还面临激烈的同行竞争、广泛的社会监督和法律诉讼的威胁，因此，本人主张事务所应以业务控制为重点。

目前，我国不少事务所业务控制问题成堆，集中表现在业务素质低，对执业标准和工作程序缺乏必要的了解，审计风险意识、职业道德意识和法律责任意识淡薄等，因此，事务所业务控制的主要内容应是加强审计风险控制和审计质量控制。

按照审计风险模型，审计人员应努力评估固有风险和控制风险，控制检查风险。审计人员在控制审计风险时，必须在证据成本同他准备接受的报表中存在重大错报的风险这两者之间，作出权衡。必须对外部使用者对报表的依赖程度和审计报告日后客户陷入财务困境的可能性，进行充分的考虑。

审计质量是审计的生命，审计质量问题的核心就是在多大程度上增加了财务报表的可信性。审计质量取决于审计工作的质量，即审计工作的优良程度，具体表现为审计人员的质量和审计过程（包括审计计划、外勤工作和报告三阶段）的质量，最终体现为审计报告的质量。这样一来，审计人员及其事务所就可以通过控制好审计人员的素质和审计过程的质量来提高审计报告的质量。这也是公认审计准则从这三个方面来制定的根本原因。为了控制审计质量，建议中国注册会计师协会应尽早制定质量控制标准。每个事务所必须做到：制定和实施适合本所的质控政策和程序；加强质量教育，树立质量控制意识；严格实行质量控制责任制，明确不同层次人员的质控责任，并按其责任完成情况论奖惩、论得失；制定本所的职业道德细则，并监督认真执行；合伙人相互复核把关；实行轮审制度；在审计中，如同客户管理当局在某一重大问题上意见有分歧，应向其董事会或审计委员会报告。

（四）我国《注册会计师法》修订问题研究

本人撰写的《也论我国〈注册会计师法〉的修订问题》发表于《审计研究》2001年第1期，第23–29页。文章提出的下列主要建议对于修订我国《注册会计师法》有较重要的参考价值：

1. 本法制定的目的与宗旨问题

现行《注册会计师法》第一条指出，制定本法的目的与宗旨是“为了发挥注册会计师在社会经济活动中的鉴证和服务作用，加强对注册会计师的管理，维护社会公共利益和投资者的合法权益，促进社会主义市场经济的健康发展”。

众所周知，制定一部法律的最基本目的是规范行为，因此，应增加“为了规范注册会计师行为”一句于其他目的之首。另外，由于《注册会计师法》既约束注册会计师行为的主体，也约束注册会计师行为的客体，理应既保护社会公共利益和投资者的合法权益，也保护注册会计师的合法权益，因此，应在第一条中，增加“维护注册会计师的合法权益”的内容。

2. 注册会计师业务范围及其分类问题

我国现行《注册会计师法》是将注册会计师依法承办的业务分为审计业务和会计咨询、会计服务业务两类。这样规定不全面、不准确。应该说，目前注册会计师业务范围很广，将注册会计师业务范围局限于审计和会计咨询、会计服务业务，既不利于注册会计师整个行业的发展，又不利于我国注册会计师走向世界。现行《国际审计准则》是将注册会计师提供的服务分为审计和相关服务，美国审计准则及教科书一般将其分为鉴证业务和非鉴证业务。建议将我国注册会计师的业务范围扩展为所有的鉴证和非鉴证业务。

3.会计师事务所的性质问题

我国现行《注册会计师法》第三条规定：“会计师事务所是依法设立并承办注册会计师业务的机构。”如此规定事务所的性质为“机构”，比较含糊。实际上，事务所既不同于事业单位，也不同于企业单位，而是属于利用专业知识和技能为社会提供鉴证和非鉴证服务的社会中介组织。这点应在修订《注册会计师法》时予以明确。

4.注册会计师守法的表述问题

现行《注册会计师法》第六条第一款规定：“注册会计师和会计师事务所执行业务，必须遵守法律、行政法规。”根据我国《立法法》的规定，本款应修订为：注册会计师和会计师事务所执行业务，必须遵守国家法律、行政法规和部门规章。

5.注册会计师和会计师事务所执业遵守的基本道德原则问题

现行《注册会计师法》第六条第二款规定：“注册会计师和会计师事务所依法独立、公正执行业务，受法律保护。”这样规定不全面、欠准确。众所周知，注册会计师和会计师事务所执行鉴证业务应遵守的基本道德原则是“独立、客观和公正”。应将此款修订为：注册会计师和会计师事务所依法独立、客观、公正执行业务，受法律保护。

6. 注册会计师全国统一考试报考与免试问题

（1）报考条件问题。现行《注册会计师法》第八条规定：“具有高等专科以上学校毕业的学历、或者具有会计或者相关专业中级以上技术职称的中国公民，可以申请参加注册会计师全国统一考试。”这样的规定要求实在太低。我国应逐步提高注册会计师统考报名条件，可考虑改为规定“具有高等本科以上学校毕业学历，且修满规定会计、审计课程学分者，可以申请参加注册会计师全国统一考试”。

（2）免试条件问题。现行《注册会计师法》第八条还规定：“具有会计或者相关专业高级技术职称的人员，可以免予部分科目的考试。”这样规定至少存在两方面的问题：①不全面。还应当考虑获得会计或者相关专业博士学位者，可免试部分科目。②要求太低。实际执行的效果很差，社会反映强烈。众所周知，我国目前会计或相关专业高级技术职称评定，特别是实务人员的高级职称评定，无论是机制、还是具体评定程序，均存在较明显缺陷。评上高级会计师、高级审计师、高级经济师，不懂会计、审计等知识的，大有人在。为此，应将第八条此方面的规定，修订为：“具有高等本科……学历，并且具有会计或者相关专业高级技术职称的人员，可以免予部分科目的考试。获得会计或者相关专业博士学位者，亦可免试部分科目。”或者干脆取消免试部分科目的规定，实行全科考试制度。

7. 申请注册的工作经历要求问题

现行《注册会计师法》第九条规定：“参加注册会计师统考全科

合格，并从事审计业务工作二年以上者，可以向……申请注册。”此规定中“从事审计业务工作二年”含义不明确。在我国现阶段，由于从事政府审计和内部审计，与从事注册会计师审计的要求差别较大，为此，应明确规定：参加注册会计师全国统考全科合格，并在会计师事务所从事审计业务工作二年以上者，可申请注册。

8. 不予注册情形的规定问题

现行《注册会计师法》第十条规定了受理申请的注册会计师协会不予注册的五种情形。这样规定很不合理。可考虑改为规定：受上述第（二）、（三）、（四）种情形处罚、处分的，受理申请的注册会计师协会将永远不予注册。此外，还应规定也不准予其再报考注册会计师。

9. 撤销注册的规定问题

现行《注册会计师法》第十三条规定：注册后如有四种情形之一的，将撤销注册，收回证书，还规定被撤销注册的人员在符合本法第九条、第十条规定的情况下，可以重新申请注册。这样规定要求很不合理。对第二种情形“受刑事处罚的”和第三种情形“因在财务、会计、审计、企业管理或者其他经济管理工作中犯有严重错误受行政处罚、撤职以上处分的”，不应只是暂时撤销注册，收回证书，而应从严规定，不准予其再加入注册会计师职业，即不准予其重新申请注册，也不准予其再报考注册会计师。

10. 助理人员的资格及其聘用、解聘的备案问题

事务所大量的业务工作靠助理人员完成，助理人员素质的高低

直接影响着业务质量。为限制和杜绝事务所聘用不合格的助理人员，确保工作质量，在现行《注册会计师法》的第二章“考试和注册”中，可考虑单独增加一条，规定事务所为执行审计等鉴证业务而聘用的助理人员应具备的资格，并规定助理人员的聘用或解聘，应随时上报省、自治区、直辖市人民政府财政部门及注册会计师协会备案。这方面，可参考台湾《会计师法》第十二条的有关规定。

11. 政府机关指定或委托会计师事务所办理有关业务的问题

随着政府机关指定或委托会计师事务所办理有关业务情况的增多，在原第十六条中，可考虑增加第三款，规定“政府机关指定或委托会计师事务所办理业务时，会计师事务所非有正当理由，不得拒绝。但应酌给费用。会计师事务所执行政府机关指定或委托的业务，应依据该业务主管机关有关法规的规定办理”。

12. 拒绝出具报告情形的规定问题

现行《注册会计师法》第二十条规定：“注册会计师执行审计业务，如遇下列情形之一，应当拒绝出具有关报告：（一）委托人示意其作不实或者不当证明的；（二）委托人故意不提供有关会计资料和文件的；（三）因委托人有其他不合理要求，致使注册会计师出具的报告不能对财务会计的重要事项作出正确表述的。”本条规定有悖审计学的基本原理。注册会计师遇以上三种情形，也可出具有关报告，只是出具的报告可能不是无保留意见，而是保留意见、否定意见或无法表示意见的审计报告。注册会计师如遇上述情形就拒绝出具有关报告，那么，他将可能因违反审计业务约定书中“按时完成审计业务，出具审计报告”的约定而承担相应的民事责任。

13. 实行多种形式的事务所体制问题

现行《注册会计师法》第四章规定事务所的组织形式只能是合伙会计师事务所和有限责任会计师事务所。目前，西方国家的会计师事务所主要有四种组织形式：独资、合伙、股份有限制、有限责任合伙制。有限责任合伙制已成为当今世界事务所组织形式发展的一大趋势。根据国际惯例，我国会计师事务所应考虑采取多种组织形式。

14. 注册会计师和会计师事务所法律责任的规定问题

现行《注册会计师法》第三十九条至第四十二条规定了注册会计师和事务所违反本法承担的法律责任。但这些规定需在考虑与《刑法》《民法》《公司法》《证券法》《会计法》《审计法》等相衔接的基础上，作进一步修订完善：(1) 进一步明确注册会计师法律责任以及相应的处罚范围。(2) 注册会计师违反本法规定不应只规定承担行政处罚、处分和依法追究刑事责任，还应当规定承担民事责任（如赔偿等)。(3) 第四十二条："会计师事务所违反本法规定，给委托人、其他利害关系人造成损失的，应当依法承担赔偿责任。"这里不应只是粗略地从原则上规定"应当依法承担赔偿责任"，而应当明确规定赔偿责任的界定办法。因为我国《民法》的有关规定相当笼统，对审计来说指代不明。

15. 对注册审计师、注册资产评估师、注册税务师等管理的规定问题

包括：(1) 现行《注册会计师法》第四十二条规定：由国务院对在审计事务所工作的注册审计师的资格认定及管理办法另行作出规定。鉴于"两会"已联合的实际情况，应取消本条规定。(2) 在中国注册资产评估师协会、中国注册税务师协会已并入中注协的情

况下，本次修订《注册会计师法》时，应考虑对中国注册资产评估师协会和注册税务师协会等的管理组织及体制、注册资产评估师和税务师与注册会计师的关系等重大事项作出明确规定，以保证和推动相关事业的持续、健康发展。

16.明确行业管理体制和规范涉外管理的问题

行业管理体制的确定，关系到行业监管、惩戒等一系列工作的运转模式和工作方法，也关系着一个统一的会计市场的建立与完善，这是本次修订《注册会计师法》应考虑的一项重要内容。现行《注册会计师法》颁布后，我国为加入世界贸易组织，采取了一系列开放会计市场的政策，出现许多新的开放形式，应通过本次修订《注册会计师法》，对这些新的开放政策以及对外国注册会计师及会计师事务所的准入条件、业务范围、监督管理等内容，从法律上予以确定。

17.明确独立审计准则等专业准则的合法性与权威地位问题

从目前情况看，不少方面如法院和一些政府部门，在评价注册会计师是否已履行职责时，往往认为独立审计准则等专业准则，只是注册会计师行业为自定的行规，不能作为评价的依据或重要依据。这样，便会无故加大注册会计师的责任，影响该行业的正常生存与发展。为此，应从法律上明确独立审计准则等专业准则的合法性和应有的权威地位及作用。

18.明确会计师事务所实行质量控制的法定责任问题

需要从法律上明确会计师事务所建立和实施质量控制的法定责

任。为此，应增加一条："会计师事务所应遵照中国注册会计师质量控制准则的要求，建立和执行适用于本所的有效的质量控制制度，以合理保证审计等工作的质量符合相关专业准则的要求。"

19. 明确会计责任与审计责任的问题

本次修订《注册会计师法》时，有必要明确被审计单位的会计责任和会计师事务所的审计责任，并明确注册会计师的审计责任不能替代、减轻或免除被审计单位的会计责任。对少数企业故意编报严重虚假的会计报表，首先应该追究该企业管理当局的责任。如注册会计师已按独立审计准则审计，但仍未查出会计报表存在的严重错报，而发表了不恰当的审计意见，则至多追究事务所和注册会计师的普通过失责任。

20. 界定审计意见的作用问题

在本次修订《注册会计师法》时，应正确界定审计意见的作用，使注册会计师在市场经济中找到合理定位。任何夸大审计意见作用的做法，只会最终葬送注册会计师行业。注册会计师的审计意见，只能合理保证会计报表中不存在重大错报。经过审计的报表也并不意味着 100% 的正确、可信。

21. 强调注册会计师职业后续教育的问题

在修订《注册会计师法》时，应正视我国注册会计师队伍素质有待提高的事实，明确提出注册会计师后续教育的法律要求，规范注册会计师接受后续教育的内容、时间及方式，以适应中国加入

WTO和经济全球化对我国注册会计师行业提出的更新及更高的要求。

（五）审计质量控制特征与思想研究

本人和张敦力合写的《试论审计质量特征与审计质量控制思想》发表于《审计研究》1997年第5期，第27–28页。该文下列主要观点对推动当时事务所树立正确的质量控制观有所脾益：

1.审计质量的概念和特征

任何行业，为了自身的生存与发展，都必须注重它为客户所提供产品或服务的质量，注册会计师行业也不例外。审计质量就是事务所的生命。审计质量是“审计业务工作的优劣程度，也即审计结果达到审计目的的有效程度”。具体表现为“审计人员的质量和审计过程的质量，最终体现为审计报告的质量。其核心就是审计工作在多大程度上增加了会计报表的可信性”。而审计质量控制是指“会计师事务所为确保审计质量符合独立审计准则的要求而制定和使用的控制政策与程序”。审计是一项独立性的经济监督活动，审计是向客户提供的一项特殊的劳务，与其他劳务的质量相比，审计质量既具有一般劳务质量的共性，如劳务的有效性及其经济性等，同时又具有其他劳务所不具备的特征，主要是审计质量的系统性、统一性及其模糊性。

2.审计质量控制思想

不同的审计质量特征决定不同的质控思想：

（1）审计质量的系统性。审计质量的系统性是指审计质量不但取决于审计人员素质的高低、审计力量组织的好坏，而且取决于审计工作管理的强弱、审计技术应用得是否恰当，还受被审计单位配合得是否默契以及法律保障是否有力等诸多因素的制约。每一项具体审计工作从签定审计业务约定书开始、直到制定审计方案、以至出具审计报告，都会关系到审计质量的优劣。因此，审计质量的系统性要求我们以系统论的思想构建审计质量控制体系，以便多层次、全方位地进行审计质量控制。审计质量控制体系包括组织结构体系和法规体系。其中，组织结构体系由财政部门、注册会计师协会及事务所三个层次组成；法规体系由《中华人民共和国注册会计师法》及其实施条例以及相关法律法规、《审计质量控制准则》及注册会计师协会和事务所的规章制度共同组成。

（2）审计质量的统一性。审计质量的统一性是指判断审计质量优劣的标准在全国范围内只有一个，即中国注册会计师协会根据《中华人民共和国注册会计师法》颁布实施的《审计准则》，它要求任何一个事务所在执行审计业务时都必须遵照执行。事务所只有不折不扣地按照《审计准则》执业，才能提供符合质量标准的审计服务，审计责任才得以解除。为了促进《审计准则》的落实，真正保证审计工作的质量，就必须进行审计质量控制；为了使审计质量控制制度化、规范化，就必须制定、实施《审计质量控制准则》。可见，审计质量的统一性呼唤《审计质量控制准则》的颁布与实施，它是进行审计质量控制的关键。

（3）审计质量的模糊性。理论上讲，《审计准则》是判断审计质量的唯一标准，有了《审计准则》判断审计质量优劣似乎就迎刃而解了，即审计工作按照《审计准则》进行，其质量就高；反之就低。然而，实际工作中，情况要复杂得多。首先，不同人对《审计准则》的理解不同，加上《审计准则》不全是硬标准（规则），而有软的一面（原则）。从而，不同人对某一具体审计服务质量高低的判断，可能会产生大相径庭的结论。这种现象，我们称之为审计质量的模糊性。其次，有些经济业务，《企业会计准则》规定了不同的会计处理方法供企业选用，此时，人们也会怀疑审计质量，这使审计质量更加模糊不清。

可见，审计质量的模糊性表明了注册会计师职业本身的特征及其局限性，它也表明注册会计师职业的期望与社会大众的期望之间常常会出现差异，注册会计师经常面临着被控告的危险，正因为如此，才越发需要加强审计质量控制，但也正是由于审计质量的模糊性，审计质量控制的难度被大大提高，稳妥的做法是除了严格遵守《审计准则》外，还应加强审计风险的控制，在高风险领域加大审计资源的投入。

审计质量的模糊性要求注册会计师在讲求审计成本效益原则和遵循《审计准则》之间找到一个平衡点，以缩小期望差距；要求我们在制定《审计准则》时，力求措辞严谨、通俗易懂，以避免歧义与误解；更要求我们加大审计质量控制的力度，以确保审计质量的提高。

（六）国家审计公告制度研究

本人作为执笔人完成的审计署重点科研课题成果《我国审计公告制问题研究》发表于《审计研究》2003年第6期，第39–43页。该文提出的完善我国实施审计结果公告制的主要设想有：

1. 公告的内容与程序

审计机关按照审批程序公告审计事项时，应该坚持一分为二的原则，可通报、公布正面典型，也可以通报、公布反面典型。另外审计机关在决定公告的内容时还要坚持适度原则。既可通报和公布某些审计项目的全部审计结果，也可选择某些审计项目的部分结果进行通报和公布，以避免一些不必要的矛盾和磨擦，影响通报和公布的效应。审计结果公告应当符合规定的审批程序。

2. 公告的范围与形式

公告的范围可分为三个层次：(1) 对社会公众的公开，主要是指对有关国计民生的重大审计项目。(2) 对被审计单位公开，主要是对审计目的、内容、处理结果、审计举报及监督电话进行公开，不能只对被审计单位的领导和有关职能科室进行公开。公告可采取在被审计单位发布审计公告或审计公报、召开职工大会等形式进行，让被审计单位广大群众都知道。(3) 对有关主管部门公开。公开的目的是一方面取得他们的支持配合和监督，另一方面让他们了解被审计单位的审计情况和审计建议，以使更好地改进自身的工作。公开可采取走访、召开座谈会及抄送审计文书等多种形式进行。

3. 公告信息的一般要求。包括客观性、及时性、明晰性及谨慎与保密性

4. 审计公告应注意的几个问题

(1) 审计结果公告应当依据审计结果报告等结论性文件。审计结果报告是审计机关向本级人民政府和上一级审计机关以及其他有关部门报告审计结果的书面文件。审计结果公告必须以审计结果报告为依据，写好审计结果报告是写好审计结果公告的前提，但不能直接用审计结果报告替代审计结果公告。因此，审计结果报告只有在加以删改、补充、完善后，才能作为审计结果公告。审计机关不能把审计结果公告写成审计结果报告，也不能把审计结果报告作为审计结果公告。(2) 审计结果公告不同于审计信息报道。信息报道是审计机关利用各种媒体反映和宣传审计工作成果、方法、经验等信息；具有时效性、新闻性、灵活性、广泛性、多样性等特点；主要目的是宣传审计工作。审计结果公告是审计机关依法利用发布公告等方式，向社会公开审计结果信息；具有发布公告的法定性、公开项目信息的选择性、传播范围的有限性、文体格式的固定性等特点；主要目的是依法保障公众的知情权。虽然结果公告也是一种审计信息，但是审计信息报道的内容不能作为公告的内容。对审计结果公告要求十分严格，任何个人无权发布审计结果公告。(3) 审计结果公告与审计质量及风险控制。我国审计结果公告应谨慎，要全面考虑公布的正负面影响。公告审计结果应以高质量的审计工作为前提，要经得起历史检验。只有控制好审计风险，才能从根本上减少审计结果公告的风险。审计结果公告无疑是双刃剑，为此，各级审计机关应努力做好审计结果公告的质量控制体系的建立健全工作，包括做好公告前的准备，公告内容的复核审定，审计结果公告的撰写、发布及信息反馈等工作，以切实控制由审计结果公告引发的风险。

（七）国家审计计划管理研究

本人和李璐教授合写的“试论我国政府审计计划管理的改进”发表于《中南财经政法大学学报》2006 年第 5 期。该文的研究对于改进我国政府审计计划管理起到了积极的作用。主要内容及观点有：

1. 我国政府审计计划管理的现状与问题

（1）制定审计项目计划。根据现行管理要求，各级审计机关只需在年初制定审计项目计划并确保执行即可。至于中长期战略计划，没有任何规定与要求。这导致很多审计机关根本不考虑中长期战略安排，各年度项目计划缺乏全局性、协调性，极易造成审计重复或审计盲区，监督不到位，重点不突出。问题有：①没有专门设置计划管理部门，难以发挥主导“龙头”作用；②立项程序过于简单，难以制定科学合理的项目计划。审计项目计划制定遵循“两上两下”原则，即自上而下提出审计工作设想、自下而上编报计划草案、自上而下布置项目计划指标、再自下而上上报完整详细的审计项目计划备案。上述程序过于简单，每一步到底怎么做，尚无明确规定；（2）编制审计方案。问题有：①只有总体计划安排，而不要求编制具体审计计划，难以指导具体工作；②未充分考虑审计风险，难以抓住工作重点；（3）监控计划执行过程。问题有：①跟踪监管不得力，难以维护计划执行的严肃性；②沟通交流不足，难以实现动态过程管理；（4）考评计划执行效果。问题有：①缺乏明确的衡量标准，难以体现考评效果；②忽视审计结果的跟踪落实，难以落实计划执行效果。

2. 我国政府审计计划管理问题的成因分析

包括：(1) 计划管理的意识薄弱，缺乏战略思考和统筹规划；(2) 计划管理的模式粗放，限制审计计划管理整体效用的发挥；(3) 计划管理的技术手段落后，降低审计计划管理的效率效果。

3. 改进我国政府审计计划管理的建议

计划在整个审计过程中必将越来越重要，因此，审计工作中心必须前移，审计计划管理必须加强。建议：

(1) 增强管理意识，从观念上重视审计计划管理的地位和作用。包括：①完善现行计划管理准则。审计计划管理应当由制定审计项目计划、编制审计方案、控制计划执行过程及评价计划执行效果四部分构成，建议以现行计划管理文件为基础，进行整合与完善，发布新审计计划准则。②设置专门的计划管理部门。③制订中长期审计战略计划。建议学习国外审计机关的成功经验，采用滚动计划法，处理好中长期战略计划和年度计划的关系，既克服年度审计立项的盲目性、随意性，还有助于确保各审计项目之间的协调配合，避免资源浪费。④转变计划管理的组织结构。可以考虑将传统金字塔型组织结构转变为扁平式管理结构。⑤营造计划管理的氛围。鼓励全体人员积极参与计划制定，主动按照计划执业，落实相关要求，共同致力于审计计划管理水平的提高。

（2）完善管理流程，从程序上保证审计计划管理的科学严肃性。包括：①细化审计项目计划制定程序。依照“两上两下”原则制定项目计划时，应特别关注下列三点：一是事前充分调查，列出项目清单；二是评估项目风险，确定重点对象；三是分析可行性，尽早排除不合理项目；四是将结果编制成报告汇总，由审计机关领导研究决定本年度审计项目计划。②改进审计方案。最新审计风险理论要求以“重大错报风险”为导向，将审计业务流程重整为两大部分：了解被审计单位及其环境以评估重大错报风险；针对评估出的重大错报风险实施进一步审计程序，包括控制测试（必要时和决定测试时）以及实质性测试。该理论抓住了审计工作的“牛鼻子”，有利于履行审计责任、实现审计目标，已开始广泛运用于注册会计师审计和其他发达国家的政府审计。③促进执行过程的信息沟通。应当在审计组、业务部门和机关领导之间建立畅通、高效的动态信息反馈网络，使各项工作能够紧密配合顺利展开。④设计合理的考核评价体系。应当确定客观、适当、可度量的绩效标准，考核计划执行情况。绩效标准包括项目选取的适当性、计划执行的变动情况、审计质量的高低、审计成果的评价等。

（3）倡导管理信息化，从技术手段上提升审计计划管理的水平和层次。建议：①采用滚动计划法制定中长期战略计划。②借助技术软件加强过程控制。过程控制应从时间、成本和质量三方面着手。时间控制也称进度管理，通过确定、调整基本工作单元及其排序，找出最佳工作线路，使资源配置达到最优。③利用信息系统建立审计对象数据库和审计状况数据库。

（八）国家审计发展方向研究

本人撰写的“我国政府审计的困惑与出路”发表于《会计之友》2008年第34期，第106–107页。文章以解读审计署当时新任审计长刘家义所作的首份（2007年度）审计工作报告为契机，在充分肯定我国政府审计成绩的基础上，提出并论述了下列七方面的问题，期望能引起人们对我国政府审计今后向何处去的思考：

1. 为什么国务院不直接向人大常委会报告？

从近些年的情况看，国务院总是委托国家审计署向人大常委会作审计工作报告。为什么国务院不直接向人大常委会作审计工作报告？事实上，国务院每年委托审计署向人大常委会作审计工作报告，缺乏必要的法律依据。

我国《审计法》只规定，国务院设立审计署，在国务院总理领导下，主管全国的审计工作，并对中央预算执行情况和其他财政收支情况进行审计监督，向国务院总理提出审计结果报告（第七条和第九条）。看来，审计署只有向国务院总理报告审计结果的法定责任，而没有接受国务院委托向人大常委会报告审计结果的法定权利和责任。

《审计法》第四条还规定：“国务院和县级以上地方人民政府应当每年向本级人民代表大会常务委员会提出审计机关对预算执行和其他财政收支的审计工作报告……。”看来，国务院有每年向人大常委会报告审计工作的法定责任，而没有委托其他任何政府机构代其向人大常委会作此报告的法定权利。

众所周知，国务院是我国最高的政府机构，是其所属政府部门包括财政部、发改委的直接领导和管理机构，理应对中央预算执行和其他财政收支的总体结果承担最终责任；而审计署是我国审计中央政府及其部门的最高机构。是国务院该向人大常委会报告，以请求人大常委会（代表纳税人和人民）解除政府的受托责任；而不是审计署该向人大常委会报告，以解除审计署的受托责任。作审计工作报告的责任主体的错位，从某种程度上折射出人们对政府本质的认识的未到位。政府既是权利政府，更是责任政府，政府的本质就是为人民服务、对人民负责，从来就是国家审计机构的监督对象，否则，政府审计就没有存在的必要了。

2. 人大和广大纳税人（人民）为什么难以及时获知政府审计的真实、全面的结果?

尽管《审计法》第五条规定："审计机关依照法律规定独立行使审计监督权，不受其他行政机关、社会团体和个人的干涉。"但现实是人大和广大纳税人（人民）难以及时获知政府审计的真实、全面结果。广大人民了解中央政府履行受托责任情况的主要信息来源是审计署平时向社会公众发布的审计结果公告和每年向人大常委会提交的审计工作报告。而这些公告和报告是真实、完整的吗？谁应该对这些公告和报告的真实完整负责？在现有审计体制下，明确回答这个问题十分困难。不能保证这些公告和报告的真实完整，政府审计的作用和中央政府的威信都将受到影响。解决这个问题，看来还得从改进现行审计体制着手，先解决中央政府既是国家审计机构的领导者，又是国家审计机构的监督对象的双重不相容身份问题。

3. 政府审计如何履行自身的受托责任？

任何国家的政府审计都必备三大要义：问责、公正、可信。所谓政府审计机构的受托责任是指政府审计机构受人大常委会（人民）委托，严格按照法律要求对各级政府及其部门履行人民的受托责任情况进行审计，并如实向人民报告审计结果的责任。政府履行该受托责任的好坏，直接关系到人民的知情权（是基本人权的必要组成部分）和政府审计机构“立审为民”宗旨的实现。政府审计机构这一依法审计、如实报告的受托责任，在实际履行中遇到了许多不利因素的影响。我认为是该修订《审计法》相关规定的时候了。现行《审计法》第四章“审计机关权限”第 36 条规定：审计机关可以向政府有关部门通报或向社会公布审计结果，但应依法保守国家秘密和被审单位商业秘密，遵守国务院有关规定。我认为，通报或向社会公布审计结果不仅是“可以”（权限）的问题,更是“应当”（职责）的问题。政府审计机构在向人民履行审计及报告责任时，如何才能减少或消除政府机构首长对政府审计工作的不当影响和干预，是值得研究的重大课题。

4. 如何真正解决屡审屡犯的难题？

有关文章说，对于那些屡查屡犯的问题，审计部门的态度令人欣慰：“屡查屡犯的问题还得提，说多了就能促进改革。”事实正是如此，比如在早期，中央各部门没有预算，在审计部门讲了多年后，总算被重视了。观念引领社会变革，观念和常识说得多了，慢慢地也就改变了社会。类似“财政部批复的部分中央部门项目支出预算年初不细化”；转移支付“结构不够合理，一般性转移支付安排比例较低”“部分专项转移支付设立时间长、分配数额相对固定，已成为对地方的稳定财力补助”等问题，几乎出现在每年的审计报告中，不气馁，不松懈。为什么许多问题屡审屡犯？我们知道，审计的直接和最终目的是查明真实情况，发现并揭示问题。审计查出问题，能不能解决问题，审计署无能为力，主要得靠人大的科学立法和有效监督，以及政府是否真正奉行和实践人民政府为人民的宗旨。此外，从管理环节看，切实设计和实施好政府预算、会计、审计三重控制体系，对解决屡审屡犯问题也有帮助。

5. 我国政府审计的权限是否足够？

我国政府审计与其他国家政府审计相比，权限可谓更多，包括审查权、违法违规行为制止权、向政府报告权、向社会公告权（选择进行）、处理处罚权、建议权和移交司法处理权等。我认为，借鉴审计发达国家的经验，还我国政府审计的本来面目，只应当给政府审计保留审查权和公告权。至于查出并报告问题了，该由谁来解决问题，如何解决，不是审计机构权力和能力范围内的事，而是应当由国家相关机构和部门根据分工各负其责。这样，每年的审计工作报告和日常的审计结果公告只需报告审计发现的问题，不用同时提出那么多的建设性意见和建议。因为应该思考如何解决这些问题的是政府和立法机构本身；审计出问题了，如果政府和人大不去设法解决，会严重影响政府和人大的威信。审计机构专心做好审计及其报告工作就算尽到责任了，也不必为这些问题是否得到解决而费劲。

6. 审计问责机制应当怎样建立？

不少人针对审计发现的诸多严重问题，提出要建立和实行审计问责制度。我很赞成这个观点。但我认为要真正把审计问责落到实处，人大和政府必须得先考虑怎样提高自己的为民执政能力和国家管理水平。我国国家管理和政府管理长期以来大多是粗放型的，使得政府部门对权利的追求欲望越来越大，而对各级政府部门及其领导人的责任规定相当模糊，每次“出事”便难以分清是谁的责任。不然，就不会出现屡审屡犯的情况了。实际上，审计问责机制的建立，不在审计署职权范围内，而是人大和政府要认真思考和负责解决的问题。要真正建立审计问责机制，必须明确、科学地制定对各级政府部门及其领导人的定责（确定责任），评责（自评责任），审责（审计责任），追责（追究责任）的具体办法。定责不清，管理标准不精细，对政府的经济责任审计和绩效审计根本就无从谈起。看来，问责机制能否真正发挥作用，主要取决于责任政府对待人民托付的责任的实际认识、态度和行动。

7. 我国政府审计体制改革时机是否成熟？

我国政治、经济、社会、法律等环境已发生巨大的变化，是该改进政府审计体制的时候了。西方的“政府审计”就是审计政府，而我国的政府审计，事实上，成为政府领导下的、又去审政府的大内部审计，审计独立性和权威性便受到严重影响。

我们知道，现代政府审计，是现代民主的产物。没有现代民主，就没有因此而发生的充分体现人民意志这个要求，就没有现代政府的会计责任，也就没有现代的政府审计。现代政府审计，是对人民意志充分体现与否进行监督和验证的手段。只有从民主的观点，来认识现代政府审计的本质，才能真正说明现代国家审计的意义。

如果把国家审计只认为是一种单纯技术性的、事务性的工作，就不可能认清国家审计的真正意义。判定各级政府是否以最大善意符合人民意志，依法履行了对人民的受托责任，就是现代国家审计的基本任务。我国恢复审计工作以来出现的一些混乱现象，都是和对国家审计的本质认识不清有联系。

审计机构必须要独立于受托责任人的权力干预之外，要向委托人直接报告审计结果。而各级审计机关独立于各级政府之外，是人民对政府充分发挥其监督作用的条件，也是使政府工作增加透明度，使人民充分理解，得到其信任和支持的条件。政府自己花钱，自己办事，而又自己审计，这样无法保证人民对审计的信任感。基于上述认识，我国的审计体制应向着独立于责任人，向着取信于民，听审于民的方向发展。时刻应当牢记的是：政府审计的职责是审计政府，为人民服务，而不是为政府服务。

（九）国有企业境外审计研究

本人和李淼博士合写的《国有企业境外审计的制度瓶颈及其修正创新》发表于《商业会计》2014 年第 13 期，第 6–10 页，被人大复印报刊资料《财务与会计导刊》（理论版）2014.10.51 全文转载。本文从政府机关对国有企业的审计职责配置和国有企业境外审计制度两个角度，深入分析了制约国有企业境外审计的“瓶颈”因素，并提出改进建议，以推进境外国有资产审计顺利进行。

1. 主要政府机关的国有企业审计职能配置

新国有资产管理体制下，负有国有资产审计监督职责的政府部门主要是审计署、国资委和财政部。

(1) 审计署。审计署对国有企业进行审计监督是法定职责，详见《宪法》第九十一条、《审计法》第二十条及2010年修订的《审计法实施条例》第十九条的规定。《企业国有资产法》规定，国务院审计机关依照《审计法》对属于审计监督对象的国家出资企业进行审计监督。对中央企业进行经济责任审计的主要依据是《中央企业经济责任审计管理暂行办法》。2006年6月28日审计署发布《审计署聘请外部人员参与审计工作管理办法》。

(2) 国资委。国资委是生产型中央企业的管辖机构，对中央企业的经营管理负有直接监督责任。国资委的审计监督方式有两种：一种是通过国务院外派监事会对中央企业的财务活动和企业负责人的经营管理行为进行直接监督，类似于过程监督；另一种是国资委委托注册会计师对国有企业的年度决算报告进行审计，类似于结果监督。2000年实施的《国有企业监事会暂行条例》赋予了监事会较大的审计自由裁量权。监事会对中央企业的财务监督是实时的过程监督，这种实时监督不仅依靠监事会自身发挥作用，还与国务院其他部委如国家经济贸易委员会、财政部联合一起，形成强大的监控网络，这些部委之间相互沟通中央企业的运作情况，随时互通信息，为国有资产的安全完整提供强有力的支持。总之，外派监事会对中央企业进行财务监督已成为一种比较认可的监督制度。

(3) 财政部。2000 年 7 月 1 日发布的《会计法》第三十一条规定，财政部门有权对会计师事务所出具审计报告的程序和内容进行监督。这说明财政部对注册会计师审计报告质量进行监督是法定职责，如果国有企业年度财务报表委托注册会计师审计，财政部就能依法对国有企业财务报表的审计质量进行监督。不过，财政部还有更重要的职责，就是制定企业国有资产管理的相关制度。作者将国资委成立前后由财政部发布的与国有企业审计相关的制度作了系统整理（表略)。

2. 其他政府机关等的国有企业审计职能配置

(1) "证券委"和"证监会"。《股票发行与交易管理暂行条例》规定，国务院证券委员会（简称"证券委"）是全国证券市场的主管机构，依照法律、法规的规定对全国证券市场进行统一管理。中国证券监督管理委员会(简称"证监会")是证券委的监督管理执行机构，依照法律、法规的规定对证券发行与交易的具体活动进行监督管理。由于国家控股的各类公司制企业是不承担政策目标、以市场效率取向为主的真正意义上的现代企业（杨肃昌，2003)，因此，在监管范围上，凡是在我国证券市场公开发行股票的国有上市公司都是证监会的监督对象，接受与非国有上市公司相同的监督管理。证监会对上市公司审计监督方面的规定主要与注册会计师审计有关。

(2) "中注协"。中国注册会计师协会（简称"中注协"）是行业自律性组织，负责管理全国注册会计师行业的各项工作。在中央企业审计中，会计师事务所扮演裁判和运动员两种角色，既可能接受委托进行年度决算报告的审计，也可能对年度决算报告的审计报告进行再审计，这就使得中注协在国有企业审计中只能发挥辅助协调作用。体现辅助协调作用的法规例如1999年8月13日中注协发布的《关于积极配合完成对社会审计机构审计的国有企业年度会计报表抽审工作的通知》。

（3）其他部门。其他政府部门如国家税务机关和工商管理部门也会定期或不定期进行审查，这种审查需要遵守《税收征管法》和《税收征收管理法实施细则》等法律标准，通常以强制性和临时性突击检查为主，与审计监督有本质差别。

3. 国有企业境外审计制度安排

（1）审计署、国资委和财政部发布的境外审计法规。境外审计是审计国际化发展的表现形式，是国有资产审计职能的延伸，境外审计质量的好坏与国有资产审计体制是否合理、职责履行是否到位关系密切。对境外国有资产进行审计监管的政府机关主要是审计署、国资委和财政部，其发布的境外审计法规主要内容如下：

审计署主要依据《审计署境外审计工作内部管理暂行办法》。国资委开展的境外企业审计，包括根据《规则》和5号令《中央企业财务决算报告管理办法》（简称财务决算管理办法）的规定由所在国家（或地区）的审计师进行审计，同时境外企业及其境内母公司的内部审计机构可以开展境外审计。可见，国资委虽然提出了境外企业按其所在国家（或地区）的规定审计，并且允许内部审计机构审计，但没有对境外审计师出具的审计报告的有效性以及怎样利用境外审计师的审计工作成果提出建议。财政部对境外企业如何审计曾产生过争议，最终就“由境外审计师审计”达成了一致意见，并且全盘认可境外子企业经境外审计师审计的工作成果。

（2）境外审计法规存在的问题。包括：

①审计署进行境外审计时，能够直接指导境外审计工作的只有《管理办法》，不能直接依据《审计法》，因为该《管理办法》的一些规定与《审计法》的规定并不一致，可见，审计署将境外审计看作为另一种独立的审计类型，进行境外审计也有另行遵循的标准即《管理办法》。作者认为，目前仅仅将《管理办法》作为审计署境外审计的遵循标准并不可取，该《管理办法》仅是内部试行，适用范围小，权威性不大。从时间维度来看，《管理办法》的实施时间是2002 年，已经陈旧过时，完善修订已迫在眉睫。从范围维度看，该办法仅在审计机关内部有效，该标准的权威性和公平性令人质疑，这是制约政府审计机关进行境外审计工作比较重要的问题。

②国资委对国有企业的审计主要遵循《规则》和《财务决算管理办法》，并提出境外企业审计要走两条线，即注册会计师审计和内部审计同时进行。《国有企业监事会暂行条例》规定监事会有权聘请会计师事务所进行审计，那么进行境外审计时，是否有必要将内部审计与境外审计师审计结合起来，以利于监事会成员从境外审计师了解更多境外企业的实际情况，没有明确的规定。

③财政部全盘接受境外审计师的审计报告不可取。因为境外审计师的审计报告是否合理适当难有公认的评价标准，如果境外审计师被境外企业收买审计意见，出具失真的审计报告如何处理，这些问题监管部门还没充分考虑。

④财政部认为境外企业应当由其所在国家（或地区）的审计师进行审计，而国资委认为在央企进行年度财务决算时，实体在境内的境外子公司由境内会计师事务所统一审计。可以试想，如果境外子公司由央企统一委托的会计师事务所进行审计，而同时也接受了境外审计师的审计，境内审计师是否可利用境外审计师的工作成果，如何利用？尚无规定。

⑤我国约有10%的央企境外子企业设立在英属维尔京群岛、开曼群岛、马绍尔群岛等离岸区域，这些区域的法律极力保护公司股东的商业秘密，并不对外披露公司财务报表信息。对这些企业如何进行境外审计也是应当考虑的问题。

4. 改进国有企业境外审计的对策建议

（1）完善政府境外国有资产审计的法律制度。审计署、国资委和财政部作为中央企业境外审计的主要监督部门，制定的部分法规有待进一步改进，主要表现在：

①审计署目前实行的《管理办法》属内部办法，适用范围小，权威性不大，应当对其进行全面修订或者发布新的境外审计暂行办法，扩大境外审计的影响，提高境外审计的法律地位。无论采取哪

种方式发布《管理办法》，都应当在法规中增加境外审计目标、境外审计程序、境外审计范围、境外审计人员的权利义务以及法律责任等必要内容，以增强适用性和有效性。

②协调《管理办法》与《审计法》的不一致之处。《管理办法》认为境外审计可以是财务审计也可以是经济责任审计，而《审计法》认为审计机关对国有企业的审计只能是财务收支审计，建议适当调整两者的不一致。

③建议财政部增加发布国有企业境外审计暂行条例等类似的行政法规。目前财政部发布的国有企业审计方面法规很少，有效的只有《财政部关于改进和加强企业年度会计报表审计工作管理的若干规定》（简称《若干规定》）、《财政部关于对经社会审计机构审计的中央国有企业年度会计报表进行抽审的通知》和《关于对社会审计机构审计中央国有企业年度会计报表质量进行抽审的实施意见》，这三个法规发布时间较早，很多内容跟不上会计审计实务日新月异的变化，并且国有企业审计的这些法规都没有涉及境外审计问题，导致国有企业境外审计法律法规非常缺乏，发布这方面的法律规范很有必要。

④建议财政部修订《若干规定》的部分条款，增强该法规在境外审计方面的适用性。例如将第二条“企业在境外投资设立的企业，其年度会计报表审计按照所在地有关法律规定执行”修改为“企业在境外投资设立的企业，其年度会计报表审计由我国与东道国的政府部门协调相关法律后再执行”，这样就避免了我国注册会计师开展

境外审计“无章可循”的问题。再如第九条“企业年度会计报表审计由中国注册会计师和境内依法设立的会计师事务所依法进行”，如果国有企业设立境外企业，境外企业的年度财务报表审计是否可以由境外审计师进行没有规定。建议修改为“企业年度财务报表审计由境内设立的会计师事务所考虑该国有企业会计信息保密性后，根据国有企业的境外投资情况，决定由境内或境外会计师事务所依法审计”。

（2）建立境外离岸区域的审计合作制度。我国上市央企有部分境外企业设立在离岸区域，这些区域的法律监督制度比较宽松，容易出现监督缺失，建立该区域内中央企业境外资产的审计监督合作机制是当务之急。建议我国审计署、国资委和财政部等积极与该区域的政府部门协商签订审计监督协调方面的协议，通过双方政府的协商，努力促进我国注册会计师进入离岸区域开展审计，切实解决该领域的境外央企缺乏审计监督的问题。

三、国家审计20年回眸与反思

我国国家审计制度自1983年恢复以来，到2003年，已走过20年的发展历程，这20年既是我国经济改革开放，取得重大建设成就的20年，也是国家审计从无到有，从小到大，极有力地保障和推动我国社会经济进步的20年。为推动国家审计持续健康发展，实有必要回顾和反思国家审计20年发展中所涉及的重大方面。为此，我撰写了10篇系列论文，刊登在《湖北审计》2003年第1期至第10期，对我国国家审计制度实行20年（1983~2002年）作初步总结和探讨，以飨读者。

这10篇系列论文的题目是：

1. 国家审计准则制定工作的总结及改进思路

2. 国家审计对舞弊的检查及报告责任评析

3. 国家审计风险的特殊性及其控制策略

4. 国家审计机关质量控制制度的完善思路

5. 国家审计机关对内部审计发展的推动作用评析

6. 国家审计报告准则与实务的改进设想

7. 我国《审计法》的历史贡献与修订建议

8. 国家审计结果公告制度的现状分析与改进建议

9. 国家审计机关执行经济责任审计的思考

10. 我国审计机关开展效益审计的现状分析与未来展望

（一）国家审计准则制定工作的总结及改进思路

1983 年恢复国家审计制度以来，我国国家审计规范化程度不断提高，原38 个规范及修订后的系列准则的发布标志着我国国家审计准则体系的初步建立。毋庸置疑，国家审计准则制定及实施取得的成就是巨大的，但对其作必要总结及改进更有利于审计工作迈上新台阶。

我国现行国家审计准则制定存在的主要问题及改进思路：

1. 准则体系层次的构建出发点需要重新选择

现行准则体系由基本准则和具体准则两层次构成，表面上看由前者统帅后者，后者再补充前者，符合逻辑，也符合多数国家制定注册会计师审计准则的惯例，但实际上是将有关单位财政财务收支真实、合法、效益审计捏在一起综合考虑，试图制定出能满足各类审计业务需要的准则，这样反倒会造成国家审计机关和人员使用上的不便。因此，建议重新选择我国现行国家审计准则层次构建的出发点，可考虑分为“一般准则”“外勤准则”和“报告准则”三个层次来制定准则。在“一般准则”中可针对执行财务审计、其他鉴证业务和绩效审计的共性问题，提出确保审计结果可靠性的基本要求，如独立性、实施职业判断、专业胜任能力、质量控制与保证等，规定所有审计组织和审计人员（不仅指国家审计机关及人员）在执行国家审计准则所约束和规范的业务时必须遵守。在“外勤准则”及“报告准则”中应充分考虑不同业务类型的特点和需要，区分财务审计、其他鉴证业务和绩效审计来分别规定遵守的外勤准则与报告准则。对于提供的非审计服务可不在国家审计准则中规定。

2. 要明确规定国家审计准则与其他职业准则的关系

在我国国家审计实务中，除遵守国家审计准则外，还可根据情况遵守或参照其他合适的准则（如中国注册会计师审计准则、中国内部审计准则）来更有效地开展工作。

3. 要正确定位国家审计目标、审计责任及审计风险

现行国家审计准则没有说明国家审计机关究竟是详查还是抽查？对整个审计总体结论的把握究竟有多大？除报告的违规以外，被审计单位是否还存在别的重大舞弊及违法行为？国家审计是只报告查出的问题了事，还是应该对合理保证查出整个审计总体所有重大舞弊、违法及违规行为负责？其实，国家审计与其他职业审计类似，审计目标和责任只能也必须顺应社会公众要求，定位在合理保证审计出重大舞弊、违法违规行为上。这意味着被审计单位如有相当数量的重大舞弊、违法违规行为未被查出，国家审计便面临严重的审计风险及不利后果。审计机关如只报告经查实的问题，并只对此负责，那么，国家审计就永远成了“不倒翁”。近年来发生的我国家审计机关审计过的单位仍然存在较多重大舞弊违规未查出的一系列重大审计失败案件，已引起政府和社会公众对国家审计的不满和某种程度的信任危机。没有审计目标、责任和风险的正确定位，审计质量控制和风险管理以及评价国家审计是否做到恪尽问责、公正、可信，便无从谈起。

4. 要通过制定具体准则来落实一些先进的审计思想、概念与方法

比如准则中提及要运用审计重要性与审计风险概念、了解与测试内部控制、运用分析性复核方法及专业判断等，但究竟如何运用，国家审计机关及人员难以较好把握。再比如准则要求在审计报告中要写“被审计单位财政收支、财务收支的真实、合法、效益情况及其评价意见”，但该评价意见从专业和规范需要的角度，要不要分类以及应分为几类？这几类意见的选择该不该与重要性、风险及专业判断概念的运用挂钩以及如何挂钩？在每类意见下报告写作的必要的标准措辞，该不该规范以及如何规范，却无法找到依据。这样势必会导致全国范围内审计报告写作的随意性，进而影响审计报告的可比性、可理解性及审计结果的利用程度与效果。

5. 对审计工作质量控制的规定应当系统和全面

尽管现行准则规定了审计机关必须建立审计质量控制制度、实施审计复核以及划分审计中各层次部门和人员的一些责任，但应借鉴国际审计准则和美国审计准则中有关质量控制的规定，从更广阔的视角来制定专门的质量控制准则，以帮助审计机关据此开发自身的质量控制制度，如规定实行外部同业复核办法和轮审办法等。

6. 还有些具体条款的规定有待细化、补充和修订

比如《基本准则》第 11 条规定："审计人员办理审计事项，与被审计单位或者审计事项有直接利害关系的，应当回避。"建议增加规定"有间接重大利益关系的，也应回避。"再比如《基本准则》第 23 条和第 25 条分别规定了国家审计可利用内审或社会审计结果，以及聘请专家参与某些特殊项目的审计；但未清楚说明国家审计机关及人员应对其利用他方成果所形成的审计结论负责，也未在《审计证据准则》中清楚说明哪些情况下可考虑利用他方成果，利用其作为审计证据的责任划分及应注意的问题。

（二）国家审计对舞弊的检查及报告责任评析

国家审计除效益审计（一般不负舞弊审计责任）和专门的舞弊审计（专负舞弊审计责任）外，在常规财政财务审计中，究竟应不应当对舞弊的检查和揭露负有责任？如有责任，应承担多大责任？怎样做才算尽到责任，一直是所有国家审计方面的相关法规都不大正面提及而好像要回避的问题。

（1）主张明确承认国家审计对舞弊负有不可推卸的审计责任，建议在借鉴我国CPA舞弊审计准则和国外有关审计准则的基础上，全面引入舞弊及舞弊审计责任等概念，制定针对舞弊的专项国家审计准则和据此对其他准则作适应性修订，为国家审计机关及人员审计舞弊建立更实用的标准和提供更详细的指南。

（2）主张借鉴美国2002年发布的第99号CPA新舞弊审计准则的做法和GAGAS的规定，我国国家审计在查处舞弊、履行舞弊审计责任时主要应做好以下工作：

①了解舞弊环境；

②共享经验，保持职业怀疑与谨慎态度，合理运用专业判断；

③拓展询问；

④扩大识别舞弊风险的范围；

⑤强调收入确认风险；

⑥评价被审计单位有关计划和控制的适当性；

⑦对舞弊风险评估结果应作出适当的反应。

（三）国家审计风险的特殊性及其控制策略

1. 总结我国国家审计中对审计风险控制不力的主要表现为

（1）对客户重大错报风险（即固有风险 × 控制风险），即客户报表发生重大错报的可能性进行了解和评估的重视不够，花时间太少，这是根源性的审计失误。

（2）审计人员的实质性测试效率和效果不佳，在一定程度上查不出报表存在的重大错报，这是直接性的审计失误。

（3）审计人员查出重大错报而不在审计报告中反映，这是一种低级的、不可饶恕的审计欺诈行为。审计唯恐查不出，无论出于何种原因和压力，查出不报都是违背职业精神的。

（4）查出问题才在工作底稿中记录，查不出问题就不记录，使人们无法通过底稿来检查审计人员按准则规范审计的情况以及履行对舞弊等的审计责任的情况。

2. 指出了国家审计承担审计风险的方式、范围、责任种类及其社会影响等与注册会计师审计相比存在的七大区别

（1）国家审计属强制审计，这决定国家审计授权层次高、威慑力大，但对审计风险不同的客户无选择的权利。而会计师事务所对风险过大的客户可拒绝接受委托或撤销业务约定。国家审计无选择客户的权利导致每次审计都面临一定的审计风险，甚至是很大的审计风险。

（2）审计委托人不同导致承担审计风险后果的范围不同。注册会计师审计只受某客户全体股东委托，出现风险后只对利益相关方承担责任，而国家审计委托人实为全社会和全体人民，出现风险后的社会影响极大。

(3) 国家审计为不收费审计。不收费并不意味着审计责任和要求的减弱，只是决定了国家审计在出现风险后不以经济赔偿为主，而以行政处罚为主。

(4) 国家审计对象范围具有确定性。国家审计实行属地原则，这决定了国家审计应采取多种方式合理安排审计工作，保证完成法定审计任务。属于法定审计对象的任何单位，只要出现重大错报问题，国家审计就可能因未履行好法定的审计责任而承担相应的后果。

(5) 国家审计不仅有审查、报告权，还具有审计处理、处罚和移交权。国家审计权限的增加相应地增加了国家审计承担责任和风险的内容及期间。

(6) 国家审计机关属政府部门（官办），审计人员属公务员。国家审计一旦出现风险，不可能撤销某某审计机构，而只能承担其他形式的法律后果，如对个人实行降级降职乃至开除公职等处罚。因此，国家审计应特别注重控制审计人员的个人利益风险。

(7) 国家审计面临的制度风险和体制风险较大。这里的制度风险是指因国家审计准则等规范文件并没有明确界定审计责任是什么，以及怎样做才算尽到了对审计风险的控制责任等，而导致审计机关及人员承担不利后果的可能性。所谓体制风险是指因国家审计现行双重管理体制的缺陷导致审计机关和人员屈从于政府部门等外来的压力，简化审计或查出不报、大事化小、小事化了导致不利后果的可能性。地方审计机关和人员对制度风险和体制风险予以控制的难度是很大的。

3. 认为国家审计机关和人员主要应采取以下控制策略和方法

（1）认真学习和领会《审计法》的精神，明确法定审计范围和责任，合理安排和完成国家审计任务（包括聘请民间审计组织协助工作），切实避免出现审计“盲区”“盲点”和审计中的形式主义。

（2）各级审计机关应按有关规定要求，建立并有效运用质量控制制度，牢固树立审计风险意识、审计质量意识和法律责任意识，全面推行风险管理。在建立质量控制制度方面可借鉴会计师事务所的做法。

（3）执行审计的全过程应认真贯彻现行准则所规定的制度基础审计和风险导向审计理念，花大力气了解和评估客户风险，重视审计计划的编制，做到有的放矢，解决好“查不出”的难题。

（4）谨慎编写审计报告，避免产生误解。在编写审计报告及审计处理、处罚意见时要客观、公正和独立，有根有据，设法避免因制度和体制风险导致自身面临不利后果，解决好“查出不报”的难题。

（5）控制审计风险的关键在于能够查出因客户舞弊等导致的重

大错报，这要求审计机关和人员始终保持职业怀疑与谨慎态度，注重专业胜任能力和专业判断水平的提高，做好职业后续教育，加强外部同业复核，强化人力资本管理，在人才招聘和培养方面注重会计、统计、法律、工程、审计、信息技术、公共管理、经济学、社会科学及精算科学等方面知识及人才的合理配置，从容应对日益复杂的舞弊形势及环境。

(6) 应重视审计工作底稿的编制、利用及归档保管。审计人员实施的程序、发现的问题及对重大问题实施的专业判断均应有记录。工作底稿对证明审计人员已履行职责，特别是在控制风险方面已尽到责任具有直接作用。保持完整、规范的审计记录是控制审计风险的一个重要手段。

（四）国家审计机关质量控制制度的完善思路

我国《国家审计基本准则》第七条虽然规定，“审计机关办理审计事项应当具备健全的审计质量控制制度和执法过错责任追究制度”，但仍有大量质量控制的基础工作都未做或未做好，致使国家审计的质量控制成为“软约束”，随意性大，效果很差。

1. 国家审计机关实施质量控制的三大前提

我国国家审计机关质量控制要真正取得成效，必须依次做好以下三项最基础性的工作：

(1) 进一步修订和完善现行国家审计准则，为评判和控制审计质量提供有效且易操作的客观标准。无审计准则，质量控制便成为空中楼阁。

(2) 国家审计署应尽快制定《国家审计质量控制基本准则》及其具体准则，对质量控制提出要求。

(3) 各审计机关制定适合于本机关的质量控制制度。如果审计机关连质量控制制度都没有，就谈不上什么质量控制。

2. 抓紧制定国家审计质量控制准则

我们认为，我国《国家审计质量控制基本准则》应规定审计机关合理制定和运用两个层次的质量控制政策与程序：

(1) 审计机关全面质量控制政策与程序，以使所有审计工作符合审计准则要求；

(2) 审计项目质量控制程序，以使各项目工作遵照审计准则进行。控制政策是指审计机关为确保审计质量符合审计准则的要求而采取的基本方针与策略，而控制程序是指审计机关为贯彻执行质量控制政策而采取的具体措施与方法。审计署在制定质量控制基本准则后，还应制定质量控制具体准则，以便为各审计机关制定质量控制制度提供更具体指导。

3. 进一步完善审计机关质量控制制度

各审计机关不应机械照搬审计署发布的质量控制准则，而应当综合考虑本机关的特点与需要，分析制定落实规定的质量控制政策和程序的具体办法，使控制制度更加有效和符合实际。

4. 积极推行外部同业复核

推行外部同业复核，以检查国家审计机关质量控制制度是否建立并有效运行，以及能否为遵循质量控制准则和适用的审计准则提供合理保证，已成为各国政府审计通行的审计质量控制的外部再控制措施。美国 GAGAS 规定，"按照 GAGAS 执业的审计组织必须至少每 3 年接受一次由独立于被复核组织的复核人进行的外部同业复核。" GAGAS 还对外部同业复核的目的、要求（有 7 点）、报告及其利用等做出了规定。我国应在条件成熟时制定国家审计的外部同业复核准则及制度，有计划地推行外部同业复核，为质量控制提供双保险措施。

（五）国家审计机关对内部审计发展的推动作用评析

1. 我国审计机关一直在推动我国内部审计的发展

审计署一成立，就大力组织开展内审工作（详见 1983 年 8 月国务院批准执行了《关于开展审计工作几个问题的请示》），1985 年 8 月，国务院又发布了《关于审计工作的暂行规定》。1989 年 12 月，审计署发布《关于内部审计工作的规定》，1992 年 1 月，审计署印发我国《1991~1995 年内部审计发展规划》。1995 年 1 月 1 日起施行的《审计法》规定，各级政府及部门、国有的金融机构和企事业单位应按国家有关规定建立健全内审制度，其内审应接受审计机关的业务指导和监督。1995 年 7 月，审计署修订了《关于内部审计工作的规定》，2003年3月审计署又修订并发布了《关于内部审计工作的规定》。与此同时，中国内部审计协会制定发布了《内部审计基本准则》、《内部审计人员职业道德规范》和10个具体准则（自2003年6月1日起施行）。这些规定和准则初步构建了中国内部审计的职业规范体系。由此可见，审计署一直在强力推动我国内审工作开展，并且审计署对内部审计的认识也经历了不断加深和校正的过程。

2.《关于内部审计工作的规定》的主要变化及其影响

2003年审计署新修订发布的《关于内部审计工作的规定》（以下简称新《规定》）总结了过去20年的经验教训，对内审体制、方针及运行和管理模式、方法等重大问题进行重新定位，这无疑会对内审发展产生直接和深远的有利影响。主要变化有：

（1）内审职能与目标。新《规定》指出内审含独立监督和评价（建设性作用），强调财务报表真实性审计、合规性审计和经营审计并重，并且强调内审就是为本单位内部管理服务，而不再直接、主要为其他单位和个人服务。

（2）审计委员会与总审计师制度。新《规定》指出只要是设立内审机构的单位，均可根据需要设立审计委员会和配备总审计师。

（3）内审体制、模式与行业管理。原规定内审实行双重管理体制（即内审既要受本单位主要负责人领导，又要接受审计机关的指导和监督）已暴露许多问题。新《规定》指出内审机构只在本单位主要负责人或权力机构领导下，按他们的要求开展工作，履行7项法定职责。国家审计机关对内审的指导、监督和管理必须通过内部审计协会进行。尽管规定内审机构还应依法接受审计机关对其业务质量的检查和评估，但审计机关已不再直接指导和监督内审工作。由此看来，我国内审将逐步走上行业自律管理和职业化发展的道路。新《规定》还规定单位拥有内审模式选择权，内审机构既可由本单位主要负责人领导，也可由单位某权力机构如审计委员会领导，而以往规定只能由单位主要负责人领导，从而较好地解决了内审人员处于两难境地的身份问题。

（4）内审环境及运行保障机制。新《规定》加大了这方面的篇幅，进一步优化了内审环境及运行保障机制。

（5）内部审计职业规范与工作要求。新《规定》指出以后改由内审协会负责制定发布内审职业规范，如审计准则和道德规范等。新《规定》要求内审机构按单位主要负责人或者权力机构的要求实施审计，并每年向其提出内审工作报告，不再要求主动向审计机关报告工作。因此，内部审计今后主要是靠每个内审人员的工作实绩在本单位树立和向全社会昭示良好的职业形象。

（六）国家审计报告准则与实务的改进设想

审计报告作为审计工作的产成品，是审计机关与被审单位和有关方面沟通的主要手段。20 年来，我国审计机关的审计报告经历了由不规范到较规范的发展过程。本文拟探讨国家审计机关财务审计报告准则及实务的改进问题，以进一步提高审计报告的规范化程度和利用价值。

1.指出国家审计报告存在的十一个问题

（1）对内报告和对外报告分离，人为地割裂了审计报告与审计意见书、决定书及建议书等之间的必然联系，使外部的审计结果使用人难以从整体上获知被审单位的审计结果。

（2）科学性和规范化程度不够，带有浓厚的“财政大检查、会计大检查”报告和处理的色彩，查出的问题一般不分大小均在报告中罗列和处理。审计报告重问题的披露处理，轻审计对象总体的评价，重违规违纪的处理，轻审计建设性作用的发挥。既使是对某单位财务审计后未发现重大问题而应鉴发标准式无保留意见审计报告，目前全国范围内的审计报告也写得五花八门、口径不一。缺乏对报告标准措辞的明确规定而影响报告的可比性和可理解性。

（3）审计报告及处理文书的定位不明确，通过阅读报告难以清楚了解该项审计业务的性质、目的、内容和范围。我国国家审计准则没有区分一般目的审计报告（即财务和合规性审计报告）与特殊目的审计报告，进而分别规定不同审计报告的撰写内容、格式及用词。西方国家大都明确规定了一般目的审计报告的标准格式及用语，方便读者了解审计目的、范围、责任、审计工作的性质及审计意见。

（4）不重视对被审财务报表整体发表审计意见，影响审计报告的使用价值。按国际惯例，一般目的审计报告必须对被审报表整体发表明确的审计意见，以方便读者据此分析判断整个报表的真实性。

(5) 对报表整体发表审计意见（评价意见）随意性大。由于国家审计准则缺少对审计意见种类、段落使用及标准用语的明确规定，致使审计评价意见的表述深受各审计机关写作偏好和审计人员性格及情感因素的影响。

(6) 实质上忽视了重要性概念在审计中的运用。多数审计机关均按《编审准则》第七条要求详细列出“审计查出的被审计单位违反国家规定的财政收支、财务收支行为的事实”，殊不知这样做便暗示读者审计机关连这类细小问题都查出处理了，因此报表中不会再有其他重要问题。其实，国家审计机关并没有如此认为。可见，事无巨细全予以报告的做法不仅加大了审计机关的责任，还容易使读者误解。

(7) 在报告中按《编审准则》第七条要求列报“被审计单位的基本情况；财政、财务隶属关系；财政收支、财务收支状况等”的做法不妥。

(8) 审计机关按《编审准则》第七条要求列报“对被审计单位提出改进财政收支、财务收支管理的意见和建议”的随意性大。现行准则并未明确规定是列报内控方面的意见和建议，还是列报遵守国家有关法规方面的意见和建议。

(9) 按《编审准则》第七条要求在报告中说明“被审计单位对

提供的会计资料的真实性和完整性的承诺情况”没有必要。

（10）按《编审准则》第七条在报告中说明“审计的范围、内容、方式、起迄时间”确有必要，但这样做很不够，应在报告中增加说明审计工作的执行标准、总责任、实施的主要程序及局限性。

（11）我国国家审计报告缺乏对有关财务报表审计责任划分的明确说明，这不符合国际惯例，也不利于保护审计机关正当权益。

2. 改进我国国家审计报告的设想

（1）修订和完善现行国家审计准则，重新界定审计报告与审计意见书、决定书和建议书等的关系，明确以审计报告为对外主体报告和控制性报告，以审计报告统帅和控制其他对外报告。

（2）在国家审计准则中区分财务审计（含合规性审计）和非财务审计，分别明确规定其审计及报告要求，并借鉴美国做法明确规定财务审计的意见类型、基本段落及标准报告的用语。

（3）在财务审计报告的内容要素中可删去“被审计单位基本情况、隶属关系及收支状况”和“被审单位对提供会计资料的真实性、合法性的承诺”等内容，增加对有关责任划分和审计工作性质及局限性等事项的说明。

（4）重新设计我国国家审计报告准则与实务时，还必须充分考虑我国国家审计体制和预算管理体制变革的要求。

（七）对我国1995年《审计法》的修订建议

1.有关国家审计领导体制。我国实行行政型国家审计体制已暴露出重大缺陷。国家审计在西方叫“政府审计”，就是审计政府，而我国国家审计事实上成为在政府领导下又去审计政府的内部审计，审计独立性和权威性无从谈起。体制问题已成为制约国家审计发展的首要问题，现有不少人提出体制改革设想。建议改革国家审计体制时，积极考虑建立立法型审计体制，并系统修订相关法规条款。

2.有关国家审计的主要职责。本研究认为政府审计的主要职责除监督国有企事业单位和重大项目外，就是监督各级政府单位的财政、财务收支及有关经济活动的真实、合法和效益。建议在修订时明确规定这一点，以体现“政府审计就是审计政府”的立法精神。

3.关于国家审计与内审、社会审计的关系。《审计法》规定审计机关对单位内审工作和社会审计的业务指导和监管职责是欠妥的。三类审计主体不存在主次和谁领导谁的问题，对注册会计师行业的监管应由《注册会计师法》规定，国家审计关键是努力做好自己的本职工作。

4.关于审计的责任划分。有关审计的责任划分是《审计法》必须规范的内容，建议修订时明确审计的责任划分。

5.关于国家审计准则等执业规范的地位。《审计法》未明确国家审计准则等执业规范的法律效力和应有的地位。

6.关于质量控制和后续教育。实施质量控制和进行后续教育是保证审计质量的重要措施。建议修订时增加“审计人员应当接受继续教育，提高业务素质”以及“审计机关应当加强内部管理，建立、健全内部质量控制制度”的规定。

7.关于法定审计任务的合理安排和保证完成。建议在“总则”或“审计机关职责”章节中，增加“审计机关应当对属于本机关审计管辖范围的审计任务做出合理安排，并采取必要措施保证完成”的规定。

8.关于国家审计计划透明度及结果公开。现行《审计法》第四章“审计机关权限”第36条规定：审计机关可以向政府有关部门通报或向社会公布审计结果，但应依法保守国家秘密和被审单位商业秘密，遵守国务院有关规定。我认为，通报或向社会公布审计结果不仅是“可以”（权限的问题），更是“应当”（职责的问题）。

9.关于审计程序。审计程序更适合作为国家审计准则规范的具体内容，建议删除《审计法》第五章“审计程序”。

10.关于法律责任。《审计法》第六章“法律责任”共9条，其中有7条是写被审单位的责任，而第48条涉及报复陷害审计人员的责任，只有第49条谈审计人员的责任。我认为，从立法基点看这样规定明显存在两大不妥：

（1）根本没有规定对审计工作承担法定领导责任的各级人民政

府和上一级审计机关的责任。

(2) 对审计主体法律责任的规定笼统抽象、轻描淡写。事实上，《审计法》能否真正落到实处，国家审计能否真正发挥作用，不仅取决于被审单位的守法自律和对审计的支持配合，更取决于审计机关（人员）、各级人民政府及上一级审计机关的态度与行为。我国国家审计开展了20年，大量事实表明，审计机关（人员）敢不敢客观公正执法，能不能实事求是报告；各级人民政府及上一级审计机关敢不敢秉公处理，能不能不干涉审计监督，已成为决定国家审计制度施行效果的最重要因素。为此，本人提出了一系列修订建议。

（八）国家审计结果公告制度的现状分析与改进建议

1. 我国国家审计结果公告制度的现状分析

目前我国有4项法规涉及国家审计结果公告问题，分别是《审计法》《国家审计基本准则》《审计署审计结果公告试行办法》和《审计机关公布审计结果准则》。从上述规定可看出，审计机关除了要向本级政府和上级审计机关及本级人大常委会报告审计结果外，还可以向社会公布审计结果。我国审计结果公告制度有以下特点：

(1) 深受现行行政型审计领导体制的影响和限制。随着审计结果公布范围的逐步扩大（审计机关→政府→人大→社会公众），公布的内容存在被层层筛选、打折和缩水的情况。重大事项和其他事项的审计结果是否向社会公布完全由政府或审计机关说了算。

（2）审计结果公告目前是“可以公布”，言外之意是“也可以不向社会公布”，这是审计机关的一种权利而不是法定责任。因此，没有明确规定哪些内容必须公布（政府及审计机关无权干涉），哪些不宜公布，从而使审计结果公告成为软约束。

（3）现行审计结果公告制度从实质控制权看，更像是为政府考虑和服务，而不是从根本上为社会公众服务。

（4）从实际操作看，政府特别是审计机关运用审计结果公布的审批权所承担的执政风险和个人风险很大。现有法规一方面消极、被动地提出公布审计结果的一些要求，另一方面又强硬、笼统地规定公布审计结果要充分考虑可能产生的社会影响，对不宜公布的内容必须删除或修改，擅自发布公告的应依法追究有关单位和个人的责任。另外，现行法规没有规定必须公布的内容，使政府或审计机关在公布具体内容上难以准确把握，与其公布了冒风险，倒不如能不公布就不公布。这样一来，审计机关就陷入“对得起”执业操守、个人良知以及国家和人民，而可能“对不起”个人命运的尴尬境地。

我国长期以来，审计部门和各级政府的审计结果公告数量少、透明度低，给使一些不法分子留下了可乘之机，这样不仅有损审计机关的形象，还会使国家审计监督体系局部失效，损害全社会利益。

2. 改进我国审计结果公告制度的几点建议

（1）改革我国现行的行政型国家审计领导体制。在行政型国家审计体制下，政府机关及其领导人容易干涉审计，审计机关难免看政府领导脸色行事。

(2) 修改《审计法》对审计机关向社会公布审计结果的要求，从“可以公布”改为“应当或必须公布”。

(3) 明确规定哪些内容必须公布以及怎样公布（政府及审计机关无权干涉），哪些内容不宜公布。

(4) 国家应合理规定公告的范围与形式，明确审计机关对社会公众、有关主管部门和被审计单位分别应该公开哪些内容。

(5) 审计机关向社会公布审计结果，应当坚持客观公正、实事求是、简明易懂和谨慎保密的原则。

(6) 向社会公布审计结果应在审计意见书、审计决定书等审计结论性文书生效后进行，避免出现前后矛盾、工作被动的局面。

(7) 不能把公告写成审计信息报道，也不能把审计系统内部的审计情况通报、要情反映、简报和参阅资料等作为审计结果公告。

（九）国家审计机关执行经济责任审计的思考

1. 经济责任审计的性质问题

我们知道，审计的产生和发展与受托经济责任有着内在的客观联系。从根本上讲，各种类型的审计均可称为经济责任审计，是经济责任审计的特殊表现形式。国外很难找到直接以经济责任审计命名的审计种类。我认为任期经济责任审计作为经济转轨时期的一种制度安排，属于“特殊目的审计业务”，只能在力所能及的情况下尽量满足干部管理和监督的需要。

2. 经济责任范围和审计范围的确定问题

中共中央办公厅和国务院办公厅发布的规定对领导干部和企业领导人员的任期经济责任进行了定义，认为经济责任包括主管责任和直接责任。审计署发布的《经济责任审计规定实施细则》又进一步细化了直接责任，但未明确界定“经济责任”这一概念。审计实践中往往把经济的概念界定得很大，除中共中央办公厅和国务院办公厅两个规定明确的财政、财务收支的真实、合法、效益及其经济活动以外，还把廉政、执行国家政策、执行审计结论、地区经济发展、目标责任完成情况等都作为经济责任的内容。然而，这些经济责任中有一部分审计机关根本无法查清，即使查清了，也没有标准来评价其履行情况的好坏。审计机关应正确对待其职责与干部管理监督部门存在的期望之间差距，不能一味地为满足组织、人事、纪检和监察部门的希望和要求，去干一些超出其法定职责范围以及无法彻底查清的事情。

3. 经济责任审计结果的合理性和有效利用的问题

审计机关应积极协调和促使有关部门最大限度地运用审计结果。审计机关应依法做到敢查、能查、敢报告、敢处理和敢移交，但从实际情况看，审计机关面临的压力还很大。受干部任免程序的限制，一些干部往往是离任后有关部门才委托审计，客观上使审计结果成了“马后炮”。另外，有些地方没把经济责任审计放到应有位置，对审计结果运用不太重视，使经济责任审计流于形式。

4. 经济责任审计的风险问题

经济责任审计的动因既有经济因素，又有政治和行政管理因素，审计的要求较高，潜在审计风险较大。经济责任审计风险较大的原因主要有审计对象的重要性和特殊性；党政（企业）领导人任期经济责任的不明确性；审计的内容多、跨期长、时间紧和要求高，以及缺少有效的操作指南。要想真正有效控制审计风险，除审计机关和人员努力外，更需要社会各方面的努力，特别是审计署应着力改善经济责任审计的体制环境和制度环境。

5. 经济责任审计的发展方向问题

从未来发展趋势看，经济责任审计将从财务和合规性审计向绩效审计过渡。在相当长的时间内，经济责任审计仍然有存在和不断加强的必要。从最终的理想状况看，我认为我国应从审计体制和制度优化，以及探索有效的干部管理和监督思路及办法两个方面入手，不再单独进行经济责任审计，而是将领导干部的考评和任免所需的其履行经济责任的证据和结果，融入审计机关按照《审计法》要求执行的法定审计之中，将对经济单位的审计与对其领导人经济责任审计有机结合，力争实现在经济单位的审计结果中显现出领导人履行经济责任的主要情况。

（十）我国审计机关开展效益审计的现状分析与未来展望

1.效益审计的现状分析

我国国家审计恢复20年来，主要开展的审计工作仍是财务和合规性审计，效益审计的开展很不理想，主要表现在：

（1）大多数审计机关并未把效益审计作为一个独立的审计类型来安排，而是在财务和合规性审计过程中顺带关注效益问题，在财务审计报告中顺带提及效益评价和管理建议。

（2）效益审计开展的范围小、层次低、手段落后，并且以事后审计居多。

（3）效益审计随意性大，并没有按《审计法》规定把效益性作为法定审计任务落到实处。

（4）即使偶有开展效益审计，但全国尚无效益审计的专项准则或指南，效益审计的规范性和可靠性难以保证。在搞好财务审计的同时，大力开展效益审计已成为国家审计的发展方向。

2.推进当前开展效益审计的有关建议

（1）审计机关应加强效益审计的学习与培训。效益审计专业性强、难度大，与传统的财务和合规性审计相比，具有目标多样化、标准模糊化、方法灵活化、评价主观化和结论非强制化等特点，对审计人员的素质要求更高。

（2）审计机关可选派一些审计人员到效益审计搞得好的国家、地区和单位去参观学习，学习效益审计的操作程序，吸取效益审计实践的有益经验。

（3）要做好效益审计的“三化”建设，力争高起点开展效益审计。

（4）要改变审计观念，在效益审计中应“重揭露问题、轻处理处罚”。

（5）充分重视和利用社会监督的作用，向社会公布效益审计结果，促使审计机关认真开展审计工作以及被审计单位采取改进措施，增强政府行为的效益意识。

3. 效益审计的发展前景

审计署《2003 年至 2007 年审计工作发展规划》提出，应着力抓好三项基础性工作（实行科学的审计管理，建立审计质量控制体系，大力推广先进审计技术方法），实行财政财务收支的真实合法审计与效益审计并重，逐年加大效益审计份量，争取到 2007 年，投入效益审计力量占整个审计力量的一半左右，各地可根据实际，研究确定自己的目标。从长远的趋势看，随着经济的发展和社会的全面进步，我国的民主政治将进一步完善，相应地我国政府效益审计也必将有一个大的发展，表现在以下方面：

（1）21 世纪政府绩效审计将同内部经营审计和注册会计师管理

审计共同构成我国多层次、全方位和有序性的效益审计体系。

（2）21 世纪政府绩效审计的目标将由单纯以经济效益为主，转变为经济效益与社会效益相结合，并且形成近期效益与可持续发展相互支持、局部效益与全局效益相协调的审计整合机制。

（3）21 世纪绩效审计将成为政府审计工作的中心，并且政府绩效审计的内容将会在经济性、效率性和效果性的基础上，向公平和环境方向拓展。

（4）政府效益审计的理论和实践将日趋完善。

（5）21 世纪随着效益审计的广泛开展，审计人员的知识结构和行为方式将产生深刻的变化。

四、环境审计研究

本人任首席专家申报获准立项的国家社科基金重大项目——“国家利益保护导向的中国环境审计体系创新研究”（项目批准号：11&ZD044）采用综合研究与典型个案相结合、实证分析与规范分析相结合、静态分析与动态分析相结合、历史分析与现实分析相结合、归纳法与演绎法相结合以及国外经验与中国实际相结合的研究方法，对环境审计理论、制度、准则及实务等开展研究。

（一）研究目的与意义

改善生态环境、加强环境保护、深化生态文明体制改革和推进“美丽中国”建设，是党的十八大和十九大对新形势下我国环境保护工作作出的重要战略部署，也是全面建设社会主义现代化强国的重大目标。从发达国家的实践看，科学、完善的环境审计体系对加强环境保护起到了不可替代的特殊作用。我国开展环境审计时间较短，虽然取得一定成效，但无论是环境审计的理论研究，还是实践探索都存在突出问题。近年来，国家发改委、质检总局、标准委和环保部等部门印发了《工业企业温室气体排放核算和报告通则》、《全国碳排放权交易第三方核查参考指南》和《24 个行业温室气体排放核算方法与报告指南》等相关文件，这些法规为我国环境审计的顺利开展奠定了良好的基础。在我国目前推进生态文明体制改革和建设“美丽中国”的进程中，如何完善环境审计理论体系、创新环境审计制度、积极有效推进环境审计实务，从而提高环境审计效率，成为迫切需要研究和解决的重大课题。基于此，本课题基于保护国家利益的视角，重点研究了我国环境审计体系的创新构建问题。

（二）研究计划执行情况

本课题按预定研究方案有序开展研究，课题组首席专家及指导的博士研究生和硕士研究生、子课题负责人及其指导的部分硕士研究生参与了课题组调研，其他课题参与者及执笔人也参与了课题调研及资料收集与整理工作。课题组成员走访国家审计署、环保部、财政部和中国注册会计师协会，赴内地10多个省份的审计厅、审计署特派办、环保厅、财政厅和注册会计师协会调研，前往20多家会计师事务所和10多家大型企业进行实地考察。通过观察、询问、现场调查、问卷调查、小型座谈会及研讨会和现场向专业人士请教等方式，收集第一手材料，必要时也通过电话、邮件、QQ和微信等方式收集相关资料，形成了200多份访谈记录和3000余份调查问卷，然后进行分类、筛选和归纳整理，形成56份调研报告，以此为基础，撰写4篇博士学位论文。

依托该重大项目的支持，课题组取得了丰硕的阶段性研究成果。课题组完成阶段性成果（含发表论文和出版著作）共86项，其中，发表学术论文76篇（包括在会计研究、审计研究、财政研究、税务研究等权威期刊发表14篇，被人大复印资料全文转载12篇，引用799篇）；子课题负责人出版与审计相关的学术专著7部；项目研究期间首席专家指导的博士学位论文中有3篇评为湖北省优秀博士学位论文。此外，还有3位子课题负责人主持完成与课题相关国家社科基金一般项目3项。首席专家、子课题负责人和其他成员主持完成与课题相关的教育部人文社科、财政部、省科技厅和省自科等省部级科研课题11项，主持完成中国注册会计师协会课题3项，主持完成市局级项目10余项。

（三）研究成果的主要内容

本研究成果包括下列内容：

第一篇环境审计理论体系研究。本课题在阐明环境审计的必要性与紧迫性，环境审计与环境保护间互动关系的基础上，重点研究如何构建环境审计理论体系（包括环境审计的理论基础和基本理论两部分）。

第二篇环境审计国际比较研究。本课题对国际组织和发达国家（美国和加拿大）及发展中国家（印度和南非）环境审计的发展进程、现状和典型案例进行梳理分析，并结合我国实际，从环境审计目标、主体及协调、客体与范围、准则与指南以及保障机制等方面提出了完善我国环境审计制度的方向性建议。

第三篇环境审计制度创新研究。在第一篇构建理论体系和第二篇国际环境审计经验借鉴的基础上，本课题着重探讨了环境审计基本制度和应用制度的创新问题，从多方面提出较为实用的创新观点。

第四篇环境审计准则研究——以温室气体报告鉴证业务为例。本课题以前三篇的相关论述为基础和指导，重点研究了注册会计师执行温室气体报告鉴证业务（含合理保证的审计业务和有限保证的鉴证业务）应遵行的准则及指南的具体条文起草问题，为财政部和审计署制定我国相关准则及指南打下坚实基础。

第五篇环境审计实务研究。本课题以前述理论、制度和准则研究为基础，分析了我国环境审计实务的现状，重点对三个重要环境审计专项（水资源审计、火力发电企业节能减排审计和碳审计）实务开展进行探讨，并提出改进环境专项领域审计的对策建议。

第六篇环境审计实证研究。本课题以企业环境绩效为切入点，在回顾已有文献和分析企业环境绩效内外部影响因素的基础上，选取我国沪深两市重污染行业样本，实证研究股价信息含量、企业内控质量、会计师事务所审计质量对企业环境绩效的影响，得出相关研究结论，并提出提高企业环境绩效的政策建议。

（四）提出的主要理论观点

1.构建环境审计理论体系。本课题认为环境审计的理论基础应包括习近平“新时代中国特色社会主义思想”和科学发展观理论、可持续发展理论、受托环保责任理论、政府公共管理理论和企业社会责任理论等重要理论。在此基础上，本课题构建了环境审计基本理论体系，其中包括界定环境审计的本质与特征；明确其目标与假设；厘清其主体、客体与范围；规范其程序、证据和报告的基本内容等。本课题组提出的“国家利益保护导向”是指“维护国家生态安全”和“保障公民环境权利”。本研究报告以“国家利益保护”为出发点构建环境审计理论体系，并将“维护国家生态安全”与“保障公民环境权利”设定为环境审计目标的最高层级。

2. 创新环境审计基本制度。本课题认为环境审计基本制度创新必须解决四个问题，即审计目标是什么；谁来审各担负什么责任；审计谁和审计什么，以及如何制定审计准则。主要观点如下：

（1）主张从最终目标、总体目标和具体目标三个层面重新设立环境审计目标，其中最终目标是保障国家生态安全和公民环境权利，总体目标是确保政府或企业环保责任的履行，具体目标是监督、鉴证和评价环境法规的遵循性、环境信息的真实公允性、环境管理及活动的绩效性。

（2）主张基于国家治理、市场治理和企业治理的新视角，科学划分国家审计机关、会计师事务所和内审机构的环境审计职责，并建立协同创新、开放共享机制。现阶段政府环境审计应以国家环境污染治理投资为切入点实施跟踪审计，在重大政策跟踪审计、领导干部经济责任审计和自然资源资产离任审计中重视检查环保责任的履行，主动加强与其他机构的合作来协同完成环境审计相关工作，并且以大国形象加强环境审计的国际合作。注册会计师环境审计应做到在财务报表审计中关注环境事项，将环境审计嵌入内部控制审计和社会责任报告鉴证中，积极探索提供碳排放等专项鉴证服务。企业内部环境审计应以环境风险控制为切入点，评价企业环境管理绩效，协助企业进行污染自治。

（3）提出合理界定环境审计客体和范围，认为环境审计范围指环境审计中监督和评价的内容，具有广泛性和延伸性，具体包括环境保护资金；环境报告或环境信息披露；环保法规、政策和制度；环境管理系统；投资项目所涉环境事项；环境事件以及公共部门或企业的环保责任等。

（4）提出准则构建应遵循“问题导向、需求驱动、实用至上、由点到面、从易到难”的原则，具体构建时要在体现国际趋同下，充分考虑国家利益保护导向。

3. 创新环境审计应用制度。主要观点如下：

（1）主张从完善立法，丰富环境审计模式类型及内涵、提升审计执行力、强化环保和审计问责、建立全国环境审计信息共享平台入手，拓宽不同主体有效开展环境审计的思路，如建议采用综合审计、主动审计、合作审计、风险导向、项目驱动和跟踪审计等审计模式，以满足不同审计目标的需要。

（2）针对环境审计特殊性，对一般审计流程作适当的延伸和有针对性的改造，凝练出环境审计战略规划制定、项目遴选立项、项目准备、项目实施、项目报告和结果后续跟踪等各流程的关键步骤和核心要点。

（3）论述传统审计技术运用于环境审计时的拓展点和关切点，探索了新型审计技术的运用条件和注意事项，如建议通过询问对象多样化、检查和观察视点发散化、分析性程序多重化、重新执行专业化和重新计算科学化等来优化传统审计方法的应用，并借助地理信息技术、环境检测技术、费用效益分析法、环境价值评估法、环境风险分析法、计算机辅助审计与数据挖掘技术等其他学科新型技术方法的应用，来获取更加充分、适当的环境审计证据。

（4）以实现环境审计目标为根本出发点，主张根据三类环境审计报告的作用，分别确定报告的内容、频率、格式、致送对象和结果公开。

（5）主张根据新时代要求，适度拓展审计成果的用途，并提出强化成果利用和转化的可行措施。

（五）提出的相关对策建议

1.制定我国温室气体报告鉴证业务准则的建议。本课题首先从我国节能减排的严峻形势和进一步发挥注册会计师专业服务功能两方面论述了制定我国温室气体报告鉴证业务准则的紧迫性。其次，根据WTO框架下的《服务贸易总协定》的规定和我国会计审计准则国际趋同的要求，借鉴《国际鉴证业务准则第3410号——温室气体报告鉴证业务》的内容，并结合我国实际，草拟我国温室气体报告鉴证业务准则及指南的全部具体条文。拟定的温室气体报告鉴证业务准则内容包括承接业务的条件；编制计划；执行风险评估和应对程序；收集充分、适当证据；评价鉴证结果；形成鉴证结论，以及编制和出具鉴证报告等。

2. 关于水资源审计的对策建议。从统计分析和问卷调查结果看，我国水环境审计开展很不乐观，存在数量少、范围窄；以政府审计为主、其他审计主体参与度不高；智力支持不足；缺乏准则和指南；评价标准模糊，以及国内和国际环境审计合作度低等问题。本课题主张根据“3E”和“5E”审计理论，运用PSR（压力—状态—响应）框架构建水环境审计绩效评价指标体系，并从社会环境、管理模式和技术协调等方面提出推动我国水环境审计实务发展的思路和政策建议。主要观点如下：

（1）水环境审计外部环境的优化思路，包括：改善水环境管理的制度安排；健全水环境管理的法律法规；促使社会公众参与水环境监督；确保水环境审计的结果公开。

（2）水环境审计监督制度的总体设计，包括：设计水环境审计监督制度的总体架构，包括建立国家审计、注册会计师审计和内部审计审计主体之间的“三位一体”监督制度，并建立审计主体与其他部门协调配合的联动机制；提出水环境审计监督制度的实施路径。

（3）水环境审计技术水平的提升建议，包括：制定水环境审计的操作指南；创新水环境审计的技术方法；采用统一组织审计项目管理方式，以及提高水环境审计的人员素质。

另外，目前审计组织因受相关制度的制约，用人渠道受限，审计人员专业知识结构过于单一，因此，建议参照国外的先进做法，成立“水环境审计咨询委员会”等技术支持机构，提供专业服务与技术咨询，帮助解决水环境审计中的技术评估等难题。“水环境审计咨询委员会”的委员们可来自水利部、环保部以及社会各界，并且应是各自领域的知名专家。

3. 关于火电厂节能减排审计的对策建议。主要观点如下：

（1）审计标准应在内部和外部标准、定性和定量标准之间作出权衡和选择。

（2）审计程序和方法必须适合行业特点，讲求针对性和有效性。

（3）必须关注选定的节能减排技术指标的合规性和科学性。

（4）火电企业节能减排成本分析要抓住各种能源消耗成本和脱硫脱硝除尘设备运行成本两项关键指标。

（5）审计报告不仅要说明节能减排目标完成情况和主要成绩，还要说明存在的主要问题（设计问题、设备问题、安装问题、运行问题、管理问题）及责任界定、节能减排潜力和改进措施。

4.关于碳审计的对策建议。主要观点如下：

（1）我国已发布24个行业温室气体排放核算和报告指南，本课题建议由财政部和国家审计署牵头，联合发改委和环保部等部门尽快制定碳排放审计制度及指南，并建立碳排放线上资料库。

（2）建议构建以碳排放、碳减排和生态文明建设为准则层的碳排放评价体系，为政府部门未来对企业碳排放情况进行检查提供参考，其中碳排放准则层由范围1、范围2和范围3的排放组成；碳减排准则层由地质碳汇和生物碳汇组成；生态文明建设准则层由生态环境建设、生态经济建设、生态文化建设三层次组成。

（3）建议政府部门采取切实有效措施，引导企业采用多种碳减排策略，鼓励企业利用碳市场交易获得额外收益，形成绿色产值等新兴绿色经济创收形式，增强企业的环保动力。

（4）通过实证研究认为企业增加碳减排投资、设立环境管理机构、获得ISO14000认证，以及政府增大碳排放管制强度，是降低企业碳排放的有效途径。

5.关于提高重污染行业企业环境绩效的对策建议。在实证检验企业环境绩效的股价信息含量、企业内部控制质量和会计师事务所审计质量对重污染行业企业环境绩效的影响基础上，提出如下对策建议：

（1）健全政府部门对重污染行业环境监管的制度与方法，如细化重污染行业排放标准与污染费征收标准，变事后处罚为事前监管等。

（2）提高环境产业管理水平，如注重研发、创造价值；提升技术、提高效率；行业细分、生态发展；产业重构和提高行业竞争力。

（3）推动资本市场绿色融资的开展，形成绿色消费理念，优化重污染企业环境绩效激励机制。

（4）完善企业环保内部控制，提高重污染企业内部环保审计质量。

（5）增强会计师事务所环境风险意识，提高其环境审计质量。

（六）成果的学术价值与应用价值

1.理论与学术价值

本课题研究运用经济学、管理学、法学和政治学等多学科理论，以习近平“新时代中国特色社会主义思想”和科学发展观理论、可持续发展理论、受托环保责任理论、政府公共管理理论和企业社会责任等理论为基础，以现代审计学理论为依托，紧扣“环境”主题，结合“环境”特性，阐释了环境审计的概念、本质、特征和假设，重构了环境审计的目标、主体、客体和范围，规范了环境审计的程序、证据和报告，从而构建了全面、系统的环境审计基本理论。本课题研究的成果将解决我国长期以来环境审计理论不成系统，难以有效指导环境审计实践的重大问题，具有重要理论意义与学术价值。

2. 政策价值

本课题在构建的环境理论体系指导下，借鉴国外环境审计制度建设经验，针对我国环境审计实践现状，创建具有中国特色的、体现国家利益保护导向的环境审计基本制度与应用制度，拟定我国温室气体报告鉴证业务准则。随后，本课题相关研究成果将以专题调研报告和政策咨询报告的形式，提交审计署与中国注册会计师协会等相关决策部门，为其制定环境审计法律法规、出台环境审计准则指南、完善环境信息披露制度、设计环境绩效评价指标体系，以及建立环境问责机制等提供智力支持。

3. 实践价值

本课题构建的环境审计运行制度与准则体系旨在为我国环境审计实践提供规则性和技术性支持。本课题还以我国公众较关注的三大环境审计实务难题（即水资源环境审计、火电厂节能减排环境审计和碳排放审计）为环境审计突破口，研究所构建的环境审计运行制度的具体运用，并分别提出较为可行的针对性建议，为政府审计机关、会计师事务所和企业内部审计部门开展相关环境审计实践活动提供直接依据和具体指导。

五、慈善审计研究

党的十八大和十九大把解决民生问题放在十分重要的位置，而支持慈善事业的健康发展，以及建立健全具有中国特色的社会保障体系又是解决民生问题的基础工作之一。慈善捐赠作为社会资源的第三次分配形式，具有市场机制与政府调节所无法取代的功能，有利于优化资源配置、调节贫富差距以及促进社会良性运行与和谐发展。然而，我国慈善捐赠在连续遭遇一系列丑闻事件重创后骤减，由媒体掀起的问责风暴将“慈善透明”和“慈善组织监管”问题推到了社会公众面前。本人带领的以中南财经政法大学会计学院陈丽红教授、博导为核心的研究团队，在对我国慈善组织发展历程、信息披露与审计监管现状进行详尽分析的基础上，借鉴国外慈善组织信息披露与审计监管经验，手工收集2006~2012年我国慈善基金会的相关数据，系统研究了我国慈善组织信息披露的影响因素与经济后果、审计师选择的影响因素与经济后果，以及会计信息对慈善捐赠决策的影响三大问题，最后提出相关政策建议。上述研究成果陆续发表在《当代财经》《审计研究》和《会计研究》等期刊。

（一）慈善组织信息披露的影响因素与经济后果研究

1. 研究背景

我国慈善组织在促进资源“第三次分配”与社会和谐发展中发挥着重要作用。截至 2013 年底，全国共有社会慈善组织 54.1 万个，慈善基金会 3496 个，民办非企业慈善单位 25.1 万个，接受的社会捐赠总量约为 954 亿元（杨团，2014）。然而，近年来，我国慈善行业不断出现负面新闻。在公众看来，慈善捐赠理应公开透明，而且信息披露是加强慈善捐赠监督的前提。中民慈善捐助信息中心发布的《中国慈善透明报告（2009~2014）》显示，2014 年度中国慈善透明指数为 44.10（总分为 100），超七成的公众对我国公益慈善组织信息披露工作不满意，而且公众最为关注的募捐成本、善款用途和项目评估等信息的披露情况很不乐观。那么，建立在市场经济发达国家基础上的信息披露影响因素及其经济后果的研究是否适用于我国慈善市场？对这一问题的回答成为我们研究的主题。

2. 理论分析与假设提出

（1）慈善组织特征与信息披露。目前研究表明，规模越大的非营利组织越愿意投入更多的人力和物力来提高信息披露质量，而规模越小的慈善组织由于在成本分配和财务报表编制等方面不具备专长（Greenlee et al.，2007），导致信息披露质量越低，为此提出假说 1：

H1：慈善组织的规模越大，其信息披露质量越好。

全国性慈善组织更倾向于通过高质量的信息披露，向捐赠者传达透明和值得信赖的信号，提出假说2：

H2：慈善组织的结构越复杂，其信息披露质量越好。

慈善组织希望通过高质量的信息披露，传递其管理高效的信号，以吸引更多的捐赠者，提出假说3：

H3：慈善组织的管理效率越高，其信息披露质量越好。

（2）信息披露与捐赠收入。社会捐赠是慈善组织最主要的收入来源，陈丽红等（2015）研究发现，捐赠决策与综合运营效率会计信息显著正相关，提出假说4：

H4：慈善组织的信息披露质量越好，其获得的捐赠收入越多。

3.研究结论与贡献

本文利用2006~2012年的慈善组织数据，进行数理统计分析，结果显示：

（1）规模越大、组织越复杂、管理效率越高、资产负债率越低、成立时间越长、注册在发达地区、教育类、私募性质的慈善组织信息披露质量越好。

（2）将信息披露分解为财务信息、业绩信息和年度信息三个指标后，组织规模和组织复杂性对财务信息、业绩信息和年度信息均产生影响，但管理效率仅对财务信息和业绩信息产生影响。

（3）高质量信息披露能显著增加慈善组织的捐赠收入，尤其是财务信息和业绩信息。上述结果说明，信息披露在慈善组织资源分配中具有价值相关性。

本文的结论对于学术研究、慈善组织以及监管部门具有如下贡献：

（1）本文的发现有助于丰富慈善类非营利组织信息披露影响因素的研究，也有助于监管部门制定和完善非营利组织信息披露准则。

（2）本文发现高质量财务信息和业绩信息披露有助于吸引更多的捐赠，该结论不仅丰富了非营利组织信息披露经济后果的研究成果，也为我国慈善组织通过制定更好的信息披露策略来扩大捐赠收入来源提供了可供参考的思路。

（二）审计师选择的影响因素与经济后果研究

1. 我国慈善基金会审计监管制度背景

长期以来，我国慈善基金会实行民政部与业务主管部门“双重管理”体制。2011 年 3 月，民政部在《基金会管理条例》（修订草案送审稿）中取消了基金会业务主管单位，并明确民政部门作为登记机关履行管理和监督职能，同时还规定，所有基金会应当接受审计主管部门依法实施的审计监督。2013 年，国家发展和改革委员会推出慈善组织“直接登记注册”政策。2012 年，财政部和民政部联合出台了《关于进一步加强和完善基金会注册会计师审计制度的通知》，其中特别提到对基金会的财务管理、理事会运作和项目开展情况进行全面审计，具体包括年度工作审计、离任和换届审计以及专项审计三种审计方式。

收集的信息分析结果显示，无论是评价标准，还是事务所规模，民政部中标事务所都显著低于中注协“百强”事务所。究竟哪些基金会会选择“百强”事务所？选择“百强”事务所与民政部中标事务所是否都能实现审计治理效应？本文将对上述问题进行具体分析。

2. 理论分析与假设提出

就基金会而言，规模代表其成功实现目标和获取捐赠的能力。基金会规模越大，基金会管理人与捐赠者之间的信息不对称越严重，代理成本也越高，这时基金会管理人为了降低信息不对称，并证明较好履行了受托管理捐赠资产的责任，会倾向于选择高质量审计师以吸引更多的捐赠者。同时，规模较大的基金会也更有能力花费更多的资源去聘请高质量事务所。据此提出假设 1：

H1：其他条件不变时，规模越大的基金会越倾向于选择高质量的审计师。

我们认为，为满足不同捐赠者的信息需求，全国性基金会更倾向于通过聘请高质量的审计师，向捐赠者传达值得信赖的信号。据此提出假设 2：

H2：其他条件不变时，组织结构越复杂的基金会越倾向于选择高质量的审计师。

我们认为，当管理效率较高时，基金会更倾向于通过聘请高质量事务所向外界传递其管理效率较高的信号，以吸引更多的捐赠者。当管理效率较低时，基金会更倾向于聘请低质量事务所以掩盖其管理费用不合理或超支等低效率行为。据此提出假设3：

H3：其他条件不变时，管理效率越高的基金会越倾向于选择高质量的审计师。

我们认为，一方面，高质量的审计能降低捐赠者和基金会管理层之间的信息不对称和代理成本，有助于增强现有和潜在捐赠者对于慈善组织的信赖程度，从而吸引更多的捐赠；另一方面，经过高质量审计的慈善组织的会计信息更值得捐赠者信赖，因此捐赠者会对高质量审计后的会计信息变动反应更显著。据此提出假设4：

H4：其他情况不变时，聘请高质量审计师有助于增强会计信息与捐赠决策之间的关系。

3. 研究结论与贡献

该文利用2006~2012年的数据，对我国基金会审计师选择的影响因素及其治理效应进行了实证检验。实证发现：

（1）规模越大、组织越复杂、管理效率越高、资产负债率越高、注册在发达地区、成立时间越长、私募性质的基金会更倾向于选择“百强”事务所。

（2）选择“百强”事务所能够显著增强基金会的会计信息与捐赠决策之间的关系，且该影响主要体现为吸引国内机构捐赠者和限定性捐赠者，而选择民政部中标事务所未能显著增强会计信息与捐赠决策二者的关系。由此可见，基金会外部审计产生了治理效应，但治理效应的发挥需要依赖高质量的审计和理性捐赠者的决策。

该文的研究贡献主要体现在以下方面：

（1）学术界普遍关注营利性组织的审计师选择问题，而严重忽略了非营利组织的审计选择问题，本文有助于丰富基金会类非营利组织的审计师选择方面的研究。

（2）本文发现“百强”事务所相对于民政部中标事务所更容易发挥审计治理效应，该研究结论既丰富了非营利组织审计师选择经济后果的研究，也为民政部等监管部门完善慈善组织外部审计治理提供了新思路。

（三）会计信息对慈善捐赠决策的影响研究

1. 慈善组织发展制度背景

（1）我国公益慈善发展历程。我国慈善文化源远流长，其思想基础来源于四个方面，分别是民本思想、儒家仁义学说、佛教因果报应说和民间道教思想。新中国成立以来的很长一段时间，政府主导的官办慈善是公益慈善活动的主要特征。改革开放以来，公民自发成立的公益组织和社会服务机构大量涌现。2008 年突如其来的“汶川大地震”唤醒了我国民众的慈善热情。随着民间资本的投入越来越多，我国各类慈善组织逐渐成为我国市场经济体系的重要组成部分。2013 年，国家发展和改革委员会提出的允许慈善组织“直接登记注册”政策在十八届三中全会上得到全面肯定。从早期的“双重管理”到“直接登记注册”的改革，引发了如何提高慈善组织透明度及其监管的思考。

（2）我国慈善组织会计制度。慈善组织的收入主要来自于捐赠人的捐赠、会员缴纳的会费和向服务对象收取的服务费等，涉及的公众多，影响大。财政部于2004 年颁布了《民间非营利组织会计制度》，以提高慈善组织的会计信息质量。然而，慈善组织在执行会计制度中出现了新情况和新问题，如何修订该会计制度以及改进会计信息披露成为重要的会计改革任务。

2. 理论分析与假设提出

（1）慈善组织代理问题、会计信息与捐赠决策。该文认为会计信息有助于帮助捐赠者评价慈善组织的捐赠效率、管理效率以及募捐活动的有效性，从而减少捐赠者与慈善组织之间的信息不对称，降低逆向选择和道德风险，有助于捐赠者做出适当的捐赠决策。据此提出假说 1：

H1：其他条件不变时，慈善组织综合运营效率的会计信息越好，越能吸引更多的捐赠。

（2）会计信息与捐赠者类型。本文认为，相对个人捐赠者而言，机构捐赠者具有强大的资金实力以及信息收集和处理的优势。对于管理层发布的会计信息质量，机构捐赠者的甄别和解读能力均高于个人捐赠者。同时，机构捐赠者将捐赠作为组织战略的一部分，因此会更关注慈善组织的捐赠支出、运营管理以及募捐活动的效率，并且能够利用报纸、网络或电视等传播渠道向社会公众传递关于慈善组织开展慈善项目的信息，在一定程度上对慈善组织披露的会计信息起到了监督的作用。个人捐赠者并无强烈的动机和能力去甄别慈善组织会计信息质量。基于上述分析，本文提出假说2：

H2：其他条件不变时，机构捐赠者比个人捐赠者更加关注基金会综合运营效率会计信息质量。

（3）会计信息、审计质量与捐赠决策。该文认为高质量会计师事务所审计后的会计信息能够更好的减少信息不对称，降低慈善组织的代理成本，能够让社会公众更放心的捐款。据此提出假说3：

H3：其他条件不变时，聘请高质量会计师事务所有助于增强会计信息与捐赠决策之间的关系。

3.研究结论和贡献

本文利用 2006~2012 年的慈善基金会数据进行实证检验。结果发现：

（1）捐赠决策与综合运营效率会计信息显著正相关，将综合运营效率会计信息分解为业务活动成本率、管理费用率和筹资费用率三个指标后，发现业务活动成本率越高、管理费用率和筹资费用率越低的基金会，越能吸引更多的捐赠。

（2）将捐赠者区分为国内个人、国内机构、国外个人和国外机构四种类型，本文发现仅有国内机构捐赠者对于业务活动成本率的提高与管理费用率和筹资费用率的降低有显著反应。

（3）高质量审计能够显著增强综合运营效率会计信息与捐赠决策之间的关系，但高质量审计治理效应的发挥需要依赖国内机构捐赠者成熟和理性的决策。

本文的研究结论对于学术研究、准则制定、慈善组织以及监管机构具有如下贡献：

（1）学术界普遍关注营利性上市公司的会计信息相关性问题，而严重忽略了非营利组织的会计信息作用，本文丰富了慈善类非营利组织会计信息作用的研究，也有助于准则制定机构制定和完善非营利组织会计准则。

（2）本文发现机构和个人捐赠者对会计信息的反应存在差异，该结论为我国慈善组织针对不同捐赠者制定差异化的会计信息策略提供了可供参考的思路。

（3）本文发现高质量审计有助于吸引更多的捐赠，该结论有助于丰富非营利组织审计师选择经济后果的研究成果，也为民政部等监管部门完善慈善组织外部审计治理、促进慈善资源合理分配提供了新思路。

第三部分

学习与工作简历

一、学习简历

起止年月	学校	学习任务	任职
1972.9~1977.7	重庆市垫江县高峰镇民主村小学	小学	科代表
1977.9~1979.7	垫江县高峰镇中学	初中	科代表
1979.9~1981.7	垫江中学	高中	劳动生活委员
1981.9~1985.7	中南财经大学	本科（财务与会计专业）	学习委员
1985.9~1987.7	中南财经大学	硕士（会计学）	班长
1991.9~1994.7	中南财经大学	博士（会计学审计方向）	班长

二、培训经历

起止时间	培训班名称	培训内容
1990 年 7 月	中南财经大学青年教师暑期英语培训班（武汉）	英语听力和口语
1998 年 11 月	世界银行经济发展学院与国家经贸委联合主办的师资培训班（第一单元，武汉大学承办）	公司治理结构与企业改革
1999 年 2 月	世界银行经济发展学院与国家经贸委联合主办的师资培训班（第二单元，北京技术交流培训中心承办）	公司治理结构与企业改革
1999 年 8 月	世界银行经济发展学院与国家经贸委联合主办的师资培训班（第三单元，马来西亚）	公司治理结构与企业改革（考察学习）
2001 年 11 月	清华大学和北京国家会计学院合办独董班（北京）	独董相关知识
2012 年 3 月	深交所上市公司培训班（武汉）	董监高相关知识
2016 年 11 月	上交所 2016 年第 2 期独董后续教育班（武汉）	证券监管法规

三、工作经历

起止年月	工作单位	职称、职务
1987.7~1988.12	中南财经大学大信会计师事务所海口分所	所长助理、助教
1988.12~1992.1	中南财经大学会计系、审计教研室	助教
1992.1~1993.5	中南财经大学会计系、审计教研室	讲师
1993.5~1995.12	中南财经大学会计系	副教授（破格）
1993.5~1996.1	中南财经大学会计系、西方会计与电算会计教研室	室副主任
1993.5 至今	中南财经大学会计系	硕导
1995.12 至今	中南财经大学会计系	教授（破格）
1996.1~1999.4	中南财经大学会计系	系副主任
1999.4~2000.5	中南财经大学会计学院	副院长
1999.12 至今	中南财经大学（今中南财经政法大学）会计学院	博导
2000.5~2004.4	中南财经政法大学会计学院	副院长
2004.4~2008.4	中南财经政法大学MPAcc教育中心、会计学院	主任兼副院长
2008.4~2015.12	中南财经政法大学会计学院	院长
2016.11 至今	注册会计师行业发展研究中心（湖北省人文社科重点研究基地）	主任
1996.1 至今	财政部（参加起草、制定注册会计师行业准则等）	特聘专家
1996.10 至今	审计署（参加中国政府审计准则、指南等的起草和技术咨询等）	特聘专家
1996.1 至今	财政部、审计署、证监会、中注协、三个国家会计学院、省注协、事务所等（全国审计准则及相关知识培训班、试办CPA专门化院校审计师资培训班、会计领军班等）	特聘主讲教师

四、学术兼职

起止时间	学术兼职单位	职务
1993~1996 年	中国中青年财务成本研究会（今中国会计学会财务成本分会）	理事
1996~2006 年	中国独立审计准则组（第二至七届起草、制定准则）	资深专家
1996 年 12 月	《会计研究》编辑部	特约撰稿联络员
1997~2000 年	中国中青年财务成本研究会	常务理事
1997 年	中国内部审计学会（兼准则委员会委员）	理事
1997 年至今	湖北省审计厅	特约审计理论研究员
1997~2003 年	湖北省会计学会	理事
1999 年至今	湖北省总会计师协会	理事
1999~2004 年	中国审计学会（第四届理事会）	理事
1999 年至今	中国总会计师协会	理事
2000 年至今	中国审计学会学术委员会	委员
2000 年至今	国家审计准则技术咨询专家小组	成员
2001~2009 年	中国会计学会财务成本分会	副会长
2001~2007 年	中国会计教授会	副秘书长
2002 年	武汉市审计学会	副会长
2002 年至今	湖北省审计学会	副会长
2002 年至今	湖北省教育审计学会	顾问

续表

起止时间	学术兼职单位	职务
2003 年	中国会计准则咨询委员会	咨询专家
2003~2005 年	中国上市公司会计审计问题专家技术援助小组	技术专家
2004 年至今	中国注册会计师协会审计准则委员会	资深委员
2004 年	中国司法鉴定人职业资格证书（证号：4220042152）	司法鉴定人
2004 年至今	湖北省注册会计师协会	常务理事
2004~2010 年	湖北省会计学会	常务理事
2005 年至今	中国审计学会（第五、六、七届理事会）	常务理事
2005 年	中国内部审计协会培训委员会	委员
2005~2010 年	中国会计学会审计专业委员会	副主任委员
2005 年至今	中国审计理论课题研究与指导小组	技术专家
2006 年至今	中国注册会计师执业准则起草组	资深专家
2006 年至今	中国注册会计师执业准则指南起草组	资深专家
2006 年至今	中国企业内部控制标准委员会	咨询专家
2007~2009 年	中国注册会计师执业准则咨询指导组	专家
2008 年至今	国务院学位委员会第六、七届工商管理学科评议组	成员
2010 年至今	中国会计学会（首批）	资深会员
2010 年至今	湖北省会计学会	副会长
2010~2012 年	中国会计学会国际学术交流专业委员会	副主任委员
2010~2014 年	中国会计学会财务成本分会	会长
2010~2013 年	中国会计学会会计监督与审计专业委员会	副主任委员
2011 年	国家社科基金重大项目（11&ZD044）	首席专家
2011 年至今	中国政府审计研究中心学术委员会	副主任委员
2011 年	全国审计专业硕士教育指导委员会	委员
2011 年至今	中国审计学会教育分会	副会长
2012 年至今	中国商业会计学会	副会长
2012 年至今	中国注册会计师协会国际会计师联合会出版物翻译审核委员会	成员

续表

起止时间	学术兼职单位	职务
2013 年至今	教育部高校工商管理类专业（会计学）教学指导委员会	委员
2014 年至今	中国会计学会	副会长
2014 年至今	中国会计学会审计专业委员会	副主任委员
2014 年至今	中国会计学会财务成本分会	顾问
2015 年至今	中国企业财务管理协会专家委员会	委员
2015 年至今	中国学位与研究生教育学会审计专业学位工作委员会	副主任委员
2015 年至今	中国注册会计师协会（非执业会员）	资深会员
2017 年至今	广东省管理会计师协会专家委员会	委员
2017 年	入选中国审计博物馆第二批中国重要审计学专家名录	审计学专家

五、社会兼职

起止时间	社会兼职单位	职务
1992~2015 年	财政部注册会计师考试委员会（一直委托中南财经政法大学评阅注师考卷）	全国注师统考各科试卷阅卷和组织管理者
1995~1998 年	武汉市中级人民法院诉讼证据鉴定所	技术顾问
1995 年	财政部及中国注册会计师协会	试办CPA专门化院校审计师资培训教师
1996 年至今	财政部注册会计师考试委员会	《审计》科目教材编者、主审及审题专家
1996 年至今	财政部、审计署、证监会、中国注册会计师协会、三个国家会计学院、有关省注协及会计师事务所等	中国注册会计师执业（审计）准则及指南培训班主讲教师
1999 年	《会计研究》期刊	特约编辑
1999~2000 年	财政部注册会计师考试委员会	《审计》命题专家
2000 年至今	《会计研究》期刊	特约审稿人
2000 年至今	《审计研究》期刊	特约审稿人
2001 年	《财政监察》期刊	特约编审
2001 年至今	幸福实业、武钢股份、美好集团、连云港、湖北能源、东湖高新、凯迪生态、三特索道、九州通、星普医科、富安娜等上市公司	独立董事
2002 年至今	《湖北审计》（今《审计月刊》）期刊	编委

续表

起止时间	社会兼职单位	职务
2002 年至今	教育部学位中心	学位论文评审专家
2002~2005 年	武汉市司法会计鉴定专家委员会	副主任委员
2003 年至今	国家社会科学基金项目	审计学通讯评委
2005 年	全国优秀百篇博士学位论文	通讯评审专家
2005 年至今	《审计研究》期刊	编委
2006 年	重庆天健会计师事务所	技术顾问
2006~2009 年	湖北省、辽宁省注册会计师考前辅导班	《审计》主讲教师
2006 年至今	中南财经政法大学会计学院、湖北省审计学会、会计学会等举办的社会办学班	审计主讲教师
2007 年	杭州电子科技大学	兼职教授
2008 年	内蒙古农业大学	博士生副导师
2009 年	山西财经大学	兼职教授
2009~2015 年	湖北省会计专业高级职务评审委员会	委员、主任委员
2010 年至今	《中国社会科学》期刊	特约审稿人
2010~2011 年	《财务与会计》期刊	学术顾问
2010~2013 年	中国人民大学出版社教研服务网络	学术顾问
2011 年	郑州航空工业管理学院	兼职教授
2011 年	安徽财经大学	学术建设顾问
2014 年至今	浙江财经大学	学科建设顾问
2015 年	军事经济学院	MAud 兼职硕导

六、出国和境外访学

时间	国家或地区	访学任务	组织单位
1994.10	中国台湾	赴台湾东吴大学、淡江大学等讲学交流	中南财经大学
1995.7	中国香港	赴香港为考生作大陆CPA考前培训	中南财经大学
1997.3	美国	赴美考察（IFAC、AICPA、FASB）	财政部
1998.5	中国台湾	参加台湾东吴大学举办的“会计新环境研讨会”	中南财经大学
1999.5	新西兰、澳大利亚	赴新西兰坎特伯雷大学、澳大利亚墨尔本大学等访问交流	中南财经大学
2000.10	中国台湾	赴台湾淡江大学、政治大学、台湾大学交流	中南财经政法大学
2005.11	新西兰、澳大利亚	赴新西兰坎特伯雷大学，澳大利亚科廷大学、悉尼科技大学等讲学交流	中南财经政法大学
2007.3	中国台湾	赴台湾政治大学、台北大学、云林科技大学访问暨参加台湾地区2007年度会计学术研讨会	中南财经政法大学
2008.5	中国台湾	海峡两岸大学会计教育发展论坛讲学	中南财经政法大学
2010.3	新西兰、澳大利亚	访问新西兰坎特伯雷大学、澳洲国立大学、悉尼大学、科廷大学等	中南财经政法大学

续表

时间	国家或地区	访学任务	组织单位
2010.6	中国台湾	海峡两岸会计学术研讨会，访问台湾政治大学、云智大学、彰化师范大学等	中南财经政法大学
2011.2	澳大利亚	赴科廷大学、国立大学、悉尼大学等交流	中南财经政法大学
2012.3	美国、加拿大	赴美国梅森大学、伊利诺伊香槟分校、加拿大布鲁克大学等访问	中南财经政法大学
2012.5	中国台湾	赴彰化师范大学、云林科技大学、逢甲大学等参加现代会计论坛	中南财经政法大学
2013.3	澳大利亚	赴澳大利亚科廷大学、国立大学等访问	中南财经政法大学

第四部分

个人学术年表

會計

一、1987~1993年学术活动

1. 1985 年 7 月，中南财经大学“财务与会计”专业毕业，获经济学学士学位；因成绩优秀，被保送攻读本校硕士学位。1887 年 7 月，硕士毕业留校，受中南财经大学会计系指派，组建中南财经大学大信会计师事务所海口分所。1988 年 10 月获经济学硕士学位。1988 年底，被分配至审计教研室任教《审计学原理》《财务审计》《经济效益审计》等课程。

2. 1987 年 2 月，处女作《关于会计学科体系的探讨》发表于中国最高级别会计学术期刊《会计研究》（人大复印资料全文转载）。

3. 1987 年 5 月，参加中国人民大学会计系举办的“北京地区研究生会计理论研讨会”，并作大会交流。

4. 1987 年 12 月，中南财经大学会计系在武汉举办“第三届研究生会计学术讨论会”，本人参会并作大会交流，论文《建立会计理论结构体系的新思考》收入《全国第三届研究生会计学术讨论会专辑》（内部资料）。

5. 1989 年 2 月，第二次在《会计研究》发表学术论文，题目是《试论财务会计理论结构体系》（人大复印资料全文转载）。

6. 1991 年 9 月，考取中南财经大学会计学博士，师从杨时展教授，主攻审计学方向。

7. 1992 年 6 月，第三次在《会计研究》发表学术论文，题目是《也论会计学的理论基础》（人大复印资料全文转载）。

8. 1992 年 7 月，参加云南财贸学院（今云南财经大学）承办、在昆明召开的“全国高校（部分）会计教学研讨会”第三次年会。该研讨会由当时中南财经大学（今中南财经政法大学）会计系和湖南财经学院（今湖南大学）会计系共同发起，于 1990 年 7 月 18 日在张家界索溪峪召开第一次年会，每年一次年会，由各校轮流承办。1999 年 7 月由山西财经学院（今山西财经大学）承办第十次年会。

9. 1992 年 8 月，参加由湖南省中青年财务成本研究会和长沙中意电器集团公司主办、中国中青年财务成本研究会（今中国会计学会财务成本分会）合办、《财务研究》杂志社协办，在长沙召开的全国首届中青年财会论文“中意杯”大奖赛获奖论文颁奖大会暨学术理论研讨会，会议中心议题是“资金结构与经济效益”，交流论文《资金结构的分类及其优化策略》，荣获二等奖。会上，有幸认识中国中青年财务成本研究会时任领导刘永泽、刘明辉、陈国辉等教授，后经其推荐，加入该会，先后任理事、常务理事、副会长、会长、顾问。

10. 1992 年底，取得财政部注册会计师考试委员会颁发的注册会计师全国统一考试全科合格证，成为中国注册会计师协会非执业会员（证书编号：422009A821）。2015 年 3 月，荣获该协会第二批“资深会员”称号。

11. 1993 年 5 月，被中南财经大学破格晋升为副教授（时年 27 岁）。

二、1994~2002年学术活动

1. 1994 年 2 月，陪同中南财经大学会计系主任阎德玉教授，参加教育部和财政部共同举办、中央财经大学承办的专题研讨会，紧急部署拟于当年在全国 23 所会计学师资较强的高校，试办注册会计师专门化，培养我国具有国际水准的注册会计师后备人才。财政部每年对试办该专门化的高校提供专项资助。

2. 1994 年 5 月，陪同中南财经大学会计系主任阎德玉教授，参加教育部和财政部共同举办、上海财经大学承办的专题研讨会，讨论全国 23 所高校试办注册会计师专门化的培养方案及核心课程教材编写。会议决定以全国招标方式，择优确定九门核心课程教材的主编权。

3. 1994 年 6 月，本人投标并中标，获得全国注册会计师专门化统编九门核心课程之一的《审计》教材主编权。

4. 1994 年 6 月，中南财经大学博士毕业，获得经济学博士学位，学位论文题目是“注册会计师审计控制系统研究”。

5. 1994 年 8 月，参加中南财经大学承办、在湖北宜昌召开的“全国高校（部分）会计教学研讨会”第五次年会，并担任会务人员。

6. 1994 年 10 月，本人和中南财经大学会计系阎德玉教授、李定安教授一行，赴台湾东吴大学、淡江大学等高校进行讲学交流。

7. 1994 年底，修改后的博士学位论文《注册会计师审计控制系统研究》由东北财经大学出版社出版。

8. 1995 年 5 月，在中南财经大学召开全国注册会计师专门化统编教材《审计》初稿审定会及大学审计师资培训会，对本人主编的该教材提出修改意见和建议。会上，近 82 岁高龄的杨时展先生站立两个多小时为学员讲授审计学的重难点，本人讲解该教材编写中遇到的问题以及审计课程的教学方法。

9. 1995 年 5 月，参加中国注册会计师协会在安徽黄山举办的注册会计师全国统一考试考前师资培训。

10. 1995 年 7 月，赴香港为报名参加大陆注册会计师统考的香港考生作《审计》科目的考前培训。

11. 1995 年底，本人中标为全国首批 23 所试办注册会计师专门化的院校主编独著的教材《审计》（约 70 余万字），由经济科学出版社出版。

12. 1995 年底，被中南财经大学破格晋升为教授（时年29 岁），1996 年初的《湖北日报》以“娃娃教授”为题作了报道。

13. 1996 年，张龙平、陈建明编著的第一本全国注册会计师后续教育教材《独立审计准则导论》，由经济科学出版社出版。

14. 1996 年、1999 年、2000 年，参加中国注册会计师全国统一考试辅导教材《审计》（第 1~8 章）的编写。从那时至今，多次担任《审计》科目的教材编写、评议、主审及审题工作。

15. 1996 年至今，一直担任中国注册会计师协会举办的各类注册会计师行业培训班的主讲老师，主讲审计准则和一些审计实务专题，教学效果受到学员一致好评。

16. 1996 年至今，一直担任财政部监督检查局、证监会及三个国家会计学院、省注协及会计师事务所等举办的各类注册会计师行业及监管行业培训班、会计领军班的主讲老师，主讲审计准则和一些重大审计实务专题。

17. 1996 年 1 月 6~7 日，参加中国注册会计师协会在昆明举办的海峡两岸审计准则制定与实施研讨会。

18. 1996 年，被中国注册会计师协会聘为“中国独立审计准则组”成员，2004 年被聘为“中国注册会计师执业准则起草组”“中国注册会计师执业准则指南起草组”成员，一直参加审计准则等执业准则及指南的起草和制定工作。于2004年担任中国注册会计师审计准则委员会委员后，仍然坚持起草准则及指南。领衔的审计准则研究团队成员聂曼曼、李璐、吴琼、陈丽红、邓川、陈作习、朱锦余、柳木华等博士，也投入大量时间和精力，积极参与准则及指南的起草工作。该团队在此方面的工作任务及成果详见“第六部分　科研成果统计”中的科研项目列示。

19. 1996年12月，参加财政部注册会计师考试委员会及中注协在三亚举办的“1996年度CPA全国考试命题分析总结会”。

20. 1997年3月，受财政部指派，赴美考察IFAC、AICPA、FASB等。

21. 1997年10月~1998年12月，四次参加中国注册会计师协会在北京举办的中国独立审计准则（第三批）制定会议。

22. 1997年12月，参加财政部注册会计师考试委员会及中注协在汕头举办的“1997年度CPA全国考试命题分析总结会”。

23. 1998年3月，参加湖北省审计学会在武汉举办的审计理论与实务研讨会。

24. 1998年5月，参加台湾东吴大学在台北举办的“会计新环境研讨会”。

25. 1998年7月，参加中国中青年财务成本研究会在大连举办的年会及学术研讨会。

26. 1998年8月，同张敦力一道，参加中国内部审计学会在乌鲁木齐举办的“内部审计体制、职能、题为与作用”课题成果研讨会。

27. 1998年9月，同郭道扬教授一道，参加沈阳市审计局在沈阳举办的审计咨询研讨会。

28. 1998年9月，参加中国注册会计师协会在桂林举办的全国具有上市公司审计资格的CPA高级培训班，担任主讲教师。

29. 1998年10月，参加中国注册会计师协会在淄博举办的全国具有上市公司审计资格的CPA高级培训班，担任主讲教师。

30. 1998年10月，参加中南财经大学会计系在武汉举办的“全国会计理论与会计教育改革研讨会”。

31. 1999年、2002年，参加中国注册会计师全国统一考试《审计》科目的命题工作。

32. 1999年5月，受中南财经大学指派，赴新西兰、澳大利亚多所大学访问交流。

33. 1999年10月，参加国务院成立的全国注册会计师培训工作领导小组办公室在北京召开的“全国注册会计师专业方向核心教材修订研讨会”，会上讨论了九本核心教材（包括本人主编的《审计》教材）存在的问题及今后改进意见。

34. 1999年11月，参加审计署在北京举办的中国审计学会第四届理事会暨第四届理事会第一次（扩大）会议，当选为理事。1993年9月~1999年10月，中国审计学会第三届理事会期间，中南财经大学会计系边恭甫、李成章、张杰明三位老师任理事。

35. 1999年12月，被中南财经大学评为博士生指导教师（时年33岁）。随后，被确定为博士后联系导师。

36. 2000年至今，任中国审计学会常务理事，后被聘为《审计研究》编委会成员，国家审计理论课题研究与指导小组技术专家，教育分会副会长，并一直为国家审计规范的制定和修订提供技术咨询。此外，还主持完成多项审计署重点课题。

37. 2000年10月，受中南财经政法大学指派，赴台湾淡江大学、政治大学、台湾大学访问交流。

38. 2000年，荣获1999年度教育部首届百佳“优秀青年教师奖”称号（注：首届系从全国当年35周岁以下的教授中择优遴选，本人荣幸成为全国审计学专业教师的唯一获奖者，获奖励资助30万元）。

三、2003年学术活动

1. 2003 年 2 月 16~21 日，参加在北京召开的《中国注册会计师执业规范指南第五号——审计报告（试行）（征求意见稿）》修订会。

2. 2003 年 3 月 21 日，为上海国家会计学院与中国注册会计师协会联合在上海举办的“地方协会管理人员高层研修班”作报告，题目是《2002 年新审计准则》。

3. 2003 年 4 月 6 日，为江西财经大学会计学院师生作讲座，题目是《注册会计师审计理论和实务的最新发展》。

4. 2003 年 4 月 10~11 日，参加中国审计学会与中山大学管理学院联合在广州举办的“走向现代化的中国审计——纪念审计制度写入《宪法》20 周年”，大会交流论文题目是《我国国家审计的三大问题》。

5. 2003 年 4 月 15 日（时值非典爆发），为财政部干教中心与监督检查局主办、北京国家会计学院承办的“注册会计师行业行政监管业务培训班”，讲授审计准则执行要点与理解误区。

6. 2003 年 6 月 11 日，为武汉企业联合会举办的“推动企业内部审计工作发展培训班”，主讲“内部审计新规定”，武汉。

7. 2003 年 7 月 28 日，参加中国中青年财务成本研究会“天健杯”第四届优秀科研成果评审会，北京。

8. 2003 年 7 月 29 日，参加中南财经政法大学会计学院承办的“中国会计学会学术委员暨《会计研究》编委南方会议”，武汉。

9. 2003 年 8 月 19~21 日，参加审计署在贵阳举办的“全国审计理论研讨会”，大会交流论文题目是《我国国家审计质量的五大问题》。

10. 2003 年 9 月 20 日，为武汉市审计学会主讲“国家审计 20 年的回顾与展望”，武汉。

11. 2003 年 11 月 8 日，参加中国注册会计师协会举办的“中国上市公司会计审计问题专家技术援助小组 2003 年第 3 次会议”，北京。

12. 2003 年 11 月 20~22 日，参加湖北省审计厅举办的“纪念湖北省审计机关成立 20 周年全省审计理论研讨会”，大会交流论文题目是“修订《审计法》，势在必行”，武汉。

13. 2003 年 12 月 15~17 日，参加审计署举办的“审计法制建设理事论坛”，大会交流论文题目是“试论我国现行《审计法》的修订问题”，昆明。

14. 2003 年 12 月 17~19 日，参加财政部会计准则委员会咨询专家全体会议，大理。

四、2004年学术活动

1. 2004年2月4日，为湖北省鄂州市审计局干部职工主讲“修订《审计法》，势在必行”，鄂州。

2. 2004年2月13日，参加中国注册会计师协会举办的“中国上市公司会计审计问题专家技术援助小组2004年第1次会议”，北京。

3. 2004年3月14~16日，参加中国注册会计师协会举办的“中国上市公司会计审计问题专家技术援助小组2004年第2次会议”，上海。

4. 2004年4月10日，参加中国注册会计师协会举办的“中国上市公司会计审计问题专家技术援助小组2004年第3次会议”，北京。

5. 2004年6月18日，参加上海国家会计学院承办的全国MPAcc教学指导委员会及办学单位负责人会议，上海。

6. 2004年8月1~5日，参加安徽工业大学承办的中国中青年财务成本研究会2004年会暨第17次理论研讨会，马鞍山。

7. 2004年8月10日，参加中国注册会计师协会举办的“中国上市公司会计审计问题专家技术援助小组2004年第4次会议”，北京。

五、2005年学术活动

1. 2005 年 1 月，参加审计署在北京举办的中国审计学会第五届会员代表大会暨第五届理事会第一次（扩大）会议，当选为常务理事（第四届任理事）。

2. 2005 年 3 月 7~19 日，参加中国注册会计师协会举办的中国审计风险准则起草会，北京。

3. 2005 年 5 月 12 日，参加中国注册会计师协会举办的中国审计风险准则审定会，北京。

4. 2005 年 6 月 5 日 ~7 月 3 日，参加中国注册会计师协会举办的中国新一轮审计准则第一次起草会，北京。

5. 2005 年 7 月 20 日，为厦门国家会计学院举办的注册会计师培训班讲解审计风险准则，厦门。

6. 2005 年 7 月 25 日，参加中国审计学会常务理事会，北京。

7. 2005年8月14日~8月27日，参加中国注册会计师协会举办的中国新一轮审计准则第二次起草会，北京。

8. 2005年9月14~17日，参加中国注册会计师协会举办的中国审计准则征求意见稿国内事务所研讨会，北京。

9. 2005年9月22日，为厦门国家会计学院举办的注册会计师培训班讲解审计风险准则，厦门。

10. 2005年10月1~7日，参加中国注册会计师协会举办的中国审计准则征求意见稿修订会，北京。

11. 2005年10月13~14日，参加审计署国家审计发展战略及前沿课题专家座谈会，北京。

12. 2005年10月29~30日，参加中国内部审计协会培训委员会会议，研讨《中国内部审计协会培训委员会2006~2010年培训工作规划》《中国内部审计人员后续教育与培训课程大纲》、建立中国内部审计人员后续教育师资人才库以及如何搞好内审人员后续教育与培训和提高培训教学质量等事项。长沙。

13. 2005年11月19~20日，参加中南财经政法大学会计学院承办的中国会计学会第二届“全国审计理论与实务论坛”，武汉。

14. 2005年11月25日，为河北注册会计师协会举办的培训班，讲解“国际审计准则的最新变化及对我国的影响”，石家庄。

15. 2005 年 12 月 17~21 日和 26~27 日，参加中国注册会计师协会举办的中国审计准则第二次征求意见稿修订会，北京。

16. 2005 年 12 月 21~25 日，参加财政部高级会计人才——会计学科带头人选拔《审计》科目命题会，北京。

17. 2005 年 12 月 22 日，参加审计署“审计理论课题研究和指导小组”成立大会，本人被聘为小组技术专家，北京。

18. 2005 年 12 月 27 日，参加财政部 2005 年会计、审计准则委员会全体委员会议，北京。

六、2006~2007年学术活动

（一）学术会议

1. 2006 年 1 月 14~17 日，参加中国审计准则制定会，北京。

2. 2006 年 2 月 15 日，受邀参加在北京人民大会堂召开的财政部中国会计和审计准则体系发布会。1996 年起至今，本人一直参加审计等执业准则项目的起草和制定工作，还带领审计团队成员聂曼曼、李璐、吴琼、陈丽红、邓川、陈作习、朱锦余、柳木华等博士，参加本轮审计等执业准则体系建设中的相关审计准则的起草与制定，为我国注册会计师行业的规范化建设和执业准则的国际趋同作出了应有的贡献。

3. 2006 年 2 月 16~17 日，参加财政部高级会计人才——会计学科带头人选拔《审计》阅卷会，北京。

4. 2006 年 3 月 3 日，参加财政部高级会计人才——会计学科带头人选拔《审计》面试会，厦门。

5. 2006 年 3 月 4 日，参加《会计研究》编审工作会议，厦门。

6. 2006 年 3 月 9 日，参加中国 CPA 审计准则指南起草会，北京。

7. 2006 年 5 月 24 日 ~6 月 3 日，参加中国 CPA 审计准则指南审定会，北京。

8. 2006 年 6 月 17 日，参加中国会计学会重点课题专家鉴定会，北京。

9. 2006 年 6 月 17 日，参加中国会计学会 2005 年优秀论文评审会，北京。

10. 2006 年 6 月 18 日，参加中国中青年财务成本研究会常务理事会，北京。

11. 2006 年 6 月 18~25 日，参加中国 CPA 审计准则指南审定会，北京。

12. 2006 年 7 月 15~16 日，参加暨南大学承办的中国会计学会 2006 年学术年会，任小组主持人兼评论人，广州。

13. 2006 年 7 月 23~24 日，参加中国 CPA 审计准则指南审定会，北京。

14. 2006 年 7 月 27~29 日，参加中国海洋大学承办的中国会计学会财务成本分会 2006 年学术年会，任小组主持人和大会发言人，青岛。

15. 2006 年 8 月 3~11 日，参加中国 CPA 审计准则指南审定会，北京。

16. 2006 年 10 月 8 日，参加中国 CPA 审计准则委员会全体委员会议，北京。

17. 2006 年 10 月 28~29 日，参加中国会计学会会计新领域和环境会计委员会年会，重庆。

18. 2006 年 11 月 27~28 日，参加中国会计学会审计专业委员会学术年会，任大会主持人并作大会主题报告，报告题目是《新审计准则实施背景与要点》，成都。

19. 2006 年 12 月 15~17 日，参加湖北省高级会计职称评审会，武汉。

20. 2006 年 12 月 22 日，参加中国 CPA 审计准则委员会全体委员会议，北京。

（二）学术报告

1. 2006 年 5 月 10 日，为西南财经大学会计学院研究生作学术报告，题目是“世界现行审计理论和实务的变革问题”，成都。

2. 2006 年 6 月 5 日，为湖北省教育审计学会高校审计人员进修班作报告，题目是“新《审计法》的修订及其影响”，十堰。

3. 2006年6月16日，参加东北财经大学会计学博士学位论文答辩会，并作学术报告，大连。

3. 2006年6月21日，为中国CPA审计准则指南研讨班第一期，讲解业务质量控制准则指南，听课对象：证券资格会计师事务所技术合伙人，北京国家会计学院。

4. 2006年6月29日，为中国CPA审计准则指南研讨班第二期，讲解业务质量控制准则，听课对象：证券资格会计师事务所技术合伙人，北京国家会计学院。

5. 2006年7月21~22日，为中国CPA执业准则全国培训班第1期，讲解违反法规行为和分析程序准则、审计质量控制准则，听课对象：证券资格会计师事务所技术合伙人、省注册会计师协会监管人员和师资、CPA培养院校师资，北京国家会计学院。

6. 2006年7月25~26日，为中国CPA执业准则全国培训班第2期，讲解违反法规行为和分析程序准则、审计质量控制准则，听课对象：证券资格会计师事务所技术合伙人、省注册会计师协会监管人员和师资、CPA培养院校师资，上海国家会计学院。

7. 2006年8月5日，为中国注册会计师协会中国CPA执业准则远程教育班，讲解审计质量控制准则，听课对象：证券资格会计师事务所技术合伙人、省注册会计师协会监管人员和师资、CPA培养院校师资，北京注册会计师协会远程教育会议室。

8. 2006年8月20日，为广州华天会计师事务所员工，讲解风险评估和风险应对准则，广州。

9. 2006年8月25~26日，为中国CPA执业准则全国培训班第3期，讲解违反法规行为和分析程序准则、审计质量控制准则，听课对象：证券资格会计师事务所技术合伙人、省注册会计师协会监管人员和师资、CPA培养院校师资，厦门国家会计学院。

10. 2006年9月10日，为河南省注册会计师协会主任会计师班，讲解审计准则框架及业务质量控制，郑州。

11. 2006年10月13日，为中国CPA执业准则全国培训班第4期，讲解审计质量控制准则，听课对象（约600人）：证券资格会计师事务所技术合伙人、省注册会计师协会监管人员和师资、CPA培养院校师资，上海国家会计学院。

12. 2006年10月15日半天，为广东省注册会计师协会承办的中国CPA执业准则全国远程培训班第4期（现场约600人），讲解业务质量控制，珠海。

13. 2006年10月17日全天，为河北省注册会计师协会承办的中国CPA执业准则主任会计师培训班（约600人），讲解风险评估与风险应对准则，石家庄。

14. 2006年10月28日下午，为重庆天健会计师事务所全体员工讲解审计准则框架背景、风险评估与应对准则，重庆。

15. 2006年11月1日全天，为广州注册会计师协会举办的审计准则培训班（约600人），讲解审计准则框架背景、风险评估与应对准则，广州。

16. 2006年11月5日全天，为北京市注册会计师协会举办的中国CPA执业准则培训班（260人），讲解业务质量控制、期初余额和比较数据准则，上海国家会计学院。

17. 2006年11月15日全天，为中国CPA执业准则全国培训班（约300人），讲解业务质量控制、期初余额和比较数据准则，上海国家会计学院。

18. 2006年12月5日上午，为湖北阳光会计师事务所全体员工，讲解新审计准则框架背景和改进要点，武汉。

19. 2006年5月9日晚上，为江西财经大学会计学院研究生作学术报告，题目是“新审计准则与审计理论变革问题”，南昌。

20. 2007年12月5日，为湖北大信会计师事务所全体员工准则培训班，讲解新审计准则框架背景和改进要点，武汉。

七、2008~2009年学术活动

1. 2008 年至今，由国务院学位委员会第四、五届工商管理学科评议组成员，中南财经政法大学会计学院郭道扬教授推荐，学校同意，经国务院学位委员会批准，担任第六届、第七届工商管理学科评议组成员。本人积极参加工商管理学科评议组的每次会议并认真完成布置的工作。

2. 2008 年 4 月，作为中南财经政法大学会计学院时任院长，承办并参加审计署主办的“国家审计免疫系统论学术研讨会”，并作学术报告，题目是“国家审计免疫系统论的哲学思考”，武汉。

3. 2008 年 5 月，参加南京大学承办的中国会计学会审计专业委员会 2008 年年会，南京。

4. 2008 年 6 月 3 日，参加中国会计学会新一届理事会即第七届理事会专业委员会首次主任工作会议，北京。

5. 2008 年 7 月，参加湖南大学承办的中国会计学会会计教授会学术年会，长沙。

6. 2008 年 8 月，参加财政部注册会计师审计准则制定专家第一次会议，北京。

7. 2008 年 11 月，参加财政部注册会计师审计准则制定专家第二次会议，北京。

8. 2008 年 12 月，参加财政部注册会计师审计准则制定专家第三次会议，北京。

9. 2008 年 10 月，参加审计署国家审计准则咨询专家会议，北京。

10. 2008 年 11 月，参加山西省注册会计师协会、山西兴华会计师事务所和《会计之友》杂志社联合承办的“企业内部控制与风险管理论坛”，并作大会主题报告，题目是“企业内部控制审计问题”，太原。

11. 2008 年 11 月 24 日，为审计署正厅局级干部“牢固树立科学审计理念，充分发挥‘免疫系统’功能”专题研讨班作学术报告，题目是“审计理论的创新：‘免疫系统论’产生的理论基础”，北京怀柔审计署培训基地。

12. 2008 年，作为中南财经政法大学会计学院时任院长，承办并参加海峡两岸大学会计教育发展论坛，并作学术报告，题目是“我校会计教育：问题与改革”，武汉。

13. 2008 年，参加中南财经政法大学会计学院和澳大利亚科廷大学联合举办的“2008 年中澳会计与财务国际学术研讨会”，并作学术报告，题目是“审计准则制定质量评价问题”，武汉。

14. 2008~2013 年，多次参加哈尔滨商业大学等承办的中国会计学会审计专业委员会学术年会，并作学术报告，哈尔滨等。

15. 2008~2013 年，多次参加中南财经政法大学会计学院等高校承办的中国会计学会会计教育分会学术年会，武汉等。

16. 2008~2013 年，多次参加财政部CPA执业准则（含审计准则）制定专家研讨会，北京等。

17. 2008~2013 年，多次参加审计署国家审计准则咨询专家会议，北京。

18. 2008~2015 年，作为中南财经政法大学会计学院时任院长，兼任中南财经政法大学全国注册会计师阅卷领导小组办公室主任，积极协调工作，在学校领导的指导下，在校内有关部门和人员的大力支持下，每年都按时、保质保量完成财政部及中国注册会计师协会委托给我校的阅卷任务。

19. 2008~2017 年，作为中国注册会计师审计准则委员会委员，积极参加并认真完成中国注册会计师协会组织的《会计师事务所财政支出评价业务指引》《高等学校财务报表审计指引》《新审计报告准则》（含7个准则）及其《应用指南》的咨询和审定工作。

20. 2009年，作为中南财经政法大学会计学院时任院长，承办并参加中国会计学会财务管理专业委员会学术年会，并担任论文评论人和主持人，武汉。

21. 2009年8月26日，作为中南财经政法大学会计学院时任院长，承办并参加财政部政府会计改革研讨会，并作报告，题目是“政府审计与政府会计的关系”，武汉。

22. 2009年12月30日，参加审计署在北京举办的中国审计学会第六届会员代表大会暨第六届理事会第一次（扩大）会议，继续当选为常务理事。

八、2010年学术活动

1. 2010 年 1 月 8 日，参加湖北省会计学会学术年会，武汉。

2. 2010 年 1 月 22 日，参加湖北省审计学会学术年会，武汉。

3. 2010 年 1 月 25 日，参加审计署重点课题中期检查会，北京。

4. 2010 年 3 月 6~7 日，作为中南财经政法大学会计学院时任院长，承办并参加财政部政府会计改革会议，武汉。

5. 2010 年 3 月 9~19 日，赴新西兰坎特伯雷大学及澳大利亚国立大学、悉尼大学和科廷大学等访问交流。

6. 2010 年 4 月 15 日，为浙江财经大学会计学院师生作讲座，题目是“我国政府审计的变革问题”，杭州。

7. 2010 年 4 月 17 日，参加杭州电子科技大学承办、天健会计师事务所协办的中国会计学会审计专业委员会学术年会，杭州。

8. 2010年4月20日，为中南财经政法大学会计学院承办的深国投公司财务骨干班作讲座，武汉。

9. 2010年6月6~10日，参加台湾学术研讨会，访问云智大学、彰化师范大学等，台湾。

10. 2010年7月3~4日，参加西南财经大学会计学博士学位论文答辩，成都。

11. 2010年7月10~11日，承办并参加中国会计学会财务成本分会学术年会暨理论研讨会，武汉。

12. 2010年8月1日，为中国人民大学出版社举办的暑期师资培训班作讲座，珠海。

13. 2010年8月6日，参加中国会计学会会计监督与审计专业委员会举办的总会计师制度修订研讨会，并作大会发言，大庆。

14. 2010年8月12~13日，参加中国注册会计师协会举办的注册会计师行业发展研讨会及电视访谈节目，并担任访谈嘉宾，北京。

15. 2010年10月30~31日，参加财政部注册会计师审计准则委员会会议，审议新审计准则，北京。

16. 2010年11月4日，参加中国会计学会对外学术交流专业委员会会议，北京。

17. 2010 年 11 月 13~14 日，参加重庆理工大学承办的中国会计学会理工科院校分会学术年会，并作大会主题报告，重庆。

18. 2010 年 11 月 20 日，参加湖北省会计学会主办的内部控制研讨会，武汉。

19. 2010 年 12 月 20 日，为广西建行系统财会审骨干班讲解内部控制问题，南宁。

20. 2010 年，作为国家审计准则技术咨询小组专家成员，参加 2010 年 9 月 14 日发布的中华人民共和国审计署令第 8 号——《中华人民共和国国家审计准则》的技术咨询会议，北京。

九、2011年学术活动

1. 2011 年 2 月 19~27 日，访问澳大利亚科廷大学、悉尼大学、国立大学等。

2. 2011 年 3 月 18 日，参加全国审计专业硕士学位教育指导委员会成立会议，本人被聘为该委员会委员，北京。

3. 2011 年 3 月 29 日，参加中国注册会计师协会继续教育工作会议，北京。

4. 2011 年 4 月 28 日，参加杭州电子科技大学会计学院承办的中国会计学会财务成本分会研讨会，探讨建立总会计师资格认证制度的可行性，并作大会主题报告，杭州。

5. 2011 年 5 月 16 日，为全国注册会计师骨干培训班，讲解《企业内部控制审计》准则，厦门国家会计学院。

6. 2011 年 5 月 17 日，为全国总会计师骨干培训班，讲解《企业内部控制审计》准则，厦门国家会计学院。

7. 2011 年 5 月 23 日上午，为全国注册会计师骨干培训班，讲解《企业内部控制审计》准则，北京国家会计学院。

8. 2011 年 5 月 23 日下午，为全国总会计师骨干培训班，讲解《企业内部控制审计》准则，北京国家会计学院。

9. 2011 年 6 月 4~5 日，参加东北财经大学承办的国务院学位委员会第六届工商管理学科评议组全体成员会议，大连。

10. 2011 年 6 月 13 日，为全国注册会计师骨干培训班，讲解《企业内部控制审计》准则，上海国家会计学院。

11. 2011 年 6 月 24 日，为北京注册会计师协会承办的全国注册会计师远程教育培训班，讲解《企业内部控制审计》准则，北京。

12. 2011 年 7 月 16~17 日，参加哈尔滨商业大学承办的中国会计学会财务成本分会学术年会，哈尔滨。

13. 2011 年 8 月 1 日，参加审计署举办的全国 MAud 教育指导委员会会议，北京。

14. 2011 年 8 月 5 日全天，为全国注册会计师骨干和证监局工作人员培训班，讲解审计准则执行及责任问题，北京国家会计学院。

15. 2011 年 9 月 15 日下午，和课题组成员李长爱教授、李璐教授、吕伶俐副教授一道，乘坐飞机抵达北京，参加2011年9月16日上午、在北京西苑宾馆举行的，2011年第一批国家社科重大项目入围答辩会。按规定，只允许申报重大项目时填写的首席专家本人和一位助手，进入宾馆及答辩现场，李璐教授担任我的助手。该重大项目名称是《国家利益保护导向的中国环境审计体系创新研究》（编号：11&ZD044），2011年11月获准立项。

16. 2011年9月22日，参加审计署举办的“国家审计与国家治理”研讨会，北京。

17. 2011年10月9日下午，作为中南财经政法大学会计学院时任院长，本人和许家林教授、冉明东副教授等一道，陪同本院郭道扬教授，乘坐飞机抵达北京，参加于2011年10月10日上午、在北京西苑宾馆举行的，2011年第二批国家社科重大项目入围答辩会。按规定，只允许申报重大项目时填写的首席专家郭道扬教授和一位助手（许家林教授担任）进入宾馆及答辩现场。本人目送他俩进入西苑宾馆后，随即赶赴机场飞往重庆，讲授次日中国注册会计师协会在渝举办的远程教育视频公开课。该重大课题名称是“中国会计通史系列问题研究”（编号：11&ZD145），2011年11月获准立项。至此，我院于2011年共获得两项国家社科重大项目立项，实现了中南财经政法大学会计学院科研攻关的历史性突破。

18. 2011年10月11日，讲授中国注册会计师协会在重庆举办的远程教育视频公开课。

19. 2011年10月15日，参加中南财经政法大学会计学院和三峡大学联合承办的、中国会计学会环境会计专业委员会年会暨研讨会，宜昌。

20. 2011年10月19日，参加澳大利亚国立大学举办的“2011年中澳会计与财务国际学术研讨会”，并作学术报告，题目是《审计质量衡量方法探讨》，北京。

21. 2011年10月29日，参加南京审计大学举办的审计理论研讨会，并作大会主题报告，南京。

22. 2011年11月8日，为安徽财经大学会计学院师生作讲座，蚌埠。

23. 2011年11月18日，参加西南财经大学举办的“国家审计与国家治理”研讨会，成都。

24. 2011年12月14日，为华中科技大学会计系师生作学术报告，武汉。

25. 2011年12月17日，参加东北财经大学会计学博士生答辩，并作学术报告，大连。

26. 2011年12月29日，参加“武汉▪中国光谷自主创新会计服务示范基地签约揭牌仪式”，仪式上，本人应邀为到会的企业家作了题为“企业家与注册会计师”的专题报告。中国注册会计师协会秘书长出席仪式并发表讲话，武汉。

十、2012年学术活动

1. 2012年1月7日，参加中国审计学会常务理事会，北京。

2. 2012年3月9~20日，赴美国梅森大学、伊利诺伊香槟分校、加拿大布鲁克大学等访问交流。

3. 2012年4月9日，为中南财经政法大学会计学院承办的安徽省六安市财政局业务骨干班作讲座，武汉。

4. 2012年4月14日，承办并参加财政部政府会计改革研讨会，武汉。

5. 2012年4月24日，参加湖北省人大预算工委承办的、全国人大预算工委在武汉召开的"《注册会计师法》修改座谈会"，会上作专题发言，并提交书面的修改意见和建议。

6. 2012年5月1日，承办并参加中国会计学会会计史专业委员会年会预备会，武汉。

7. 2012 年 5 月 10 日下午，为南京财经大学会计系师生作学术讲座。

8. 2012 年 5 月 19~20 日，参加中国会计学会主办、南京理工大学承办的财务成本分会年会及学术研讨会，南京。

9. 2012 年 5 月 23~30 日，参加台湾彰化师范大学、云林科技大学、逢甲大学联合举办的“2012 现代会计论坛学术研讨会及环台学术交流”。

10. 2012 年 6 月 7 日，应邀参加中国证监会行政处罚委员会在北京召开的、某公司涉嫌虚假陈述专家咨询会，担任本次专家咨询会专家委员。

11. 2012 年 6 月 8 日，作为特邀的三位会计理论界代表之一，参加财政部会计司主办、上海国家会计学院承办的会计改革与发展座谈会，上海。

12. 2012 年 6 月 22~23 日，参加厦门大学承办的国务院学位委员会第六届工商管理学科评议组全体成员会议，厦门。

13. 2012 年 7 月 11 日，为湖北省教育厅举办的培训班作讲座，武汉。

14. 2012 年 7 月 25 日，作为副主任委员，参加中国会计学会对外学术交流专业委员会工作会议，北京。

15. 2012年8月13日，参加山东财经大学工商管理及会计学科建设研讨会，济南。

16. 2012年8月18日，参加中国商业会计学会年会暨换届大会，并作大会主题报告，会上当选为副会长，长沙。

17. 2012年9月6日，为哈尔滨商业大学会计学院师生作讲座。

18. 2012年9月23~25日，参加厦门国家会计学院承办的海峡两岸会计学术论坛，厦门。

19. 2012年9月25日，参加厦门国家会计学院承办的中国会计学会对外学术交流专业委员会会议，厦门。

20. 2012年10月18日，为厦门国家会计学院承办的广东交通集团内审监察部人员培训班作讲座，厦门。

21. 2012年10月31日晚，中南财经政法大学会计学院第二届大学生财会学术文化节拉开帷幕，本人作为时任院长受邀担纲首场"财会院长讲堂"，讲座题目是"大学生'五力'培养"，听课对象：学院2012级全体新生。

22. 2012年11月2~4日，参加全国MPAcc教学指导委员会主办、杭州电子科技大学承办的2012年度全国MPAcc财务会计与审计教学研讨会，杭州。

23. 2012年11月3日上午，为杭州电子科技大学会计学院师生作讲座。

24. 2012年11月5日，受邀为天健会计师事务所全体合伙人和主要业务骨干作讲座，题目是《浅谈中国会计师事务所国际化发展问题》，杭州。

25. 2012年11月10日，作为中南财经政法大学会计学院时任院长，承办并参加中国会计学会对外学术交流专业委员会年会，并作学术报告，题目：国际化会计研究人才培养问题，武汉。

26. 2012年11月29~30日，参加由中国会计学会主办、重庆市会计学会和重庆三峡学院承办的“2012中国会计高层论坛”，并作大会主题报告，万州。

27. 2012年12月2~3日，承办并参加澳洲国立大学主办的“第四届中澳研究生会计、财务管理与统计论坛”，武汉。

28. 2012年12月8~9日，为安徽财经大学会计学院教师作讲座，题目《国家“两金”课题申报问题》，并参加硕士学位论文答辩，蚌埠。

29. 2012 年 12 月 11 日上午，参加中国会计学会起草的《中国优秀会计论文评选办法》草案的专家研讨论证会，北京。

30. 2012 年，本人领衔申报的《审计学》课程，被湖北省教育厅批准为“湖北省精品资源共享课”。

十一、2013年学术活动

1. 2013 年 1 月 10 日，参加江苏省学位办硕士点培育验收评审会，南京。

2. 2013 年 1 月 26~27 日，参加湖北省高级会计职称评审会，武汉。

3. 2013 年 3 月 21~27 日，赴澳大利亚科廷大学、澳洲国立大学等访问交流。

4. 2013 年 4 月 9 日，为中南财经政法大学会计学院承办的安徽省六安市审计局业务骨干培训班作讲座，武汉。

5. 2013 年 4 月 20~21 日，参加审计署主办、南京审计大学承办的“中国特色社会主义审计理论体系研讨会”，并作大会主题报告，南京。

6. 2013 年 5 月 17 日，参加中国会计学会专题研讨会，北京。

7. 2013 年 5 月 18~19 日，参加中南财经政法大学会计学院举办的会计国际学术研讨会，武汉。

8. 2013 年 5 月 21 日，参加山东工商学院承办的中国会计学会财务成本分会学术年会及理论研讨会，烟台

9. 2013 年 5 月 23 日，为中山大学会计系师生作讲座，题目是《审计理论研究反思：现状与出路》，广州。

10. 2013 年 5 月 26 日，为暨南大学会计系师生作讲座，题目是“会计师事务所发展问题研究”，并参加博士学位论文答辩，广州。

11. 2013 年 5 月 27 日，为中南财经政法大学会计学院承办的铁道部高级会计人才培训班作讲座，题目是《企业内部控制问题》，武汉。

12. 2013 年 6 月 9~10 日，参加西南财经大学承办的国务院学位委员会第六届工商管理学科评议组第三次全体会议，成都。

13. 2013 年 6 月 14 日，参加武汉纺织大学承办的湖北省会计学会课题评奖会，武汉。

14. 2013 年 6 月 15 日，参加中南财经政法大学会计学院承办的全国 MPAcc 教学管理研讨会，武汉。

15. 2013 年 7 月 14 日，参加西安交通大学承办的新一届教育部

工商管理专业教学指导委员会成立大会及研讨会，被聘为该委员会委员，西安。

16. 2013 年 8 月 3~4 日，参加安徽工业大学承办的中国商业会计学会年会及研讨会，马鞍山。

17. 2013 年 9 月 14 日，参加中国会计学会主办、中南财经政法大学会计学院和湖北民族学院经济与管理学院联合承办的中国会计学会会计教育分会常务理事会，恩施。

18. 2013 年 10 月 11 日，参加中国会计学会主办、中南财经政法大学会计学院承办的中国会计学会会计史专业委员会年会暨研讨会，武汉。

19. 2013 年 10 月 22 日，参加中国注册会计师协会举办的 CPA 院校与行业共享共建远程视频会议，并作大会主题报告，武汉。

20. 2013 年 11 月 22 日，参加湖北省会计学会主办、武汉纺织大学承办的湖北省会计学会学术年会及研讨会，武汉。

21. 2013 年 11 月 29 日，承办并参加清华大学出版社主办的中国高水平会计教材编写研讨会，武汉。

22. 2013 年 12 月 2 日，参加中国审计学会主办的《审计研究》编辑委员会会议，北京。

十二、2014年学术活动

1. 2014 年 1 月 11 日，参加中国会计学会会议，中国会计学会换届选举，当选为中国会计学会副会长，北京。

2. 2014 年 3 月 1~2 日，参加中国注册会计师协会组织的全国注册会计师职业资格考试大纲和《审计》教材的审定会，北京。

3. 2014 年 3 月 14 日，参加中国会计学会首批“会计名家”培育对象工作研讨会，北京。

4. 2014 年 4 月 2~3 日，参加审计署中国审计博物馆建设会议，南通。

5. 2014 年 5 月 12~14 日，参加审计署举办的“海峡两岸政府审计研讨会”，并评论一台湾学者发表的论文，泰安。

6. 2014 年 5 月 17~18 日，作为中南财经政法大学会计学院时任院长，承办并参加中国会计学会《会计研究》英文版国际研讨会，武汉。

7. 2014 年 5 月 28 日，参加中央企业会计学会会议，武汉

8. 2014 年 6 月 7 日，为中南财经政法大学会计学院承办的安徽省六安市审计局业务骨干班作讲座，题目：舞弊审计、政府审计发展趋势，武汉。

9. 2014 年 6 月 10 日，考查学习暨南大学学科建设、人才培养等方面的情况和做法，广州。

10. 2014 年 6 月 11 日，考查学习中山大学学科建设、人才培养等方面情况和做法，广州。

11. 2014 年 6 月 14~15 日，作为中南财经政法大学会计学院时任院长，承办并参加"全国 MPAcc 审计与内部控制师资培训研讨会"，并作了关于审计课程建设问题的主题报告（2 小时），武汉。

12. 2014 年 6 月 21 日，作为时任会长，参加安徽财经大学承办的中国会计学会财务成本分会常务理事会，蚌埠。

13. 2014 年 6 月 24 日，为中南财经政法大学会计学院承办的南通市财政局干部职工培训班作讲座，武汉。

14. 2014 年 7 月 6~7 日，赴深圳国资委调研，并为所属企业的财务总监讲授审计监管理论与实务的新发展。

15. 2014 年 7 月 10~12 日，作为副会长，参加中国商业会计学会主办、河南财经政法大学承办的学术年会暨研讨会，并作大会主题报告：国家审计未来的主要研究领域，郑州。

16. 2014 年 7 月 15~16 日，参加厦门大学财务系举办的“第一届中国财务与会计学术年会”，并主持一个分会场的论文发表与评论，厦门。

17. 2014 年 8 月 18~24 日，陪同中南财经政法大学校长杨灿明教授一行，到云南滇西，考察、调研我校滇西教育扶贫，以及瑞丽国家级会计服务示范基地建设情况。

18. 2014 年 8 月 26 日，赴深圳国资委调研，并为所属企业的内部审计人员讲授内部审计思路和方法的新发展。

19. 2014 年 9 月 4~6 日，参加首都经贸大学举办的“海峡两岸会计论坛”，北京。

20. 2014 年 9 月 18 日，为湖北经济学院会计学院师生作讲座，武汉。

21. 2014 年 9 月 27 日，为教育部师资培训中心组织的高校会计教育国际化培训班，讲授我院会计教育国家化的做法与启示，厦门。

22. 2014 年 10 月 18~19 日，作为时任会长，参加杭州电子科技大学承办的中国会计学会财务成本分会年会暨理论研讨会，并作大会主题报告。本次会议完成分会理事会的换届，新一届会长由方红星教授担任，本人卸任会长、新任顾问，杭州。

23. 2014 年 11 月 1~2 日，参加由中国会计学会财务成本分会和北京交通大学“中国企业兼并重组研究中心”联合主办、武汉纺织大学承办的“并购论坛2014 暨第六届企业并购国际学术研讨会”，并以中国会计学会副会长身份在开幕式上讲话，武汉。

24. 2014 年 11 月 14~15 日，作为中南财经政法大学会计学院时任院长，承办并参加审计署与中国政府审计研究中心联合主办的“2014 中国审计理论创新发展论坛”，并作大会主题报告，题目：国家审计未来发展展望，武汉。

25. 2014 年 11 月 18 日，为中南财经政法大学会计学院承办的广东省食品药监局学员作讲座，武汉。

26. 2014 年 12 月 19~21 日，作为中南财经政法大学会计学院时任院长，承办并参加“2014 中国实证会计国际研讨会”，并作大会报告：实证会计研究要注意解决的几个问题，武汉。

27. 2014 年 12 月 27 日，参加审计署在北京举办的中国审计学会第七届会员代表大会暨第七届理事会第一次（扩大）会议，继续当选为常务理事。

十三、2015年学术活动

1. 2015 年 1 月 9~10 日，参加 2015 年注册会计师全国统一考试辅导教材修订工作布置会，安排本人评议和主审《审计》科目教材，北京。

2. 2015 年 2 月 2~6 日，陪同中南财经政法大学校领导，赴云南参加洽谈与大理大学深度合作，以及与瑞丽市财政局合作建立的泛亚经济研究院揭牌仪式等活动。

3. 2015 年 3 月 9~10 日，参加湖北省高级会计职称评审会，任主任委员，武汉。

4. 2015 年 3 月 26~28 日，参加中国政府审计中心专题研讨会，成都。

5. 2015 年 3 月 30 日，参加军事经济学院审计专硕培养方案论证会，武汉。

6. 2015 年 3 月 31 日，中国首批会计名家培养对象座谈会，北京。

7. 2015 年 4 月 11 日，为湖北省内部审计协会举办的企业内审骨干业务培训班作专题讲座，题目：内部审计的新发展，武汉。

8. 2015 年 4 月 24 日，参加审计署 2015~2016 年度重点课题申报评审会，北京。

9. 2015 年 5 月 14~15 日，参加上海立信会计学院承办的中国会计学会审计专业委员会理事会议，上海。

10. 2015 年 5 月 22~24 日，参加教育部工商管理专业（会计学）教育教学指导委员会年会暨研讨会，景德镇。

11. 2015 年 6 月 8 日，参加中国企业财务管理协会成立大会，被聘为专家委员，北京。

12. 2015 年 6 月 13 日，参加暨南大学会计审计专硕评估建设会，广州。

13. 2015 年 10 月 17 日，为中南财经政法大学会计学院承办的珠海市审计局业务骨干班作专题报告，题目：《领导干部经济责任审计探讨》，武汉。

14. 2015 年 11 月 5~6 日，参加审计署全国审计专硕教育指导委员会会议，南京。

15. 2015年11月7日，参加浙江财经大学会计学院承办的中国会计学会审计专业委员会学术年会，杭州。

16. 2015年11月8日，参加厦门大学会计学博士学位论文答辩会，厦门。

17. 2015年11月11日，参加审计署全国MAud评估布置会，北京。

18. 2015年11月27日，参加财政部修订审计准则（新审计报告准则）审定会，北京。

19. 2015年12月16日，为广东技术师范学院会计学师生作讲座，题目：新审计报告准则的制定与实施，广州。

20. 2015年12月17日，参加广东财经大学承办的中国会计学会会计史专业委员会学术年会，广州。

十四、2016年学术活动

1. 2016年1月30日，作为主审，参加中国注册会计师协会举办的2016年度注册会计师全国统一考试辅导教材《审计》审定会，北京。

2. 2016年2月20日，参加中国注册会计师协会举办的注册会计师全国统一考试辅导教材修订研讨及工作布置会，北京。

3. 2016年2月25日，参加中国会计教育专家指导委员会成立大会及学术研讨会，被聘为专家委员，北京。

4. 2016年3月6日，参加唐国平教授主持的财政部重大课题《会计法修订》研讨会，武汉。

5. 2016年3月17~18日，参加中国会计学会主办、厦门国家会计学院承办的“会计与社会发展：理论与实务专题研讨会”，研讨会计改革与发展“十三五”规划及《会计名家培养实施方案（修订稿）》，厦门。

6. 2016 年 5 月 8 日，为中南财经政法大学会计学院承办的广西省审计厅业务骨干班作专题报告，题目：《国家审计质量提升研究》，武汉。

7. 2016 年 4 月 14 日，为湖南大学管理学院承办的湖南省会计领军人才班作专题学术报告，题目：《新形势下企业内部审计：问题与对策》，长沙。

8. 2016 年 4 月 16 日，参加南京审计大学举办的政府审计学科建设研讨会，并作大会主题报告，题目：《审计学的科学属性及发展定位问题》，南京。

9. 2016 年 3 月 22 日，为教育部师资培训中心与高等教育出版社联合举办的大学师资培训班作专题学术报告，题目：《新环境下审计学教学和研究面临的挑战、机遇及对策》，南京。

10. 2016 年 5 月 4 日，参加审计署举办的 2016~2017 年度审计署重点课题评审会，北京。

11. 2016 年 5 月 19 日，参加浙江工商大学省人文社科研究基地验收会议，杭州。

12. 2016 年 5 月 20 日，参加浙江财经大学省人文社科研究基地验收会议，并作学术报告，题目：《审计理论研究的十大难题》，杭州。

13. 2016年5月20日，参加杭州电子科技大学会计学重点学科建设研讨会，杭州。

14. 2016年7月15日，为中国会计学会主办的、厦门国家会计学院承办的财政部第六期学术类会计领军人才班作专题学术报告，题目:《企业内部控制审计准则：制定、实施及其影响研究》，厦门。

15. 2016年8月20日，参加中国会计学会理工科院校分会主办的、兰州理工大学承办的分会2016年学术年会，并作学术报告，题目：新审计报告准则规范的要点及其实施的影响分析，兰州。

16. 2016年8月29日，经教育部批准，本人负责的《审计学》课程荣获第一批“国家级精品资源共享课”称号。

17. 2016年9月21日，参加审计署2015~2016年度重点课题结题评审会，北京。

18. 2016年9月24~25日，参加湖北大学承办的中国会计学会审计专业委员会2016年学术年会，并作大会主题报告，题目:《世界通行审计理论面临的十大挑战》，武汉。

19. 2016年10月9日，参加中国人民大学商学院承办的国务院学位委员会新七届工商管理学科评议组全体成员首次会议，北京。

20. 2016年10月29~30日，参加中央企业会计学会举办的学术年会，武汉。

21. 2016年11月7日，为武汉纺织大学会计专业毕业生作专题学术报告，题目:《风险导向审计准则的要点及实施》，武汉。

22. 2016年11月19日，参加北京工商大学承办的中国政府审计研究中心“第六届审计理论创新发展论坛”，并主持大会主题报告，北京。

23. 2016年12月9日，参加中国会计学会举办的中国会计名家培养对象工作座谈会，北京。

24. 2016年12月27日，本人任主任成功获批的，湖北省人文社科重点研究基地“注册会计师行业发展研究中心”揭牌仪式，在中南财经政法大学文泉楼南401会议室隆重举行，揭牌仪式后为全院教师和部分研究生作了题为《我国政府审计重大改革：文件规定与理论思考》的学术报告，阐述了国家审计全覆盖的愿景、现状及未来对策。

十五、2017年学术活动

1. 2017 年 1 月 6~7 日，作为主审，参加中国注册会计师协会举办的 2017 年度注册会计师全国统一考试辅导教材《审计》审定会，北京。

2. 2017 年 1 月 9~10 日，参加厦门大学管理学院工商管理硕博点评估会，厦门。

3. 2017 年 3 月 22 日，参加中国会计学会常务理事会，北京。

4. 2017 年 5 月 18 日，为东华大学会计学教师和研究生作学术报告，题目：审计报告改革与注册会计师应对，上海。

5. 2017 年 5 月 19 日，参加由中国会计学会主办、上海交通大学安泰经济与管理学院承办的中国会计学会对外学术交流专业委员会暨 CJAS2017 年第一次学术研讨会，上海。

6. 2017 年 6 月 3 日，参加东南大学百年商科纪念高峰论坛及会计学科建设研讨会，南京。

7. 2017年6月5日，参加中国地质大学（武汉和北京）工商管理学科硕博学位点评估与建设研讨会，武汉。

8. 2017年6月11日，参加华中农业大学会计学科建设研讨会，武汉。

9. 2017年6月12日，为华中师范大学会计系师生作学术报告，题目：审计理论面临的挑战与变革，武汉。

10. 2017年6月15~16日，参加广东省管理会计师协会专家委员会成立仪式暨专家报告会，被聘为专家委员，广州。

11. 2017年6月21~23日，参加中国注册会计师协会举办的2017年度注册会计师全国统一考试《审计》科目第一次审题会，北京。

12. 2017年6月29日，参加浙江财经大学会计学科建设研讨会，杭州。

13. 2017年6月30日，参加江南大学会计学科建设研讨会，无锡。

14. 2017年7月2日，参加安徽财经大学会计学科建设研讨会，北京。

15. 2017 年 7 月 4 日，参加天津财经大学工商管理学科博士点评估及建设研讨会，天津。

16. 2017 年 8 月 3~6 日，参加中国注册会计师协会举办的 2017 年度注册会计师全国统一考试《审计》科目第二次审题会，北京。

17. 2017 年 8 月 29 日，参加湖北省学位办举行的新增硕博点材料审定会，武汉。

18. 2017 年 9 月 22 日，参加湖北省学位办及教育厅举行的服务国家特殊需要人才培养项目硕士点评估研讨会，武汉。

19. 2017 年 11 月 9~10 日，参加中国海洋大学工商管理一级博士点及 MBA、MPAcc 专硕点评估建设研讨会，青岛。

20. 2017 年 11 月 16~18 日，参加西南财经大学中国政府审计研究中心举办的“第七届审计理论创新发展论坛”，主持大会主题报告；其间，应邀为会计学院师生作了题为《审计质量的衡量方法剖析》的学术报告，成都。

21. 2017 年 11 月 23 日，为湖南大学管理学院承办的湖南省第二、三届会计领军班学员作专题报告，题目：《我国审计报告改革、我国审计法修订问题研究》，长沙。

22. 2017 年 11 月 28 日，参加湖北省审计学会常务理事会，并作专题学术报告，题目：《国家审计全覆盖战略及其实现途径》，武汉。

23. 2017年12月2~3日，参加致同会计师事务所举办的注册会计师审计准则建设研讨会，苏州。

24. 2017年12月10~12日，参加教育部举办的长江学者评审会，北京。

25. 2017年12月29日，积极协助中南财经政法大学会计学院张敦力院长，组织召开“杨时展先生会计学术思想研讨会及铜像揭牌仪式——纪念杨时展先生逝世20周年”，武汉。

第五部分

荣誉与获奖情况

會計

一、荣誉称号

序号	荣誉名称	授予单位	授予时间
1	国务院学位委员会第六、七届工商管理学科评议组成员	国务院学位委员会	2008、2015
2	国务院政府特殊津贴专家	国务院	2004
3	全国首届百佳“高校青年教师奖”(系从全国1999年35周岁以下的高校教授中择优遴选，本人荣幸成为全国审计学专业教师的唯一获奖者)	教育部	1999
4	全国“会计名家”培养工程入选者(首批10位入选者之一)	财政部	2013
5	国家社科基金重大项目（编号：11&ZD044）首席专家	全国哲学社会科学规划办公室	2011
6	财政部部属院校首批跨世纪学科(学术）带头人	财政部	1997
7	财政部重点学科——中南财经大学会计学学术带头人	财政部	1997
8	首批国家级重点学科——中南财经政法大学会计学（审计方向）学科带头人	教育部	2001
9	做出突出贡献的中国硕士学位获得者	国家教委、国务院学位委员会	1991
10	国家级精品课程——中南财经政法大学《审计学》负责人	教育部、财政部	2007

续表

序号	荣誉名称	授予单位	授予时间
11	国家级双语示范课程–中南财经政法大学《现代审计学》(MODERN AUDITING）主持人张龙平、李璐（系全国首批100门国家级双语教学示范课程，也是全国首次获批的4门管理学课程之一）	教育部	2007
12	国家级网络精品课程–中南财经政法大学《审计学》负责人	教育部	2010
13	国家级精品资源共享课程–中南财经政法大学《审计学》负责人	教育部	2013
14	中国会计学会首批“资深会员”	中国会计学会	2010
15	中国注册会计师协会第二批“资深会员”	中国注册会计师协会	2015
16	湖北省优秀教学团队——中南财经政法大学《审计学》教学团队领衔人	湖北省教育厅	2010
17	首批湖北省高校拔尖创新人才培育试验区——中南财经政法大学“拔尖创新型国际会计人才培育试验区”负责人（湖北省唯一经济管理类试验区）	湖北省教育厅	2010
18	“湖北高校省级精品资源共享课程”——中南财经政法大学《审计学》负责人	湖北省教育厅	2012
19	湖北省优秀教师	湖北省教委、人事厅	1994
20	湖北省有突出贡献中青年专家	湖北省委组织部、人事厅	1997
21	湖北省普通高校跨世纪学科带头人	湖北省教育厅	1999
22	湖北省跨世纪高层次人才第二层次	湖北省委组织部	2002
23	湖北省跨世纪高层次人才第一层次	湖北省委组织部	2011
24	湖北省2011年优秀博士学位论文指导老师（李银香博士）	湖北省学位委员会、教育厅	2011
25	湖北省2014年优秀博士学位论文指导老师（吕伶俐博士）	湖北省学位委员会、教育厅	2014

续表

序号	荣誉名称	授予单位	授予时间
26	湖北省2015年优秀博士学位论文指导老师（吕敏康博士）	湖北省学位委员会、教育厅	2015
27	湖北省2008年优秀硕士学位论文指导老师（庄恒硕士）	湖北省学位委员会、教育厅	2008
28	优秀共产党员	中南财经大学	1995
29	中南财经政法大学首批二级教授	中南财经政法大学	2007
30	2011~2013年优秀博士生导师	中南财经政法大学	2013
31	2013~2015年优秀博士生导师	中南财经政法大学	2015
32	优秀硕士学位论文指导教师	中南财经政法大学	1997

二、科研获奖

序号	奖励名称	授予单位	奖励时间
1	全国首届“高校青年教师奖”	教育部	1999
2	《我国上市公司财务欺诈的量质特征及审计战略调整研究》课题研究报告，张龙平、王泽霞、李璐、聂曼曼等，获教育部人文社会科学优秀成果（研究报告类）三等奖	教育部	2013
3	任主要作者参编的《审计学》（高子宏主编）获财政部第三届优秀教材二等奖	财政部	1996
4	《违规模型与注册会计师审计舞弊责任》，《会计论坛》2002（2），张龙平、王泽霞，获2002年度优秀论文三等奖	中国会计学会	2003
5	《行业专门化、行业特征与行业集中度》，陈丽红、张龙平，获优秀论文一等奖	中国会计学会审计专业委员会	2010
6	《资金结构的分类及其优化策略》，张龙平，获全国首届中青年财会论文“中意杯”大奖赛二等奖	中国中青年财务成本研究会	1992
7	《内部审计的体制、职能、地位与作用》，张龙平、张敦力，获优秀课题研究成果二等奖	中国内部审计学会	1998
8	《我国政府审计计划管理的改进》，《中南财经政法大学学报》2006（5），张龙平、李璐，获优秀论文二等奖	湖北省委宣传部	2007
9	《试论社会审计质量控制准则的建设》，优秀论文三等奖	湖北省审计学会	1995

续表

序号	奖励名称	授予单位	奖励时间
10	《试论会计师事务所代理记账的几个问题》，《审计研究》2000（4），1996~2002年优秀会计论文集	湖北省会计学会	2002
11	《试论新审计风险模型的理论进步与运用》，《审计研究》2005（4），张龙平、聂曼曼，获优秀论文二等奖	湖北省会计学会	2007
12	《慈善基金会特征、审计师选择与捐赠决策》，《审计研究》2014（5），陈丽红、张龙平，获优秀论文特等奖	湖北省会计学会	2014
13	《会计信息会影响捐赠者的决策吗？——来自中国慈善基金会的经验证据》，《会计研究》2015（2），陈丽红、张龙平等，获优秀论文一等奖	湖北省会计学会	2015
14	“优秀科研成果奖”	中南财经大学	1993
15	“华为奖教金”	中南财经大学	1998

第六部分

科研成果统计

會計

一、论文译文

本人1987年硕士毕业留校任教审计学至今，共发表论文译文200余篇，详见下面列示的“（一）张龙平在权威期刊发表论文集（1987~2017）”和“（二）张龙平发表论文译文全集（1987~2017）”。

（一）张龙平在权威期刊发表论文集（1987~2017）

序号	题目	发表时间	刊物名称
1	职业化视角下的国家审计人力资源管理框架研究（序2）	2017年第5期	《审计研究》
2	国家审计能发挥反腐败作用吗？（序2）	2016年第3期	《审计研究》
3	会计信息会影响捐赠者的决策吗？——来自中国慈善基金会的经验证据（序2）	2015年第2期	《会计研究》
4	产权性质、审计质量、产品类型与慈善捐赠——基于战略慈善观的分析（序2）	2015年第5期	《审计研究》
5	媒体意见对审计判断的作用机制及影响——基于新闻传播学理论的解释（序1）	2014年第1期	《审计研究》
6	XBRL财务报告实施效果研究——基于股价同步性的视角（序2）	2014年第3期	《会计研究》
7	慈善基金会特征、审计师选择与捐赠决策（序2）	2014年第5期	《审计研究》
8	WGEA的全球性环境审计调查结果：分析与借鉴（序2）	2012年第1期	《审计研究》

续表

序号	题目	发表时间	刊物名称
9	审计师声誉研究：述评与展望（序2）	2012 年第 11 期	《会计研究》
10	新准则环境下审计业务流程优化问题研究	2008 年第 7 期	《管理世界》
11	我国政府审计质量控制的改进问题	2009 年第 5 期	《管理世界》
12	事务所行业专门化研究述评及展望（序2）	2010 年第 11 期	《会计研究》
13	内部控制鉴证对会计盈余质量的影响	2010 年第 2 期	《审计研究》
14	财务报表和内部控制整合审计研究（序2）	2009 年第 7 期	《会计研究》
15	美国内部控制审计的制度变迁及其启示	2009 年第 2 期	《会计研究》
16	试论新审计风险模型的理论进步与应用	2005 年第 4 期	《审计研究》
17	国际审计风险准则的最新发展及启示	2004 年第 12 期	《会计研究》
18	美国独立审计师揭露舞弊财务报告的研究成果及启迪	2003 年第 3 期	《审计研究》
19	我国审计公告制问题研究（课题执笔人）	2003 年第 6 期	《审计研究》
20	美国舞弊审计准则的制度变迁及其启示	2003 年第 4 期	《会计研究》
21	关于注册会计师对内部控制评价的理论思考	2002 年第 2 期	《审计研究》
22	也论我国注册会计师法的修订问题	2001 年第 1 期	《审计研究》
23	试论会计师事务所代理记账的几个问题	2000 年第 4 期	《审计研究》
24	试论审计质量特征与审计质量控制思想	1997 年第 5 期	《审计研究》
25	试论我国社会审计质量控制标准的建设	1995 年第 4 期	《审计研究》
26	关于审计定义的探讨（观点摘录）	1995 年第 3 期	《审计研究》
27	中美股票投资会计模式比较研究	1995 年第 11 期	《会计研究》
28	也论会计学的理论基础	1992 年第 6 期	《会计研究》
29	试论财务会计理论结构体系	1989 年第 2 期	《会计研究》
30	关于会计学科体系的探讨	1987 年第 2 期	《会计研究》

（二）张龙平发表论文译文全集（1987~2017）

本人发表论文译文200余篇，具体信息如下：

1.张龙平，李长爱：关于会计学科体系的探讨，会计研究，1987年（人大复印资料全文转载）

2.张龙平：全国第三届研究生会计学术讨论会在汉举行，长江日报，1987年12月7日

3.张龙平：建立会计理论结构体系的新思考，全国第三届研究生会计学术讨论会专辑（内部资料），1987年

4.张龙平，李长爱：关于财务会计理论结构体系的探讨，贵州财经学院学报，1988年（人大复印资料全文转载）

5.张龙平：企业应加强对现金的内部控制，大众财会，1988年

6.张龙平：论会计学的基本理论问题，大众财会，1988年

7.张龙平：会计假设新探，四川会计，1988年

8.张龙平：试论价值是财务会计理论结构体系逻辑起点，福建会计，1988年

9.张龙平，李长爱：试论财务会计理论结构体系，会计研究，1989年（人大复印资料全文转载）

10.张龙平：也论会计学的理论基础，会计研究，1992年（人大复印资料全文转载）

11.张龙平：我国注册会计师职业道德规范的系统构造，注册会计师通讯，1992年

12.张龙平：论审计学科体系建设问题，贵州财经学院学报，1992年

13.张龙平：参会论文观点摘登，四川会计（P35），1992年

14.张龙平：审计证据探讨，湖北审计，1992年

15.张龙平：一项鼓舞人心的会计研究成果——《利润分块承包责任制》在鄂州通过鉴定，财会月刊，1992年

16. 张龙平：我国会计学界知名教授的主要学术贡献，财会月刊，1992 年

17. 张龙平：中国人民大学教授王庆成，财会月刊，1992 年

18. 张龙平：国际审计研究的重要性及现状分析，财会月刊，1992 年

19. 张龙平：内控制度审计、内控制度评价和制度基础审计是三个不同的概念，财会通讯，1992 年

20. 张龙平：中国会计教育面临的问题及对策，财会通讯，1992 年

21. 阎德玉，张龙平：我国会计教育改革势在必行，财会月刊，1992 年

22. 张龙平：持续经营假设探讨，财会月刊，1992 年

23. 张龙平：国际会计研究的未来领域，财务与会计，1992 年

24. 张龙平：《会计国际杂志》（International Journal of Accounting）——国际会计研究的重要阵地，财会通讯，1992 年

25. 张龙平：关于我国注册会计师考试制度的系统思考，注册会计师通讯，1992 年

26. 张龙平：关于我国注册会计师职业道德规范的探讨，审计与经济研究，1992 年

27. 张龙平：流动资产与流动负债（译文），对外经贸财会，1992 年

28. 张龙平：美国注册会计师职能的拓展（译文），财税理论与实践，1992 年

29. 张龙平：发展中国家的经济状况及其经济增长的主要障碍（译文），财税理论与实践，1992 年

30. 张龙平：审计证据之评价（译文），财税理论与实践，1992 年

31. 张龙平：会计理论概念结构的国际比较（译文），经济与管理译丛，1992 年

32. 张龙平：现行财产清查制度的弊端及其改进设想，会计学家，1992 年

33. 张龙平：初论会计学的基本理论问题，大连财会，1992 年

34. 张龙平：属性基础成本制度运用探讨，武汉高等金融专科学校学报，1992 年

35. 张龙平：试论我国注册会计师全国统考试题的设计问题，娄底财会，1992 年

36. 张龙平：国际审计研究的现状分析及前景展望，研究生文汇，1992 年

37. 张龙平：应收账款在有追索权下的转让（译文），对外经贸财会，1993 年

38. 张龙平：应计折旧资产及其折旧（译文），对外经贸财会，1993 年

39. 张龙平：属性基础成本制度（ABCII）（译文），成本与价格资料，1993 年

40. 张龙平：资金结构的分类及其优化决策，全国首届中青年财会论文“中意杯”大奖赛二等奖，论文集（已正式出版），1992 年

41. 张龙平：《会计教育问题》（Issues in Accounting Education）——世界会计教育发展的推动器，财会通讯，1993 年

42. 张龙平：国际审计研究的方法及前景展望，财会月刊，1993 年

43. 张龙平：中南财经大学教授硕士研究生导师方正生，财会月刊，1993 年

44. 张龙平：我国注册会计师考试制度的系统思考，财会通讯，1993 年

45. 张龙平：中美股票投资会计模式比较研究，广西会计，1993 年

46. 张龙平：美国注册会计师考试《会计理论》科目试题（1）（译文），北京财会，1993 年

47. 张龙平：美国注册会计师考试《会计理论》科目试题（2）（译文），北京财会，1993 年

48. 张龙平：美国注册会计师考试《会计理论》科目试题（3）（译文），北京财会，1993 年

49. 张龙平：注册会计师道德问题，现代会计，1994 年

50. 张龙平："资金性态分析原理"质疑，财会审论坛，1994 年

51. 张龙平：股票投资的三种会计模式及其选用，财务与会计，1994 年

52. 张龙平等：中美股票投资会计模式比较研究，财税理论与实践，1994 年

53. 张龙平：试论社会审计组织内部控制结构，当代审计，1994 年

54. 张龙平：试论我国注册会计师审计质量控制标准的建设，注册会计师通讯，1994 年

55. 张龙平：会计师事务所"挂靠"设立体制必须改革，财会月刊，1994 年

56. 张龙平：试论会计师事务所内部控制结构，注册会计师通讯，1994 年

57. 张龙平：我国注册会计师审计质量问题探讨，对外经贸财

会，1994 年

58. 张龙平：我国会计师事务所现行组织体制亟待改革，湖北审计，1994 年

59. 张龙平：浅谈我国注册会计师审计质量控制问题，四川会计，1994 年

60. 张龙平：注册会计师审计控制系统研究，中南财经大学学报，1994 年

61. 张龙平：一些国家和地区注册会计师的法律责任，广东审计，1994 年

62. 张龙平：我国会计师事务所现行组织体制亟待改革，中国农业会计，1995 年

63. 张龙平：浅论我国注册会计师的法律责任问题，商业会计，1995 年

64. 张龙平：试论我国注册会计师审计质量控制的规范化建设问题，内蒙古财经学院学报，1995 年

65. 张龙平：关于注册会计师考试制度的比较研究，云南财贸学院学报，1995 年

66. 张龙平：论我国注册会计师审计法制建设问题，注册会计师通讯，1995 年

67. 张龙平：试论我国社会审计质量控制标准的建设，审计研究，1995 年

68. 张龙平，李长爱：中美股票投资会计模式比较研究，会计研究，1995 年

69. 张龙平：论审计意见类型的正确选用，湖北审计，1996 年

70. 张龙平：刍论会计师事务所审计质量控制方法，财会月刊，

1996 年

71. 张龙平：中国注册会计师会计报表审计具体准则的内容与特色，审计研究资料，1997 年

72. 张龙平：关于《独立审计具体准则第 8 号——错误与舞弊》，湖北审计，1997 年

73. 张龙平：关于《独立审计具体准则第 9 号——内部控制与审计风险》，湖北审计，1997 年

74. 张龙平，刘汉民：关于《独立审计具体准则第 10 号——审计重要性》，湖北审计，1997 年

75. 张龙平，刘汉民：关于《独立审计具体准则第 11 号——分析性复核》，湖北审计，1997 年

76. 张龙平，张敦力：试论审计质量特征与审计质量控制思想，审计研究，1997 年

77. 张龙平，李长爱：关于《独立审计具体准则第 12 号——利用专家的工作》，湖北审计，1997 年

78. 张龙平，李长爱：中国注会“会计报表审计准则”评析，中南财经政法大学学报，1997 年

79. 张龙平，李长爱：关于《独立审计具体准则第 14 号——期初余额》，湖北审计，1998 年

80. 张龙平，聂曼曼，范文萍：关于《独立审计实务公告第 1 号——验资》，湖北审计，1998 年

81. 张龙平，聂曼曼，范文萍：注册会计师《审计》考试复习提示，财会通讯，1998 年

82. 张龙平，聂曼曼，范文萍：规范编制和出具管理建议书——关于《独立审计实务公告第 2 号》，湖北审计，1998 年

83.张龙平，唐国平：注册会计师《审计》考试辅导，湖北财税，1998 年

84.张龙平，范文萍，聂曼曼：小规模企业审计的特殊考虑——关于《独立审计实务公告第 3 号》，湖北审计，1998 年

85.张龙平：关于我国国家审计的几个问题，湖北财税，1998 年

86.张龙平：国家审计基本问题探讨，江西审计与财务，1999 年

87.张龙平：国家审计再定位，中国审计信息与方法，1999 年

88.张龙平，来卉，付旻：我国大学审计教材建设的几个问题，湖北审计，1999 年

89.李长爱，张龙平：试论国有企业年报审计的两大难题，湖北审计，1999 年

90.张龙平，付旻，来卉：中美注册会计师资格考试设计比较，中国注册会计师，2000 年

91.张龙平：试论会计师事务所代理记账的几个问题，审计研究，2000 年

92.张龙平，李长爱：刍论注册会计师代理记帐业务发展问题，财会通讯，2000 年

93.张龙平：对财政部制定的两个单位内部控制文件草案的意见，财会通讯，2001 年

94.张龙平：也论我国《注册会计师法》的修订问题，审计研究，2001 年

95.张龙平，朱锦余：关于注册会计师对内部控制评价的理论思考，审计研究，2002 年

96.张龙平：试论会计师事务所代理记账的几个问题，湖北省会计学会 1996——2002 年优秀会计论文集（已正式出版），2002 年

97. 张龙平，王泽霞：违规模型与注册会计师审计舞弊责任，会计论坛，2002 年

98. 张龙平，李长爱：试论财务欺诈风险信号的识别与利用，湖北审计，2002 年

99. 张龙平：国家审计 20 年回眸与反思（一）——国家审计准则制定工作的总结及改进思路，湖北审计，2003 年

100. 张龙平：国家审计 20 年回眸与反思（二）——国家审计对舞弊的检查及报告责任评析，湖北审计，2003 年

101. 张龙平：国家审计 20 年回眸与反思（三）——国家审计风险的特殊性及其控制策略，湖北审计，2003 年

102. 张龙平：国家审计 20 年回眸与反思（四）——国家审计机关质量控制制度的完善思路，湖北审计，2003 年

103. 张龙平：国家审计 20 年回眸与反思（五）——国家审计机关对内部审计发展的推动作用评析，湖北审计，2003 年

104. 张龙平：国家审计 20 年回眸与反思（六）——国家审计报告准则与实务的改进设想，湖北审计，2003 年

105. 张龙平：国家审计 20 年回眸与反思（七）——我国《审计法》的历史贡献与修订建议，湖北审计，2003 年

106. 张龙平：国家审计 20 年回眸与反思（八）——国家审计结果公告制度的现状分析与改进建议，湖北审计，2003 年

107. 张龙平：国家审计 20 年回眸与反思（九）——国家审计机关执行经济责任审计的思考，湖北审计，2003 年

108. 张龙平：国家审计 20 年回眸与反思（十）——审计机关开展效益审计的现状分析与未来展望，湖北审计，2003 年

109. 张龙平，王泽霞：美国舞弊审计准则的制度变迁及其启示，

会计研究，2003 年

110. 王泽霞，张龙平：美国独立审计师揭露舞弊财务报告的研究成果及启迪，审计研究，2003 年

111. 张龙平，王清刚：国际会计准则理事会与国际财务报告准则的新动向，中国注册会计师，2003 年

112. 张龙平，李长爱，邓福贤：国际审计风险准则的最新发展及其启示，会计研究，2004 年

113. 张龙平：解读新国际独立审计计划准则，审计月刊，2004 年

114. 张龙平：国际审计风险准则的最新发展，财会月刊，2005 年

115. 张龙平：《国际审计准则第 300 号——审计计划》评述，中国注册会计师，2005 年

116. 张龙平：论新审计风险模型在审计中的具体应用，会计论坛，2005 年

117. 张龙平，聂曼曼：试论新审计风险模型的理论进步与运用，审计研究，2005 年

118. 张龙平，聂曼曼：更新审计执业理念　推行风险导向审计——学习新审计准则体系的体会，中国注册会计师，2006 年

119. 张龙平：开创我国审计质量控制的新纪元，中国财经报，2006-04-07

120. 张龙平，李璐：试论我国政府审计计划管理的改进，中南财经政法大学学报，2006 年

121. 张龙平，聂曼曼：试论重要性审计准则的运用问题（上），审计月刊，2006 年

122. 张龙平，聂曼曼：试论重要性审计准则的运用问题（下），审计月刊，2006 年

123. 张龙平，毛敏：事务所质量控制新准则的十大特点，中国注册会计师，2007 年

124. 张龙平：试论会计师事务所质量控制的实施要领，会计之友（下旬刊），2007 年

125. 张龙平，聂曼曼：新准则环境下的审计业务流程优化问题研究，管理世界，2008 年

126. 张龙平：“国家审计免疫系统论”的哲学内涵，中国审计，2008 年

127. 张龙平，陈作习：财务报告内部控制审计的历史回顾，审计月刊，2008 年

128. 张龙平：浅谈我国国家审计的发展方向——有感于2007 年度审计工作报告，中国审计，2008 年

129. 张龙平：努力开创湖北省审计事业发展的新纪元，审计月刊，2008 年

130. 张龙平，陈作习：财务报告内部控制审计的研究综述，审计月刊，2008 年

131. 张龙平，李璐：内部控制审计执行主体资格和范围问题探讨，中国审计，2008 年

132. 张龙平：我国政府审计的困惑与出路——新任审计长的首份审计工作报告解读，会计之友，2008 年

133. 张龙平，陈作习：财务报告内部控制审计的理论分析（上），审计月刊，2008 年

134. 张龙平，陈作习：财务报告内部控制审计的理论分析（下），审计月刊，2009 年

135. 张龙平：审计理论的创新——“免疫系统论”产生的理论基

础，中国审计，2008 年

136. 谢晓燕，张龙平：审计视角下内部控制相关概念的探讨，会计之友，2009 年

137. 张龙平，李璐：探析内部控制审计的执行主体资格和范围，中国审计，2009 年

138. 张龙平，陈作习：美国内部控制审计制度的理论分析及启示，中南财经政法大学学报，2009 年

139. 张龙平，陈作习：财务报告内部控制评价标准研究，审计月刊，2009 年

140. 张龙平，陈作习，宋浩：美国内部控制审计的制度变迁及其启示，会计研究，2009 年

141. 张龙平，陈作习：财务报告内部控制审计方法研究（上），审计月刊，2009 年

142. 张龙平，陈作习：财务报告内部控制审计方法研究（下），审计月刊，2009 年

143. 张龙平，陈作习：财务报告内部控制审计与财务报表审计的整合研究（上），审计月刊，2009 年

144. 张龙平，陈作习：财务报告内部控制审计与财务报表审计的整合研究（下），审计月刊，2009 年

145. 张龙平，李璐：我国政府审计质量控制的改进问题研究，管理世界，2009 年

146. 毛敏，张龙平：审计重要性概念的内涵与本质辨析，财会月刊，2009 年

147. 张龙平，陈作习：我国财务报告内部控制建设研究，审计月刊，2009 年

148. 谢晓燕，张龙平等：我国上市公司整合审计研究，会计研究，2009 年

149. 张龙平，鲁清仿：努力开创中国注册会计师职业道德建设的新纪元，中国注册会计师，2009 年

150. 谢晓燕，张龙平等：企业内部控制审计研究：文献回顾，财会通讯，2009 年

151. 张龙平：从每年政府审计工作报告所想到的，财务与会计，2010 年

152. 张龙平，王军只等：内部控制鉴证对会计盈余质量的影响研究——基于沪市A股公司的经验证据，审计研究，2010 年

153. 陈丽红，张龙平：行业专门化、行业特征与行业集中度，中国会计学会审计专业委员会2010 年学术年会论文集，2010 年

154. 张龙平，李淼：境外国有资产审计的制度变迁与改革必要性，中国注册会计师，2010 年

155. 陈丽红，张龙平：行业专门化、客户重要性与审计质量，财经论丛，2010 年

156. 陈丽红，张龙平：事务所行业专门化研究述评及展望，会计研究，2010 年

157. 陈丽红，张龙平：行业专门化与审计质量——来自中国审计市场的经验证据，当代财经，2010 年

158. 陈丽红，张龙平：行业同质性与事务所行业专门化战略——来自中国审计市场的经验证据，经济管理，2011 年

159. 李璐，张龙平：双语教授《审计学》好处多，光明日报，2011-11-09

160. 张龙平，鲁清仿：本土会计师事务所集团化发展研究，财

会通讯，2012 年

161. 李璐，张龙平：WGEA 的全球性环境审计调查结果：分析与借鉴，审计研究，2012 年

162. 张龙平，鲁清仿：构建我国会计师事务所内部控制的探索，当代财经，2012 年

163. 程亭，张龙平：论我国环境审计工作体系设计问题——基于国家生态安全和公民环境权利保护，中国会计学会财务成本分会第 25 届理论研讨会论文集，2012 年

164. 程亭，张龙平：我国环境审计工作体系的设计构想，中国会计报，2012-06-29

165. 武恒光，张龙平：经济依赖度、盈余管理水平与审计独立性——来自上市商业银行的经验证据，财经理论与实践，2012 年

166. 武恒光，张龙平：行政干预、高管薪酬与盈余管理——来自银行业的经验证据，山西财经大学学报，2012 年

167. 程亭，张龙平：环境审计国内外研究综述，经济问题探索，2012 年

168. 武恒光，张龙平：我国上市银行的产权性质、经济利益与审计质量，财经论丛，2012 年

169. 李璐，张龙平：关于我国开展水环境审计的理论与实践探讨，中南财经政法大学学报，2012 年

170. 王帆，张龙平：审计师声誉研究：述评与展望，会计研究，2012 年

171. 武恒光，张龙平：产权性质视角下的银行业审计质量与经济利益关系研究——基于偏最小二乘法的估计，财贸研究，2012 年

172. 王帆，张龙平：境外审计市场竞争策略选择——基于信号

传递博弈分析，审计与经济研究，2013 年

173. 孙俊奇，张龙平：企业内部控制与环境绩效，财务与会计（理财版），2013 年

174. 张龙平，吕敏康：媒体意见对审计判断的作用机制及影响——基于新闻传播学理论的解释，审计研究，2014 年

175. 王帆，张龙平：碳排放审计评价制度研究：演进与启示，中国注册会计师，2014 年

176. 史永，张龙平：XBRL财务报告实施效果研究——基于股价同步性的视角，会计研究，2014 年

177. 王帆，张龙平：贿赂、声誉与经济责任审计——以环境项目招投标为背景，中央财经大学学报，2014 年

178. 武恒光，张龙平，金成隆：制度环境、事务所合并与动态生产效率——基于事务所2002~2011 年的平衡面板数据，中国会计评论，2014 年

179. 张龙平，李淼：国有企业境外审计的制度瓶颈及其修正创新，商业会计，2014 年

180. 武恒光，张龙平：注册会计师行业多元化经营变迁：美国的证据，经济与管理评论，2014 年

181. 史永，张龙平：XBRL财务报告对分析师预测的影响研究，宏观经济研究，2014 年

182. 游春晖，张龙平：美国环境审计制度变迁及其启示，财会月刊，2014 年

183. 陈丽红，张龙平：慈善基金会特征、审计师选择与捐赠决策，审计研究，2014 年

184. 陈丽红，张龙平，李青原，杜建军：会计信息会影响捐

赠者的决策吗？——来自中国慈善基金会的经验证据，会计研究，2015 年

185.倪小雅，张龙平：整合审计、审计质量与审计收费，华东经济管理，2015 年

186.陈丽红，张龙平，彭昱可：本土事务所转制对审计质量有影响吗？——基于双重差分模型的分析，投资研究，2015 年

187.陈丽红，张龙平，叶馨：产权性质、审计质量、产品类型与慈善捐赠——基于战略慈善观的分析，审计研究，2015 年

188.陈丽红，张龙平，杨平：慈善组织特征、信息披露与捐赠收入，当代财经，2015 年

189.张龙平，潘临等：控股股东股权质押是否影响审计师定价策略？——来自中国上市公司的经验证据，审计与经济研究，2016 年

190.陈丽红，张龙平等：国家审计能发挥反腐败作用吗？，审计研究，2016 年

191.熊方军，张龙平：基于平衡计分卡的会计教学有效性研究，财会月刊，2016 年

192.熊方军，张龙平：基于DEA的县级政府绩效审计探微，财会月刊，2016 年

193.熊方军，张龙平：上市公司财务舞弊的风险识别与证据收集，经济与管理研究，2016 年

194.仲杨梅，张龙平：职业化视角下的国家审计人力资源管理框架研究，审计研究，2017 年

195.赵艳秉，张龙平：审计质量度量方法的比较与选择——基于我国A股市场的实证检验，经济管理，2017 年

196. 张龙平等：论我国内部审计体制、职能、地位与作用，《海南审计》，1998 年

197. 张龙平：试论国有企业年报审计的两大难题，《当代会计前沿问题探索》，2001 年

198. 张龙平：对注册会计师法的修订建议，中南财大与中南政院《合并建校一周年论文集》，2001 年

199. 张龙平：试论我国《注册会计师法》的修订问题，《中国会计年鉴》，2002 年

200. 张龙平等：我国国家审计的五大问题，《纪念审计机关成立 20 周年论文集》，中国时代经济出版社，2003 年

201. 张龙平：试论中国大陆现行《审计法》的修订问题，《会计、审计、财务管理前沿问题研究》第八届海峡两岸会计与管理学术研讨会论文集，中国财政经济出版社，2005 年

202. 张龙平：我国国家审计制度的反思和变革问题，《财经政法论坛》（中南财经政法大学博士生导师文集第三辑），中国财政经济出版社，2006 年

二、著作教材

本人从1987年硕士毕业留校任教至2017年底，出版专著教材40余部，主要有：

1.专著：《注册会计师审计控制系统研究》（博士学位论文修订后），东北财经大学出版社，1994年。

2.编著：《审计》（全国注册会计师专门化统编九门核心课程教材之一），约70万字，经济科学出版社，1995年。

3.张龙平、陈建明编著：《独立审计准则导论》（第一本全国注册会计师后续教材），经济科学出版社，1996年。

4.张龙平、李璐编著：《现代审计学》（国家级“十一五”规划教材），北京大学出版社，2012年第一版。

5.张龙平、李璐编著：《现代审计学》（国家级“十一五”规划教材），北京大学出版社，2017年第二版。

6.张龙平、谢盛纹主译：《审计与保证服务——整合法》（美国阿尔文.A.阿伦斯等原著），东北财经大学出版社ISBN7-81084-135-1，74.8万字，2005年（一直被国内多所著名高校采用为本科生和研究生教材）。

7.张龙平、谢盛纹主译：《审计与保证服务——整合法》（习题配套光盘）（美国阿尔文.A.阿伦斯等原著），东北财经大学出版社（新出音管［2005］096号电子出版物数据中心）ISBN7-89994-437-6，共232页，35万字，2005年（一直被国内多所著名高校采用为本科生和研究生教材）。

8. 谢盛纹译、张龙平校：《审计学：一种整合方法》（第12版）（原著为美国Arens等合著的AUDITING AND ASSURANCE SERVICES：AN INTEGRATED APPROACH），中国人民大学出版社，2009年（一直被国内多所著名高校采用为本科生和研究生教材）。

9. 谢盛纹译、张龙平校：《审计学：一种整合方法》（第14版）（原著为美国Arens等合著的AUDITING AND ASSURANCE SERVICES：AN INTEGRATED APPROACH），中国人民大学出版社，2013年（一直被国内多所著名高校采用为本科生和研究生教材）。

10. 参编：《中国注册会计师执业准则指南》（财政部组织编写的全国性法规读本），5万字，中国财政经济出版社，2007年6月。

11. 参编：《财务报表审计工作底稿编制指南》（财政部组织编写的全国性法规读本），6万字，经济科学出版社，2007年8月。

12. 主要作者：《审计》（1995年度注册会计师全国统一考试辅导教材，第1~8章等），中国财政经济出版社，1996年。

13. 主要作者：《审计》（1999年度注册会计师全国统一考试辅导教材，第1~8章等），中国财政经济出版社，1999年。

14. 主要作者：《审计》（2000年度注册会计师全国统一考试辅导教材，第1~8章等），中国财政经济出版社，2000年。

15. 主审：《审计》（2014年度注册会计师全国统一考试辅导教材），中国财政经济出版社，2014年。

16. 主审：《审计》（2015年度注册会计师全国统一考试辅导教材），中国财政经济出版社，2015年。

17. 主审：《审计》（2016 年度注册会计师全国统一考试辅导教材），中国财政经济出版社，2016 年。

18. 主审：《审计》（2017 年度注册会计师全国统一考试辅导教材），中国财政经济出版社，2017 年。

19. 参译：《国际审计准则（2012）》，国际审计与鉴证准则理事会制定，中国注册会计师协会组织翻译，中国财政经济出版社，2013 年。

20. 参译：《国际职业会计师道德准则 2012》，国际审计与鉴证准则理事会制定，中国注册会计师协会组织翻译，中国财政经济出版社，2013 年。

21. 参编：《审计学原理》（审计法治建设及审计质量管理一章）（高子宏主编），中国财政经济出版社，1992 年。

22. 参编：《审计学》（三章）（高子宏主编），湖北科学技术出版社，1993 年。

23. 参编：《现代审计手册》（审计理论、审计方法两篇），武汉工业大学出版社，1991 年。

24. 参编：《现代西方审计学》（经营管理审计一章），东北财经大学出版社，1993 年。

25. 主编：《新编审计学》，武汉大学出版社，1995 年。

26. 参编：《中国注册会计师业务全书》（审查会计帐目部分，10 万字），经济管理出版社，1993 年。

27. 参编：《全国注册会计师资格考试复习指南 1993》（审计部分，9.5 万字），科学普及出版社，1993 年。

28. 参编：《中国注册会计师独立审计准则（问题解答）》（中国独立审计准则组编），东北财经大学出版社，1997 年。

29. 参编：《中国注册会计师独立审计准则（释义）》（中国独立审计准则组编），东北财经大学出版社，1997 年。

30. 参编：《中国财政百科全书》（审计部分），中国文史出版社，1992 年。

31. 王光远、张龙平著：《现代财务会计结构》（完成 7 章 12 万字），福建人民出版社，1991 年。

32. 参编：《财务通则会计准则知识详解》（会计准则部分），企业管理出版社，1993 年。

33. 参编：《企业特种会计》（罗飞主编），湖北科学技术出版社，1994 年。

34. 参编：《企业特种会计》（第二版）（罗飞主编），湖北科学技术出版社，1997 年。

35. 参编：《简明会计辞典》，中国财政经济出版社，2002 年。

36. 副主编：《21 世纪的现代会计》（上中下），东北财经大学出版社，1996 年。

37. 参编：《最新实用会计方法大全》，企业管理出版社，1994 年。

38. 参编：《新编会计方法操作全书》，辽宁人民出版社，1994 年。

三、科研项目

本人主持或作为主要成员参与完成的国家级、省部级课题等近40项，具体信息如下：

1.国家社科基金重大项目，国家利益保护导向的中国环境审计体系创新研究（编号：11&ZD044），首席专家，2011~2017年。

2.国家社科基金项目，中国会计师事务所审计资本市场舞弊的路径改革研究（编号：02CJY007），主持人，2002~2010年。

3.国家社科基金项目，我国注册会计师行业监管的理论、体制与效率研究，李长爱、张龙平等，2005~2009年。

4.国家自科基金项目，管理舞弊审计控制理论创新及应用研究，王泽霞、张龙平等，2004~2006年。

5.教育部全国首届百佳“高校青年教师奖”资助项目，中国资本市场可持续发展与注册会计师审计制度创新研究，主持人，2000~2006年。

6.教育部人文社科研究项目，中国上市公司财务欺诈的量质特征及审计战略调整研究（编号：02JA790058），主持人，2002~2009年。

7.财政部项目，我国现行《注册会计师法》修订问题研究，1999年。

8.财政部项目，九五我国注册会计师行业发展若干问题研究，1997 年。

9.财政部项目，中国注册会计师审计制度研究，1996 年。

10.财政部项目，企业内部控制鉴证（审计）准则研究（2008KJA05），2008 年。

11.财政部中注协项目，中国注册会计师审计准则第 1121 号（06AU1121），2006 年。

12.财政部中注协项目，中国注册会计师审计准则第 1142 号（06AU1142），2006 年。

13.财政部中注协项目，中国注册会计师审计准则第 1313 号（06AU1313），2006 年。

14.财政部中注协项目，中国注册会计师审计准则第 1221 号（06AU1221），2006 年。

15.财政部中注协项目，中国注册会计师审计准则第 5101 号（06AU5101），2006 年。

16.财政部中注协项目，中国注册会计师审计准则指南第 1121 号（06AUG1121），2006 年。

17.财政部中注协项目，中国注册会计师审计准则指南第 1142 号（06AUG1142），2006 年。

18.财政部中注协项目，中国注册会计师审计准则指南第 1313 号（06AUG1313），2006 年。

19.财政部中注协项目，中国注册会计师审计准则指南第 1221 号（06AUG1221），2006 年。

20.财政部中注协项目，注册会计师质量控制基本准则，1998 年。

21.财政部中注协项目，违反法规行为审计准则，1998 年。

22.财政部中注协项目，存货监盘审计准则，1998 年。

23.财政部中注协项目，注册会计师审计报告准则，1998 年。

24.财政部中注协项目，资产减值准备的会计审计问题研究，(2003–A–13)，张龙平、张敦力主持，2003 年。

25.财政部中注协项目，中国注册会计师执业准则总体修订方案设计，2007 年。

26.财政部中注协项目，中国注册会计师执业准则具体修订问题研究，2007 年。

27.财政部中注协项目，企业内部控制鉴证研究（2008–D–4），2008 年。

28.财政部重点资助项目：中国注册会计师行业社会责任指标体系研究，财政部首批“会计名家”培养工程资助项目，2013~2016 年。

29.财政部中注协项目，注册会计师行业社会责任报告的框架与指标体系研究，2014 年。

30.财政部中注协项目，《温室气体报告鉴证业务》准则，2015~2017 年。

31.审计署重点课题，我国审计公告制问题研究（发表于《审计研究》，2003（6）：39–43），2002~2003 年。

32.审计署重点课题，审计管理科学化实现机制研究（审会字［2003］9 号），2003~2006 年。

33.审计署重点课题，审计项目计划管理研究，2003~2005 年。

34.审计署重点课题，绩效审计指南（09SJ02004），2009~2010 年。

35.中国内部审计学会课题，内部审计的体制、职能、地位与作用，张龙平、张敦力主持，1997~1998 年。

36. 湖北省审计学会课题，审计风险控制，1998~1999 年。

37. 湖北省审计厅项目，金融审计维护国家金融安全的功能及其实现机制的研究（08SJ01001），2008~2009 年。

38. 湖北省人事厅项目，我国会计师事务所审计监管控制研究，2008~2009 年。

39. 武汉市社科课题：国家审计风险及其控制研究，2003 年。

第七部分

专家及学生评价

會計

一、专家评价

1. 中南财经政法大学二级教授、博导郭道扬评价

德才兼备、成绩卓著
——记我国杰出审计学者张龙平教授

郭道扬

张龙平是我校培养成长起来的优秀学者，在他本硕博三阶段我都为他授过课，他天资聪慧，勤奋好学，尊师爱师，善智有道，教学和科研成绩突出。他是中南财经政法大学首批二级教授、博士生导师；国务院学位委员会工商管理学科评议组成员；教育部首届审计硕士学位教育指导委员会委员；教育部工商管理类专业（会计学）教学指导委员会委员；中国会计学会副会长、中国审计学会常务理事；中国会计准则委员会和中国企业内部控制标准委员会咨询专家；审计署国家审计准则技术咨询专家组成员；中国会计学会审计专业委员会副主任委员。

张龙平教授政治思想品质端正，忠诚党的教育事业，工作、生活与学术品质正派，在德、才、学、识等方面深得著名会计、审计学家杨时展教授的真传。他专攻审计学，尤其是注册会计师理论、实务研究，是中国注册会计师审计准则委员会主要成员之一，是国

家社科基金重大审计项目的首席专家。他先后承担国家级、省部级等课题近40项，出版著作、教材40余部，发表审计与会计论文、译文200余篇，其中在独立审计理论、制度、准则及实务等方面的研究具有独创性，其观点与论说在审计界具有重要影响，被同行评为当代独立审计学说创立的专门派别之一。凭借系统的研究能力及学术水平、广博的审计知识面，以及具有创新学术成就的研究，他被会计与审计学界评价为中国会计界的领军人与具有一定造诣的中青年会计、审计学家。

张龙平现已培养博士40余人、全日制硕士100余人，以及博士后5人。他教书育人、以身作则、言传身教，坚持教育以德为先，严格要求学生树立社会主义核心价值观与道德观，做德才兼备的人才。他不仅在本科、研究生教育方面系统讲授会计学与审计学，使学生深受教益，这些课程历年来一直被评为优秀课堂，而且为博士生开设系列具有前沿性研究价值的专题，引导学生进行创新性研究。所以，他培养的多名优秀博士生都已成为一些高校教学与科研中的骨干，有的成为大、中型企业的领导者，其在高端会计、审计人才培养方面作出了突出贡献。

张龙平教授2008~2015年担任中南财经政法大学会计学院院长，他有胸襟、有远见、有魄力，群策群力使学院工作得到全面提升，卓有成效地巩固了学院在全国作为国家级重点学科的地位，并先后完成一系列国家级与省级重大项目及一般项目的研究，在教学与科研两方面都取得了多项奖励，使会计学院在国内外会计界具有可观的学术地位。

张龙平教授的学术业绩是全面的，我认为他是中国会计、审计界当之无愧的中青年名家。

2.中南财经政法大学二级教授、博导罗飞评价

我的好学生、好同事、好助手

罗飞

张龙平博士于1981年考入中南财经大学财务与会计专业，本科因为品学兼优，被推免攻读本校硕士学位，1987年硕士毕业，1994年博士毕业。我曾教过85级研究生班的英文原版《中级会计学》课程，那时他是班长。当时，因课程所用的英文教材复印出了问题，影响了课程学习进展，他跑来跑去，上下协调，费了很大的劲将事情解决，给我留下很深的印象。他硕士毕业留校后我们又成为同事。80年代末，成立西方会计与电算会计教研室，我任主任，他任副主任。我因忙于出国学习，教研室的工作基本是他在操持，他任劳任怨，教研室工作安排得有条不紊。此后，他任电算化会计教研室主任。我们又在学院班子里共事20余年，2008年他接任我担任会计学院院长。和他接触过的人一般都认为，他对人热情、办事勤快，品德高尚、正直可靠、率真友善，专业过硬、做事认真，易于合作、相处愉快。

他做学问十分刻苦。从20世纪80年代中期起，我国开始会计学习热潮，大学会计教师身价倍增，纷纷在校外兼职讲课赚取报酬。而他却不为其所动，仍潜心做学问，尽管生活拮据，也乐在其中。我总记得当时路过他一楼宿舍窗外时，经常听到他那九针打印机慢慢打印文稿的声音。他读博士时系统研究了独立审计特别是国际和美国审计准则，这为他后来参加我国审计准则制定并作出重大贡献奠定了坚实基础。由于他的勤奋和才华，1995年就评上正教授，时

年29岁！他1993年评为硕导，1999年评为博导，培养了一大批优秀的硕士和博士研究生。教学上，他备课、讲课非常投入，讲授生动活泼，教学效果受到学校和社会的充分肯定。科研上，硕果累累，发表了200余篇论文译文和40余部著作、教材，主持完成国家级重大课题及省部级以上项目近40项。入选财政部首批十名会计名家培养工程后，他再接再厉，教学和科研又取得更多重要成果。

张龙平博士先后任过教研室副主任、主任，会计学院副院长、会硕中心主任、会计学院院长。工作一贯兢兢业业，勤勤恳恳，无私奉献，处处以集体利益为重，注重管理创新，团结和带领大家，在学科建设、科学研究、师资提升、人才培养等方面取得了显著成绩，为我校会计学科的建设作出了重要贡献。

同样，张龙平博士也为我国审计事业发展呕心沥血。1995年，他独著出版了全国CPA专门化统编教材《审计》，供全国注册会计师专门化专业使用。从1996年起，他参与我国审计准则的制定，起草和参与审定了第二批独立审计准则及以后发布的几乎所有的执业准则与指南，为我国审计准则制定作出重大贡献。我校从1993年起承担了中国注册会计师全国考试的阅卷工作，他从开始负责“审计”科目试卷的评阅组织管理到后来负责全部阅卷工作的组织管理，20多年不计得失，认真负责，默默为国家审计人才选拔作出自己应有的贡献。

由于张龙平博士的卓越表现，他获得了很多荣誉和奖励，包括教育部首届优秀青年教师奖、湖北省有突出贡献中青年专家，入选湖北省新世纪高层次人才工程第一层次，国务院政府特殊津贴专家，教育部人文社科优秀成果三等奖等。

3. 中国注册会计师协会副书记、副秘书长、博导杨志国评价

张龙平教授：审计学界筑梦人

杨志国

张龙平教授首批入选财政部中国会计名家培养工程并将结项，我作为同道中人，遵嘱写一评价。我深为惶恐，生怕笔力不逮。但我又和张龙平教授长期共事，彼此熟悉，20多年来一起从事审计准则研究和制定工作，非常愿意借这难得机会写一篇简短文字。

我和张龙平教授第一次见面是1996年10月中注协在辽宁鞍山举行的独立审计准则制定会上。当时，我刚从中国人民大学博士毕业分配到中注协工作，而张龙平教授已是享誉审计界的知名学者。他撰写的《审计》教材，在我国23所大学CPA专门化专业方向使用，颇受欢迎，我的审计生涯也受惠于这本教材。在鞍山的会议上，我见识了张龙平教授的博学、思辨和严谨。张龙平教授英文很好，非常熟悉国际审计准则及美国、英国等国家的审计准则。在论证发言时，他学贯中西，使用简明扼要的语言，既把国外的先进审计理论、审计准则和良好实务讲清楚，又把国内的审计环境和应用条件分析透。对于一些争论激烈的条款，张龙平教授认为需要修改完善的，总是以理据争，说服专家和组长采纳意见。对于个别争执不下的条款，张龙平教授亲自操作计算机修改出具体内容，供大家讨论。在我印象中，在制定审计准则的每次会议中，张龙平教授都坚持他特有的风格。张龙平教授负责制定的审计重要性和违反法规行为两项准则，受到好评。

2005年，按照财政部领导的要求，中注协大力推进审计准则的国际趋同，制定了审计准则国际趋同规划，拟订了48项审计准则，由财政部于2006年正式发布。张龙平教授自始至终参加了这项工作，除了中南财大必要的授课和行政事务外，一年多的时间里，和中注协的同事在北京同吃同住同工作。他带领的团队，圆满完成了8项审计准则的起草制定工作。张龙平教授思维敏捷，精力旺盛，视野开阔。在起草准则时，他和团队成员深入研究国内外审计环境，认真论证国际审计准则应用条件，积极探讨审计良好实务，孜孜以求，乐之不疲。在讨论准则时，每次会议20多天，他从早到晚，一天工作10多小时，沉得下，坐得住，甘于寂寞。他还主持起草了我国《内部控制审计准则》。此外，张龙平教授还承担了中注协多项重大审计课题，成果厚积薄发，一些重要成果填补了国内审计界的空白。

在和张龙平教授的交往中，我深深体会到他的家国情怀。他认真践行"以德润身，以文化人"，积极倡导"穷则独善其身，达则兼善天下"。我认识他的家人和许多学生，言谈话语都以他为自豪。在家里，他树立良好家风，父慈子孝，家庭敦睦，教育子女"自胜者强"，为国家多做贡献。在会计学院，他营造良好友爱的工作氛围，建立科学合理的教学秩序，积极争创全国一流会计学科，鼓励青年教师"一览众山小"，立足当前，放眼未来。在课堂，他激情充沛，激扬文字，秉承"师者，所以传道授业解惑也"的古训，着重培养学生的专业素养、职业技能和奉献精神，教育学生有理想、有信念、立大志，为中华民族的伟大复兴贡献青春和力量。

张龙平教授对高端审计人才的培养，对审计教育方法的创新，对我国审计准则的制定，对审计科学的探索，都付出极大的热情和精力，作出了重要贡献。作为长期共事的朋友，我以他为骄傲。

4. 中国注册会计师协会专业标准与技术指导部主任、国务院政府津贴获得者唐建华博士评价

审计大家的风范
——记我的审计启蒙老师张龙平

唐建华

张老师是我的审计学启蒙老师，引导我进入审计之门，滋养我的审计人生。1996年，我在中南财经大学读会计学研究生，幸遇张老师担任《西方审计学》英文原版课的授课老师。张老师让我们复印了《Auditing：an integrated approach》经典教材，并详细讲授了其中最核心的9章。这本教材实现了理论与实务完美结合，历经多年而不衰，由杨时展教授指定作为张老师博士生期间的教材，张老师又传承给我们。记得讲课时，正值武汉的盛夏，当时张老师又胖，一个专题三个小时，来回走动、活力四射，满身大汗，而台下的我们是如痴如醉，久久不愿下课，彻底改变了对审计学枯燥无味的认识。一个有力的证据就是他的博士生中有很多人选择在高校从事审计教学。他讲课有几个特点：一是厚积薄发，精心准备。不仅早早精心备课，在上课前一个晚上通常会闭门预演，严阵以待，成为知名教授后依然如此。他认为讲不好课是浪费学生的时间和生命，对不起这门学科。二是深入浅出，在20世纪八、九十年代，很多西方审计的一些理念概念方法我们找不到对应的中文表达，需要在吃透原文的基础上进行创造性翻译，如“assurance（鉴证）”、“assertions（认定）”、“materiality（重要性）”等，张老师就是开拓者、传播者。在讲授过程中，有些概念他会结合生活的实例进行讲解，深奥的专业概念就会变得容易理解。比如在讲重要性时，张老师会拿他的身

高开涮，说如果女孩相亲认为身高是重要考量因素，假设张老师只有165CM，但在简历上说有170CM，这个错报就可能构成重要错报了，因为它会影响女孩是否给予张老师面试机会的决策。三是有思想高度。张老师在讲课时，不仅做到技术层面融会贯通，而且能够理论联系实际，学以致用，解决实务问题，会上升到国家层面的法规制度建设、审计准则建设。正是张老师的坚实铺垫，为我以后参与我国的审计准则建设与国际趋同工程、担任国际审计与鉴证准则理事会（IAASB）理事奠定了坚实的基础。

张老师对我国审计准则建设和国际趋同工程作出了卓越贡献。西方国家注册会计师行业发展有一二百年的历史，形成了先进的理念，积累了成熟的技术。自我国注册会计师行业1981年恢复重建以来，财政部领导就十分重视审计专业标准建设与国际趋同，将其视为规范和引领我国注册会计师行业发展，快速缩短与西方注册会计师行业技术水平差异，提高审计质量的重要抓手。张老师是审计准则建设的“元老”和核心成员，倾注了极大的热情和心血，奉献了知识和智慧。他亲自起草了多项准则，并指导其博士生团队完成起草了十多项准则，解决了整套审计准则起草过程中遇到的诸多重大理论和实务技术难题，啃了很多硬骨头。在审计准则国际趋同任务吃紧关头，他克服女儿高考无人照顾的困难，在国家会计学院和北京万寿庄宾馆长住几个月，白天参与准则讨论，晚上继续审稿和解决讨论中遇到的问题，一丝不苟，经常弄到凌晨一两点，早上先交任务，然后继续参加讨论。他对审计准则的持久热情和投入确实令人敬佩。1997年，中注协组织审计准则起草组赴美考察审计准则制定工作，与其他同志不同，他只买了一套昂贵的英文原版美国审计准则。起草一个审计准则项目前后需要花费十多天，但经费可能比不上他讲一两天课的课酬，但他能够始终如一，2004年担任中国注册会计师审计准则委员会委员后，仍然要求和坚持亲自起草准则及指南。他所有起草准则及指南的手稿，至今仍保存在中注协专业标准与技术指导部。

在做人方面，张老师也是我们的楷模。他常给我们讲杨时展老师如何坚持真理，如何教书育人，如何充满知识分子的家国情怀。他予以传承、践行和发扬。他主张人应当为社会、为国家多做贡献，在其位、谋其政，痛恨社会寄生虫。正是在这个价值观指引下，他立志于专业报国。仁者爱人，他以普渡众生为己任。他对我这愚钝的学生，总是很有耐心，循循善诱。他严于律己，宽以待人。在餐厅吃饭，他也只点便宜家常菜，只要配一碟辣椒就行，免费的餐巾纸能省就省。餐厅服务员服务不到位，甚至无礼，他首先想到的不是批评服务员，而是服务员可能没有享受到教育和培训的机会，我们的教育培训如何能够改进。但对有困难的同志，他毫不吝啬，慷慨解囊。他就是值得我一生尊敬和学习的老师。

5. 中南财经政法大学二级教授、博导唐国平评价

深耕一业，成就一方
——记张龙平教授

唐国平

有幸与龙平教授同学、同事，已经三十余载。同行都知道他一直研究审计学，是成名早且影响大的审计学者，而且，他还是“一个专业”“一个方向”“一个单位”“一份职业”，直至今日，典型的“从一而终”。正因为如此，母校的审计学科一直在国内名列前茅。

20世纪80年代中期，我从外地考入湖北财经学院（后称中南财经大学，今中南财经政法大学）攻读硕士学位，与龙平同班。那时的学生生活单调，尤其是研究生，上课之余都是泡“馆”（图书馆）。加之当时会计界“会计本质”之争进入白热化阶段，因此，班上发论文、钻研之风盛行。龙平最早感兴趣的是会计基础理论研究，常常拿着方格稿纸誊写的论文就“会计学科体系”“财务会计理论结构体系”等与大家讨论。其在硕士阶段研究、撰写的两篇会计理论文章最终发表于《会计研究》。

硕士毕业留校，龙平由“组织”安排去了审计教研室，开始了他长达三十年的审计教学与研究之路。当时，我国的审计工作无论是政府审计还是注册会计师审计，都尚处于起步阶段，理论研究也基本是空白。为弥补这方面的不足，他选择了继续攻读审计学方向的博士学位。在导师的指导下，他系统梳理了财务审计的理论体系与内容，并以此为基础完成了他的博士论文及专著《注册会计师审

计控制系统研究》。这是国内第一部采用理论与实践相结合的方式深刻阐述我国注册会计师审计系统的专著。

20世纪90年代前半期，为了适应社会主义市场经济建立与发展的需要，注册会计师人才培养成为重要的“总理”工程。全国首批23所大学被授权开设“注册会计师”专门化（专业方向），为国家培养具有国际水准的注册会计师后备人才。龙平教授独立投标，获得全国注册会计师专门化九门核心课程教材之一的《审计》“主编权”。不久，在“九针打印机刺耳的叫声”中，近七十万字的《审计》教材问世。这是我国自主编写的第一部注册会计师专门化的审计学权威教材。该教材面世，也奠定了龙平教授在业界的学术地位。之后，他又受托担任全国注册会计师统一考试教材《审计》的编写、主审工作。

龙平教授是我国注册会计师审计等执业准则及其指南起草制定的资深专家。二十多年来，他和他的团队先后承担了数十项注册会计师业务准则及其指南项目的研究和起草工作。不仅如此，他还成为我国注册会计师全国统一考试多年的《审计》科目命题、审题专家，也长期参与了注册会计师统一考试的阅卷及组织管理工作，为我国注册会计师人才培养作出了突出贡献。

作为一名审计课程的资深教师，龙平教授特别注重教学内容及方法的改革与创新。如何把一门专业性强却往往枯燥无味的课程讲得生动有趣，是他一直津津乐道的话题。在课堂上，不少学生常常看到他在三九寒冬也讲得汗流浃背，其实，这不仅仅是一种敬业，更是一种发自内心的与他人分享。在他的带领下，由他主编的审计学教材入选国家级规划教材，由他主持的审计学课程被评为国家级精品课程、国家级精品资源共享课程、国家级双语示范课程，由他领衔的“注册会计师行业发展研究中心”获批为省级人文社科重点研究基地。

“弱水三千，只取一瓢。”是龙平教授三十多年来在教学与科研方面的真实写照。他专精于一，“干一行、爱一行、精一行”，堪称学者的楷模。

二、学生评价

1. 中南财经政法大学会计学院院长、教授、博导张敦力评价

心系学科千秋业　殚精竭虑二十载
——记首批全国会计名家张龙平教授

张敦力

今年恰逢母校中南财经政法大学建校70周年，也是学校实施国家“双一流”学科建设的关键之年。我校会计学科因整体实力在全国位居前列，学校将其作为国家“双一流”学科建设的重要组成部分。

我校会计学科在人才培养、师资建设、科学研究、社会服务、国际交流合作、文化传承创新和内部管理等方面取得了卓著成绩，凝聚着一代又一代会计学人的智慧和心血，张龙平教授就是其中的杰出代表。

张龙平教授自15岁那年考取我校财务与会计专业本科生以来，已与母校一起度过了37个辉煌岁月，他把母校当作最亲爱的母亲，以实际行动为学校争光添彩，尤其是在担任会计系副主任、会计硕士教育中心主任、会计学院副院长和院长的20年里，他为学院学科的发展呕心沥血，他不仅身先士卒，而且以饱满的热情号召全院师

生员工："会计学院是我家，学院发展靠大家"，树立人人讲奉献的优良院风，他带领全院师生充分发挥主人翁精神，自强不息，自我超越。

张龙平教授深刻认识到团队建设和体制机制建设在促进学院学科发展中的重要作用，他总是强调：火车跑得快，不能仅靠车头带，更要每个车轮齐心跑。为此，他从改革学院绩效分配制度入手，从各个层面调动师生员工的积极性和创造性，全方位提高学院人才培养质量、科研创新能力和社会服务水平，他不仅自己带头申报国家重大课题，作为首席专家承担了新中国成立以来的第一个审计学领域的国家社会科学基金重大项目，而且协助郭道扬教授成功申报了第一个会计史领域的国家社会科学基金重大项目，还担任专家和组织专家组指导青年教师申报了一项又一项国家级课题，为学院国家级课题立项长期处于全国领先水平奠定了坚实基础。

科研是课堂教学内容创新的源泉，课堂教学是人才培养的重要途径。张龙平教授作为我国注册会计师审计准则和政府审计准则的资深专家，他一方面带领团队高质量完成相关审计准则的草拟和修订研究工作，另一方面在第一时间义务为学院教师讲解准则制定修订的背景、重难点和具体实施中的关键点，他将科研、教学和注册会计师行业的后续教育有机结合起来，以高度的历史感、以学生特别喜欢的方式高质量讲授本科、硕士、博士专业课程和行业高端培训课程，培养了一批又一批审计人才。他强调高质量教学研究成果与专业研究成果等同重要，关注教师的课堂教学质量，手把手指导年青教师提高课堂驾驭能力。我现在还记得，当年他认真为我们研究生班上西方审计英文原版课和指导我硕士学位论文的生动感人场景。

张龙平教授作为国务院学位委员会工商管理学科评议组成员和教育部会计学专业教指委委员，极其关心会计学科的长远发展，他从会计学科的学科内涵、会计人才培养现状及其存在的问题、国内外设置该学科的状况和发展情况、学科的主要研究方向及其研究内容、学科的理论和方法论基础、学科与其相近一级学科的关系、社会对会计学科的需求情况及就业前景、会计学科的发展前景等方面多次向国家有关部门建言献策，积极呼吁将会计学科从二级学科调整为一级学科。

习近平总书记指出，世界上没有坐享其成的好事，幸福是奋斗出来的。毫无疑问，奋斗需要健康的体魄、高尚的情操和坚强的意志，为此，张龙平任院长期间，号召老师们在工作之余加强身体锻炼，动议学院工会组建羽毛球教工队、每年组织师生冬季长跑运动会，这些活动得到了师生员工的热烈响应和广泛参与，现已成为会计人加强情感交流的桥梁和纽带，形成了会计学院文化建设中又一道亮丽的风景线。

雄关漫道真如铁，而今迈步从头越。我作为会计学院现任院长，将继承、发扬他们这代人的奉献精神和管理智慧，和全院师生一道，力争使会计学院各项工作上一个新台阶。

2. 杭州电子科技大学教授、博导王泽霞评价

我的良师益友张龙平教授

王泽霞

用“良师益友”最能表达我和我的博士生导师张龙平教授的师生情谊。导师学术功底深厚，睿智乐观风趣，对我学术研究及工作给予无私关怀和大量指导。他的勤奋激发我对学术研究的热情，我申报获准立项的两项国家自科基金项目的申请书，从项目选题到研究内容细节的反复讨论与修改，都倾注了他大量的心血，我永生难忘。

我从事管理舞弊审计问题研究达15年之久，可追溯到2001年在中南财大读博期间，中国发生银广厦舞弊事件，同年美国发生安然舞弊丑闻，引起我思考现行的审计模式——审计管理舞弊是否存在缺陷？面对这一世界级审计难题，审计理论究竟该如何创新？就此问题在我国著名的审计学家张龙平教授的指导下，我展开了深入研究，2003年在《会计研究》我们合作发表了“美国舞弊审计准则制度变迁及启迪”；在《审计研究》发表了“美国独立审计师揭露舞弊财务报告的研究成果及启迪”；当年以我博士论文的研究内容申报国家自科基金项目“审计技术理论创新与应用研究”并获批立项（70372040）。该项目在理论上，提出并创立了以管理舞弊作为财务报表审计重点的管理舞弊导向审计模式；在方法上，提出了先研究管理舞弊的红旗标志，再采用科学方法确定各标志的权重，为后续深入研究提供了新思路；在应用上，通过多方法研究总结得出的中国上市公司管理舞弊的重要红旗标志，为CPA审计管理舞弊提供了

具体指导，实现了审计管理舞弊技术线路的创新。主要观点发表在2004年《会计研究》“论风险导向审计发展创新——管理舞弊风险导向审计”文章中，同年此文荣获中国会计学会审计专业委员会优秀科研成果一等奖；我2004年出版的专著《管理舞弊风险导向审计研究》，在理论上指出重大错报风险源于管理舞弊，因此审计中评估财务报表重大错报风险应以管理舞弊作为新的起点和导向，进而提出了管理舞弊风险导向的理论框架，获得浙江省高校科研成果二等奖。

2005年，中国资本市场进入股份全流通时代。后股权分置时代，股份全流通将大股东和高管的利益与资本市场联系起来，改变了大股东、高管的利益构成，从而影响并可能产生资本市场动机推动的管理层管理舞弊行为。中国资本市场的制度环境重大变化究竟是否带来舞弊行为新动向？股份全流通是否会引发基于资本市场动机的舞弊行为？呈何规律特征？CPA如何才能更有效地识别评估舞弊，规避执业风险？这些问题都是审计理论界和实务界亟待解决的重大难题。为此，2011年我再次申报并获准立项国家自然科学基金项目“上市公司管理舞弊风险指数及其监督机制研究”（71172098）。本项目紧紧围绕中国资本市场股权分置改革这一重大制度变迁，理论分析、制度分析、案例分析了管理舞弊的动机及行为规律特征，就如何识别舞弊风险因子（舞弊风险预警信号）并构建更有效的量化舞弊综合风险评价模型展开了深入研究。

能长期坚持从事舞弊审计研究，衷心感谢我导师的鼓励与支持。我的学术生涯中有幸遇到我国的会计名家、审计学术大师张龙平教授，是我人生最大的财富，师恩宝贵！我将不忘初心、砥砺前行，力争为我国审计事业发展作出更大的贡献。

3. 云南财经大学教授、博导朱锦余评价

学术成长的良师，人生道路的益友
——记张龙平教授对我的指导

朱锦余

我在西南财经大学就读会计学硕士学位期间，因主攻方向定为审计理论研究，在阅读专业文献中就了解了中南财经大学的张龙平教授，他发表的论文及其体现出的学术思想和学术活力深深吸引了我，自此，我与他便开始了神交。我记得第一次与张龙平教授当面交流是在1997年的中国中青年财务成本研究会（现为中国会计学会财务成本分会）学术年会上。在东北财经大学承办的那次年会上，张龙平教授当选为中国中青年财务成本研究会常务理事兼副会长，我则当选为理事。我们在会议期间有了面对面的交流，从而加深了我对张龙平教授的了解。在1999年底我准备报考博士研究生时，就与他联系，欲报考他的博士生。他告诉我，他虽为导师组成员，但尚不能独立招生，并推荐我报考了罗飞教授的博士生。我2000年顺利考入中南财经大学攻读博士学位时，张龙平教授也具备了独立指导博士生的资格。因在当时录取的博士生中，只有我是主攻审计理论方向的，张龙平教授最擅长的研究领域也是审计理论，因而经过协商后，我转而跟随张龙平教授，幸运地成为他独立指导的第一位博士生。无论是在我攻读博士学位期间，还是之后的学术与工作方面，张老师均给予了全面指导，不仅是我学术方面的导师，也是我工作与人生成长的导师。

一、细心指导研究与论文写作，引领我步入研究圣殿

研究与论文写作需要个人学习与感悟，更需要名家的引领与指导。有名家的指导，则会少走弯路，少些迷茫，快速进步。我很幸运获得了名家的言传身教。就读博士后，张龙平教授就在研究与论文写作方面给予了无微不至的指导。如当时我国注册会计师尚未开展企业内部控制评价工作，而在以美国为代表的发达国家中出现了注册会计师内部控制评价业务。我国是否应当开展企业内部控制评价业务，涉及哪些相关的理论问题，实务中可能存在哪些困难，是否应当制定相关业务准则以指导和规范此类业务等问题需要进行研究。张龙平教授敏锐地抓住了该热点和前沿问题，指导我开展这方面的研究。我在阅读相关文献和他的指导下，撰写了《关于注册会计师对内部控制评价的理论思考》一文，提交给他审阅与指导。没有想到的是，他在百忙之中不仅批注了修改方向与内容，亲自对部分内容进行了逐字逐句的修改，还约我到办公室当面指导了修改思路与理由，阐述了相关研究进展和后续研究方向，并结合自己研究与撰写论文的心得，指导我在研究中如何紧跟研究前沿、如何选题、如何谋篇布局与遣词造句等，我当时便有茅塞顿开之感。在他的细心指导下，这篇论文得以发表于《审计研究》2002 年第 2 期。此外，另一篇相关论文《美国、澳大利亚、中国的内部控制审核报告》发表于《中国注册会计师》2002 年第 11 期。

博士毕业论文选题是博士生最头疼和最重大工作。我在如何选题请求他指导时，他给出了很好的建议。他认为，注册会计师执业报告的相关理论与实务问题值得研究。当时注册会计师审计报告越来越符号化，信息含量不高，与使用者的沟通价值不够；注册会计师的业务种类将会增加，不同业务报告既有不同点，但也应有一套

通用的指导注册会计师业务报告编写的基本理论。因此，如何以注册会计师财务报表审计报告为主体，其他业务报告为补充，建立一套相对完善和科学的注册会计师执业报告理论体系，以指导相关业务报告准则的制定，进而规范业务报告，就具有十分重要的理论意义。在他的指导下，我决定以《注册会计师执业报告研究》为毕业论文选题。为做好开题报告特别是其中的研究大纲，设计好调查问卷，他还指导我要多向其他专家教授虚心请教，为此，我还就研究大纲、调查问卷乃至论文初稿等多次向高子宏、张锦秀、高文进等教授请教。在论文研究与写作过程中，凡是遇到困惑，无论他多忙，总会抽出时间来悉心指导。正是在他的悉心指导下，我按时完成了毕业论文并顺利通过答辩，论文核心内容在《会计研究》《审计研究》《中国注册会计师》《当代财经》等发表；论文2005年在高等教育出版社出版，他挥毫作序并给予较高的评价；论文获得了云南省2006年度优秀哲学社会科学成果著作类二等奖。

二、带入审计准则起草专家组，引领我为审计事业作贡献

张龙平教授是我国资深的审计准则起草专家，深知跟踪国际审计准则的发展对我国审计理论与实务特别是审计准则建设的深远意义，因此，他指导我将审计准则的研究作为主要方向之一。为了奠定扎实的审计准则功底，除了指导我阅读相关文献外，他还将其重金购买的“国际审计手册”拿给我阅读，并指导我深入细致地学习，要求我尽可能将国家审计准则原文准确翻译为中文。由于自己专业英文还不是很扎实，在阅读与翻译中经常遇到问题，他总是不厌其烦地为我讲解，不仅分析该词汇的翻译，还与我一起字斟句酌地、咬文嚼字地讨论如何更准确地表述为中文；不仅解释该术语的含义，还将其相关联理论问题阐述清楚，并指导我弄清相

关问题还可以阅读哪些文献；哪些问题还可以进一步研究以及研究的视角。正是在这样的研读中奠定了我扎实的国际审计准则理论功底，引发了我对国际审计准则的浓厚兴趣，并一直保持对国际审计准则的跟踪；也提高了我专业英语水平。这对我以后从事审计学双语课程教学和留学英国、澳大利亚等都具有十分重要的意义。

也正是因为奠定了较扎实的国际审计准则功底，2001 年初，张龙平教授推荐我到中国注册会计师协会参与我国注册会计师审计准则的研讨与制定，并负责起草审计报告准则与指南，以后多次承担审计报告相关准则和指南修订的起草工作，为我国注册会计师审计准则发展作出了点滴贡献。

此后，张龙平教授还将翻译当时美国经典审计学教材“Auditing and Assurance Service：An Integrated Approach”第 8 版的任务交给我，由我组织在读博士和部分在读硕士完成了初稿翻译工作。这个过程对我的学术和教学影响重大：一是我深刻感受到了美国经典原版审计学教材的魅力，并加深了我对审计学基本理论以及审计学教材建设的认识；二是我在以后承担审计学双语教学中均选择“Auditing and Assurance Service：An Integrated Approach”最新版作为教材；三是对我主编出版审计学教材产生了重大影响，在我主编出版的审计学教材中可以找到该教材的思想和精髓。

三、分享行政管理智慧，引领我为学科建设积蓄力量

我于2001 年11 月被云南财经大学提拔为会计学院副院长，分管学科建设、科研管理和研究生培养等工作。对于一个缺乏行政管

理经验的普通教师来说，既感责任重大，又感压力不小。而张龙平教授正好担任中南财经政法大学会计学院副院长，在这方面积累了丰富的管理经验。他一方面给我鼓劲加油，另一方面还将其积累的经验毫无保留地传授给我，指导我多向其他管理经验丰富的老院长学习请教。如制订学院学科发展规划、建立健全一套良好的管理制度和激励机制、将有限的资源用于学校关键工作、组建科研团队进行学科建设和科研攻关、激励和帮助教师申报科研项目和发表高质量的论文等，我根据他分享的行政管理智慧，很快就打开了管理工作局面，且取得了显著效果，得到了学校和教师的充分肯定。此后，我无论是转岗担任会计学院党委书记，还是担任学校科研处处长、人事处处长，他都一直将其多年从事行政管理的所思所做所得与我分享，使得我增强了做好行政管理工作的信心，并在管理岗位上取得了受到学校领导和广大教师认可的成绩。

此外，张龙平教授还利用师门聚会的机会，主动分享其人生经验，留给我印象最深的是他任何时候都充满了正能量！他随时随地都热情洋溢、激情四射；任何时候都充满阳光，以积极进取的心态看待人和事。他教导我们，要多看他人的优点和成绩，多鼓励帮助他人；对自己要一分为二，胜不骄、败不馁；要有家国情怀，为国家、为社会、为单位多作有意义的事情，多作贡献；要感恩国家，感恩党，感恩单位，感恩父母，感恩亲人，感恩朋友！他不仅言传，更重身教，在我博士毕业以后，无论遇到什么问题，无论他有多忙，都会帮助我们出谋划策或直接解决，从他那里获得智慧和力量。正因为如此，我从心底里感恩遇到一位德高望重、学识渊博、充满正能量的年轻名家！

4. 中南财经政法大学教授、博导王清刚评价

我和我的导师

王清刚

我是张龙平教授指导的2001级博士生，其实，我们的缘份始于1993年9月，我进入中南财大读硕不久，便在一次学术报告中认识了张老师。那时的他给我的印象是身材偏胖，非常健谈，讲话声情并茂、充满激情，极具感染力。而且张老师性格阳光、随和，没有架子，脸上总是带着自信灿烂的笑容。张老师的这种豁达的性格和为人处世的风格对我的学习、工作和生活影响很大，我也慢慢学会了如何与学生建立亦师亦友的融洽关系。

张老师是中国会计学界难得的资深审计专家。1993年、1995年分别破格晋升副教授（27岁）、教授（29岁）。他的理论水平和学术造诣一直是我等学习的楷模，激励我们不断前行。

他带领学术团队，长期参加起草、制定审计准则、部门规章，为我国审计学专业建设和注册会计师行业发展作出了重大贡献。张老师的授课水平和教学质量更是一流，长期受邀承担全国注册会计师及大学审计师资培训的教学工作，教学效果得到公认好评。他领衔建设的《审计学》先后获得国家级精品课程、国家级双语示范课程、国家级精品资源共享课程等称号，他带领的审计学教学团队被评为“湖北省优秀教学团队”。

张老师除优质完成教学和科研工作外，还无私地兼任大量的行

政工作和学术职务，其贡献和成就有目共睹。他先后担任教研室主任、会计学院副院长、会硕中心主任、会计学院院长；国务院学位委员会工商管理学科评议组成员，全国首届审计硕士教指委委员，全国工商管理（会计学）本科教指委委员，中国会计学会副会长，中国审计学会常务理事等。

张老师指导学生方十分用心并讲求方法，指导的多篇博士论文被评为“湖北省优秀博士学位论文”。记得我博士入学不久，张老师便对我说：“做学术、搞研究要聚焦某一领域，研读文献，撰写论文，以尽快形成自己的特色和专长”。我一直对会计感兴趣并取得一定成果，想把博士学位论文选题定在会计准则方面，怕他批评和他的研究方向不同。正当我犹豫不决时，张老师了解情况后主动找到我说：“清刚，我不强求你的研究方向与我保持一致，只要你感兴趣，有特色，大胆去探索吧。学术交流不要仅局限于自己的导师，要多多与其他老师交流。”我永远铭记导师的包容、鼓励、指导和关切。特别是在我写作学位论文中，他反复十几次与我交流论文框架、主要观点及具体表达，让我受益匪浅。2012~2013年我申报获准立项的国家社科基金课题，仅他个人帮我修改的申报书就有8稿，他还先后两次特邀校内外专家帮我完善标书。我十分清楚其中有导师多少汗水和功劳，很多人都羡慕我有一个好导师。

张老师经常提醒我们要重视锻炼身体，保持健康体魄。他常说，锻炼身体不仅是对自己负责，更是对家庭、单位、社会和国家负责。他身体很好，喜欢游泳、徒步、打羽毛球等运动，他常和学生们一起运动，是我们心中的良师益友。

在日常生活中，张老师对学生关爱有加。师弟谢盛纹教授在江西财大工作，2012年生病，张老师立刻前去关心。2017年9月和10月，又携同门代表前去看望。2012年5月，我突发疾病住院，当时张老师正在外地出差，得知情况后凌晨即刻在机场连打十几个电话，连夜找人帮我办理住院手续。

师恩似海，点点滴滴，不胜枚举，我将用一生去珍藏这份情谊！在此，我只想由衷地对张老师说声“谢谢”，祝张老师及家人安康吉祥，幸福永远。

5.浙江财经大学教授、博导邓川评价

我的良师益友：张龙平教授

邓川

2003年，我有幸考入中南财经政法大学攻读博士学位，师从我国著名审计专家张龙平教授。张老师是我的人生楷模，我为有这么一位良师益友深感荣幸。

一、学术贡献和社会贡献卓著

张老师自1987年工作以来，一直从事西方审计学、审计理论及实务的教学和研究工作，学术造诣深厚，尤其在注册会计师国际执业准则与相关理论，中国注册会计师执业准则、职业教育与实务改进等领域有深入的研究和独到的见解。1995年至今受财政部、审计署邀请参加起草和制定我国政府审计和注册会计师审计行业规范，兼任国务院学位委员会工商管理学科评议组成员以及我国多个重要学术机构的重要职务。

张老师还一直参加全国注册会计师资格统一考试辅导教材《审计》的编写、主审和评议工作。张老师负责主持讲授和领衔建设的《审计学》先后获得国家级精品课程、国家级双语示范课程、国家级网络精品课程等荣誉称号。他负责的审计学教学团队被评为“湖北省优秀教学团队”。指导的多篇博士学位论文获“湖北省优秀博士学位论文”荣誉称号。1995年至今，一直担任中国注册会计师协会、三个国家会计学院、财政部、审计署、证监会、省级行业学会和协会、国内著名大型会计师事务所等举办的相关审计人才培训班的主讲教师。张老师长期的工作表现和优秀业绩得到财政部、审计署领导及同行专家的一致肯定。

二、悉心指导学生，治学严谨，敢于批判

在专业指导上，鉴于我国注册会计师审计领域发展较晚，国内对很多审计概念和方法尚有争议，而国际审计准则的发展相对成熟，因此张老师鼓励我精读西方经典的阿伦斯审计学，紧密跟踪国际审计准则发展，让我在博士生期间就将英文版国际审计准则翻译成了中文。在张老师的指导下，我对审计理论体系有了较为深入和系统的理解，重要审计概念和审计方法有了融会贯通之感，为我后续的审计研究与教学工作打下了良好的基础。

在跟随张老师学习的过程中，我也深深地感受到张老师的治学严谨，求实创新，不唯书，不唯上，不唯西。张老师对很多重要的审计学术问题有自己独到的观点，敢于批判。对于政府审计，他结合我国实际情况，对政府审计的领导体制、审计人员和经费、审计职责、审计权限、审计透明度、审计质量、效益审计工作、法律责任等根本性问题进行了深入的思考，他提出的问题和对策建议得到了有关部门的高度重视，引发了学术界的普遍关注。对于注册会计师审计，他在审计委托关系、审计风险、审计重要性、审计证据等重大问题上有着深入的研究，在肯定一些西方学术研究成果的同时，他也提醒学生采取批判性的学习方法。

以审计质量为例，西方学者认为，审计质量的高低由审计师发现问题并揭示问题的联合概率决定，前者取决于审计师的专业胜任

能力，后者取决于审计师的职业道德（独立性）。国内学者也普遍接受了这种观点，然而张老师提醒我说，是否发现问题不仅与胜任能力有关，还与职业道德有关，如果审计师与客户串通或者不愿为难客户，那么其审计程序的设计可能会有意回避一些客户管理层的舞弊环节；另一方面，揭示问题也不仅与独立性有关，揭示问题的能力也很重要，在我国审计报告准则引入关键审计事项的背景下，不当揭示问题可能会误导审计报告使用者，或者造成信息过载，这样也会损害审计质量。进而，他与我就职业道德问题的研究价值，会计信息质量或审计收费水平能否代表审计质量等问题进行了深入的讨论。张老师的独到思想，让我感受到了他对我国审计实务和国际审计准则最新发展的准确把握，提醒我们不仅仅要读万卷书，而且要行万里路，要多向审计实务界学习，多进行实务调研和交流。审计研究要避免空谈和人云亦云，要接地气，否则我们的研究就没有意义。

三、关爱学生，人生导师

张老师不仅在专业学习上为学生倾注了大量心血，而且他严谨务实的工作作风、豁达乐观的生活态度、做事的魄力，都给我们留下了深刻的印象。从论文的指点迷津，生活中的点滴小事，到充满亲情的师门聚会，学生都从恩师身上学到了知识，感受到他的人格魅力，领悟到了做人处事的道理。

每次有已毕业的博士回到武汉，张老师只要有一点时间，都安排在汉学生一起聚聚，欢迎到来的学生，让我们感受到大家庭的温暖，感受到张老师带来的正能量和精神洗礼。我在学校教师岗位和后来的双肩挑工作岗位上，在生活上甚至在小孩的培育上有什么疑问或烦恼，也都乐于与张老师交流，他都悉心帮助和指导。当我自己工作单位的事情要麻烦他时，他都毫无怨言地给予支持。

张老师经常提醒我们，作为高校教师或副院长，不仅要有较高的学术水平，而且还要有德，德才兼备，德为先，做学问要先学会做人，要正派、正直、正义，尊重他人。处理事情，要多想到别人，不自私，不耍小聪明，事情自然就好做，“心底无私天地宽！”多为别人着想，才会走得更远，收获更多！

在我担任自己学校会计学院副院长之后，他通过一些身边的小事情，无形中提醒我戒骄戒躁，不能因为自己现在是学院领导就飘起来。我经常跟随张老师一起参加国内学术会议，尽管他已是中国会计学会副会长、中国审计学会常务理事，但我看到他无论做主持人，还是自己做学术报告，他都将心比心，在会议之前精心准备，会议当中帮助主办方照应会务，充分尊重会议交流者的贡献，尊重听众，不卑不亢，幽默谦和，深受大家的喜爱。他的言行举止潜移默化地影响着我们这些学生。感谢张老师的教诲！

6. 中南财经政法大学教授、博导李璐评价

记我的导师张龙平教授

李璐

每个人的成长道路，都离不开引领前进方向的智者的指导和帮助。中南财经政法大学博士生导师张龙平教授，就是对我一生，包括专业学习、为人处世等方面，影响最为重大的恩师之一。

从2001年本科毕业至今，我在中南财经政法大学会计学院攻读会计学（审计专业方向）的硕士、博士，留校任教，一直在导师的指导下学习和成长。坦诚、大气、对专业追求的一丝不苟、对生活世事的宽容豁达，是导师给学生的最深刻印象。浑身满满的正能量，让周围的人都能感受到一股积极向上的热情和干劲。

一、热爱专业，投身行业标准的制订工作

张龙平教授自1995年起，一直参与我国注册会计师行业标准的起草制订和修改完善工作。作为老师的学生，我有幸跟着学习和做些基础工作。导师以及其他专家们勤勉认真的态度、谦虚谨慎的精神，以及科学合理的工作方法，让我们深受触动。

北京的夏天，十分炎热。专家们经常从早上8点开始，围坐在宾馆的会议室里，盯着投影仪画面，讨论到晚上10点，持续十来天。每次到了最后，一群学生们屁股都坐不住了，张老师等专家们还能稳如泰山，紧盯着蝌蚪般密密麻麻的英文原文，逐字逐句地审

核修改，精准把握专业内涵。

在2008年国际会计师联合会完成明晰项目之前，国际审计准则的原文偏好使用大段落的复杂从句，意思表达晦涩难懂。在揣摩中文意思时，来自准则制定机构、国内外大型事务所、以及科研院所的专家们，经常会有意见分歧。本着对专业负责的精神，各方据理力争，争论得热火朝天。即便任当天的会议主持，张老师也从来都是虚心听取各方面，包括后排博士生们提出的改进意见。能把控全局，给出最令人信服的阐述。审计准则起草的氛围既紧张又活跃，其乐融融。让我们这些后辈们既听到了专家们的细致解读，又学习了和而不同的工作方法。

二、攻坚克难，承接国家社科重大科研课题

2011年，国家社科重大科研课题招标题目中，首次出现会计、审计的话题。经学院讨论，决定由郭道扬教授、张龙平教授挂帅任首席专家，分别申报。导师牵头，申报的是环境审计理论与实践研究问题。作为首席专家的助手，我有幸全程参与。

这个话题在当时属于比较新颖的前瞻性课题，研究成果并不多见，有关环境审计的本质、内涵外延、主体、客体以及对象范围都不甚清晰。凭借深厚的理论功底、以及对宏观政策捕捉的敏感度，导师首先将环境审计与国家治理相挂钩，提出应当站在国家生态安全、维护国家利益以及公民环境权利的视角和基调，研究环境审计问题。首先厘清环境审计的理论认识，梳理国内外发展实践，搭建环境审计的理论架构。再从水、大气、土壤等方面，展开专题研究，积累汇编案例。最后从基本制度以及应用制度层面，提出可操作性、

针对性、前瞻性的政策建议。在导师的科学部署下，仅在申报阶段，项目组就拿出了近12万字的研究论证方案。

课题申报的最终答辩环节，在北京的京西宾馆进行。我作为助手，参加现场答辩环节。张龙平教授侃侃而谈，面对专家们提出的尖锐性问题，都能沉着应对、圆满论证。

在整个课题的设计、申报、答辩过程中，导师对哲学、社会科学领域重大专业问题的精准认识和把握、重大科研项目的驾驭、整个团队成员的分工管理、文字的锤炼与运用、临场应对的概括性和灵活性、以及对阶段性困难的应对和处理，都让我终身受益。

三、热爱生活，提携帮扶学生以及学术后辈

生活中导师很少生气，总是一副笑呵呵的样子，对学生们以及晚辈尤为亲切和气。最大的兴趣爱好就是运动健身。无论春寒料峭还是炎热酷暑，无论秋意瑟瑟还是隆冬时节，每天坚持运动，快走、游泳或者打球……老师总是笑着提点我们注意身体、少熬夜。

多年来，老师和师母琴瑟和谐，一直为学生们的成长提供尽可能多的帮助。逐字逐句帮助修改课题申报书；将自己受邀讲座的课件，无私地在群里分享学习；对生活遇到困难或者挫折的学生，第一时间给予援助和支持；对谢盛纹师兄（已故）的鼓励、关照，及其子女的关爱等等。犹记得博士毕业，当我表示希望继续深造的意愿后，导师大力支持，并推荐到北京大学光华管理学院进行博士后学习。反复叮嘱，一定要珍惜机会，好好学习深造。

导师对学术后辈，无论是否自己的学生，都爱护有加、尽力提携。看到年轻人工作中出现问题，也会善意地提点，帮助其进步。学院的年轻老师们，都很喜欢他。直至现在，每次打球，他老人家总是一呼百应。

在导师的学生中，女生多、男生少。他总是提醒我们，在追求事业的同时，一定需要兼顾家庭。人生有舍才有得，要抓大放小、树立风险意识，承担好妻子、母亲的家庭职责。

正因为有导师的指导、扶助和关怀，我才能信心满满地稳步走在审计的教学和研究之路上。师如父，恩如山。我将秉承他的品格和作风，努力做好教书育人工作，为国家建设和社会进步作出应有的贡献。

7. 中南财经政法大学教授、博导陈丽红评价

阅尽风帆，归来仍是少年
——记我眼中的张老师

陈丽红

一、淡定的教授与忐忑的我

2005年5月15日，对于大多数人来说，是极其普通的一天，但是于我而言，却是改变我职业生涯的最重要日子。那一天，我在中南财大首义校区文汇楼国际学术报告厅第一次见到我的导师张龙平教授。当我惴惴不安地手握简历站在会场门口张望时，深色西服包裹下，颇有点健硕的中年男士经过门口，“请问你找哪位？”有些紧张的我怯生道：“我找张教授！”“我们院里有好多张教授，你具体找哪位？”洪亮而有力的声音打消了我的顾虑，“张龙平教授。”“我就是。”网站上有些“婴儿肥”的照片和眼前瘦削的脸庞太难吻合在一起，有些尴尬的我真想钻到地底下。当听过我的自我介绍后，张教授叮嘱道：“你的情况我已知晓，博士入学笔试成绩还不错，你回去好好准备复试！”最后一句话犹如天籁之音，让我因博士入学考试烦躁不安的心瞬间平静下来。两天后，我接到了一个电话：“陈丽红同学，我是张龙平老师，下星期一进行博士生复试，请你务必多多复习最新的会计审计准则及其相关前沿文献。本校博士生复试是等额面试，只要你能正常发挥，应该就可以被录取。”挂掉电话，被电话震晕的我，好难相信这个事实。江湖中有很多博导录取博士生的传说或潜规则，有的博导好酒，有的博导好烟，有的博导好财，

但这个考前从来没有联系过，考后也仅仅是看过我一张A4纸简历的著名审计学家、被称“娃娃”教授的张老师，居然会录取我！他真的是如此与众不同，犹如一股甘甜的清流，犹如一缕雨后彩虹，犹如驾着七彩云的至尊宝，当里个当，闪亮登场了。

二、传奇的教授与受益的我

2005年9月，我正式开启博士生涯。博士课堂、中注协准则制定、课题申请、论文写作、职业定位、家庭育儿，诸多方面，我都深深地受到这个与众不同教授的引领和支持，也获悉了更多张教授的传说。他所行之处都是芳华绝代，因他心之所向逐梦不息。农家出生，15岁上大学，19岁免试读硕，21岁硕士毕业留校，22岁成家，23岁当爹，27岁破格副教授，28岁博士毕业，29岁破格教授并当选副院长，33岁受聘博导，42岁任院长，47岁当选中国会计名家……华丽璀璨、名副其实的事业和家庭双丰收的人生赢家！成功的花，人们只惊羡它现时的明艳！然而当初它的芽儿，却浸透了奋斗的泪泉。20世纪80年代末期，当很多人都沉醉在麻将桌上谈笑风生时，张老师独自一人坐在冰冷的办公室苦读中外审计名著，最终成为杨时展先生最引以为傲的接班人之一！20世纪90年代，当很多教授都奔波于市场经济的洪流中，张老师可以半个月规划一篇文章，一年持续发表20余篇文章，最终成为媒体和师生口中的传奇“娃娃”教授！2008年，张老师勇担重担，担任院长，和院班子一道，同心同德，引领会计学院学科建设上新台阶。2015年底，张老师又急流勇退，让贤于年轻人，但仍默默、坚定地关注和支持会计学院的发展。“生命是用来奋斗的，不是用来消耗的”，张老师用自己的一生对这句话作了诠释！

三、严谨的教授与成长的我

在博士及工作生涯中，多次课题标书申请的过程，让我与张老师有了更多的交集！记得第一次课题申报，还是他电话提醒我注意申报时间。当我揣着人生第一份标书来到他家时，他立刻拿出钢笔，帮我在纸质版标书上一字一句一个标点符号地修改，从选题背景到研究意义，从研究内容到重难点把握，标书的每一个地方都留下了张老师的批注，“你首先要明白想表达什么，评委才能知道你在说什么，如果连你自己都没有明确的观点，评委凭什么会给你投票？”“标书就像自己的孩子，你要全力去爱她，她才会给你回报。”“好文章和好标书都是需要一字一句不断地揣摩，能用最精练语言表达，就不要多啰嗦一个字。”“什么样的标书最能打动人？要站在评委的立场，而不能仅站在自己的立场去思考问题！”在一次又一次标书撰写过程中，在一次又一次标书申请失败面前，在一次又一次老师不厌其烦的鼓励和修改中，张老师身上那种求真务实、勤奋严谨、激情满怀的特质犹如冬日的暖阳慢慢地影响了我，让我体会到“成长的过程就是破茧成蝶，挣扎着褪掉所有的青涩，在阳光下抖动轻盈美丽的翅膀，闪闪的，微微的，幸福的颤抖。”

这就是我眼中的张老师，阅尽风帆，永远对审计专业充满热爱，对世界充满善意，对生活充满激情的少年！

第八部分

媒体报道及采访

會計

一、梅花香自苦寒来——记张龙平教授

——《财会月刊》2000年10期（作者：张敦力）

张龙平先生，1966 年 2 月生于四川垫江，中共党员，1981 年 9 月考入湖北财经学院（现中南财经大学）会计系学习，1985 年 7 月毕业后被推荐免试攻读硕士研究生，1987 年 7 月硕士毕业后留校执教。1994 年 6 月获本校会计学（审计方向）博士学位。1993 年、1995 年先后被破格晋升为副教授、教授。1993 年和 1999 年 12 月分别被批准为硕士生导师和博士生导师。现任中南财经大学会计学院副院长、院学术（学位）委员会委员、学校管理学科组职称评审委员会委员、中南财经大学 ACCA 培训中心主任。

（一）酷爱审计教学，注重教书育人，教学效果优秀

张龙平先生十分热爱教师职业，一直工作在教学第一线，年年超额完成教学工作量，已独立系统讲授《审计学原理》《财务审计》《审计学》《审计理论专题》、“Audit Framework”（英国原版教材）、“Auditing–An Integrated Approach”（美国原版教材）等课程。他对待教学工作一贯认真，从不计较个人得失，肯吃苦、讲难课。特别值得一提的是，他为本校同英国特许公认会计师公会联办的ACCA培训中心学员讲授“Audit Framework”和为本校会计学研究生讲授“Auditing–An Integrated Approach”，牺牲了大量业余时间备课，

教学效果获得一致好评，深受同学们的喜爱。

张龙平先生为人坦诚、平易近人、尊敬师长、团结同志，对年轻人尤其关心，深受学生和年轻教师的尊敬。每年新生入学，他都乐于接受单位指派为他们作专业教育的专题报告，不仅讲怎样学习专业知识，还讲如何做一名合格的大学生。新生普遍反映深受教育、收获很大。他博士刚毕业，就担任注册会计师专门化94级的辅导员，1995年底兼任会计系副主任后仍担任该班辅导员，直到1996年9月才移交此项工作。他是本校第一位博士、教授、系副主任担任辅导员的教师。他还经常同研究生和年轻教师交流沟通，探讨学习进步之道，鼓励他们成才。在他的鼓励和倡导下，已有许多年轻教师和研究生脱颖而出。

（二）潜心审计科研，注重教研互动，科研成果突出

张龙平先生1987年硕士毕业后一直任教审计。他认为要搞好审计教学，首先自己得具备宽厚的专业功底，而这需要教师不断学习和从事科学研究，只有科研和教学都优秀的教师，才可能成为合格的大学教师。他在职攻读博士学位期间，师从我国著名会计学家、会计教育家杨时展教授。杨教授对学生要求十分“苛刻”，不准许外出讲课挣钱，不准乱编东西赚“外快”，只准多读多学知识，多写文章养训笔头。在杨教授的指导下，他系统研习了《国际审计准则》、美国审计准则、美国大学审计等英文原版权威教科书及文献，着重研究了注册会计师审计的重大理论与实务问题，发表了大量学术论文，这为其日后的专业发展打下了坚实的基础。杨时展教授钟爱会

计、审计，严谨治学、安于清贫、认真做人的品格也深深地影响着他，催其不断奋进。

张龙平先生一直紧密围绕审计学来开展科学研究，取得了突出成果。累计发表论文100余篇，出版专著4部，主编全国性教材3部，主持研究财政部等课题6项。这几年是我国经济体制改革和会计、审计制度改革的关键时期，有许多重要会计、审计理论问题和实际课题需要研究。他有针对性地进行研究，取得了一系列重大研究成果，先后在《会计研究》上发表“论会计学科体系”“论财务会计理论结构体系”“也论会计学的理论基础”“中美股票投资会计模式比较研究”等论文，在《审计研究》上发表“审计定义”“论社会审计质量控制标准的建设”“审计质量特征及其对质量控制思想的影响”等论文，在《中国财经报》等发表了“国家审计再定位”“论内部审计的体制、职能、地位和作用”等论文，在会计、审计学术界引起了较大的反响。

注册会计师审计制度作为我国市场体系的重要组成部分，急需从理论上和实际上进行系统研究，以期建立能适应我国社会主义市场经济体制的注册会计师审计制度。张龙平先生公开出版了我国第一部全面系统研究我国注册会计师制度的学术专著《注册会计师审计控制系统研究》(20万字)。该书是在其博士论文的基础上修订完成的，是作者攻博期间潜心研究我国社会主义市场经济体制下注册会计师制度构造问题，所取得成果的集中体现。中国恢复注册会计师制度以来运作情况并不理想，归根到底是一个审计质量问题。注册会计师审计质量问题如得不到真正解决，将直接关系到市场经济的成败。为此，他从捍卫我国社会主义市场经济和中国注册会计师审计制度出发，充分借鉴国外有益经验，运用系统的方法和控制的观念，主张建立“中国注册会计师审计控制系统”，并提出了一系列独到见解。这些见解在社会上已产生较大影响，并得到了国家有关部门的高度重视。

鉴于张龙平先生在我国注册会计师制度研究方面取得的上述成果，中国会计学会特批准由他从1995年1月至1996年6月，负责主持研究财政部重点资助课题“中国注册会计师制度研究”。1997年又批准由他主持研究财政部课题“九五期间我国注册会计师行业发展中的若干问题研究”，1999年还批准由他主持研究财政部课题“我国现行《注册会计师法》的修订问题研究”。他在课题研究成果中的不少观点为财政部制订发展我国注册会计师事业的政策时所参考和借鉴，为建设我国注册会计师制度，进一步完善中国注册会计师法作出了应有贡献。

我国注册会计师事业是新兴的事业，审计准则的建设直接关系到该事业的兴衰成败。根据我国注册会计师法的规定，独立审计准则的制订发布权在财政部及中国注册会计师协会。财政部和中注协高度重视注册会计师审计准则规范的建设，到目前为止，已发布实施第一、二、三批独立审计准则和三个基本准则。张龙平先生继1995年10月被财政部邀请担任第二届“中国独立审计准则组”成员，参与制订完成第二批独立审计准则后，于1997年10月又被续聘为第三届“中国独立审计准则组”成员，参加制订第三批独立审计准则。2000年3月又被聘为第四届“中国独立审计准则组”成员。

他在第二批独立审计准则中负责起草的《中国注册会计师质量控制基本准则》和在第三批独立审计准则中起草的《独立审计具体准则第18号—违反法规行为》，经专家研讨修订后，已分别自1997年1月1日和1999年7月1日起在全国正式施行。

张龙平先生十分重视审计教材建设和注册会计师人才的培养。1994年国务院成立的全国注册会计师培训工作领导小组决定，从当年起在部分高校开设注册会计师专门化，以培训21世纪我国注册会计师队伍的骨干力量和高级人才。如何保证全国23所高校开办的注册会计师专门化的教学质量，关键之一在于根据该职业要求编写出一套科学、规范、高水平的教材。张龙平先生投标并获得九门核心课程之一《审计》教材的主编权。他忘我工作，终于保质保量按时完成了该书的写作（约70万字）。该书从体系结构到内容观点，全方位突破了传统审计教材写作的思路，全面实现了我国同国际审计惯例的接轨，体现了现代审计学科的发展水平。他吃苦耐劳、认真负责，令财政部领导和同行专家赞叹，为我国注册会计师后备人才培养作出了显著贡献。1999年底，他又获得了对该书修订的主编权，修订后的教材计划于2001年初公开出版。

张龙平先生为我国注册会计师的后续教育也作出了自己应有的贡献。1997年，中国注册会计师后续教育教材编审委员会计划组织编写一套全国注册会计师后续教育教材，并决定采用招标方式选择最适当的专家、教授担任教材主编。他投标并获得了全国第一本注册会计师后续教育教材《独立审计准则导论》的主编权。该书以指导注册会计师全面透彻地理解独立审计的思想观念和理论方法，正确有效地运用独立审计准则为目标，做到了对现行独立审计准则的导论既有相当的理论深度，又有较强的实务代表性，受到一致好评，被认为是“填补了我国注册会计师后续教育教材的空白”，“是一次艰巨的拓荒”。

张龙平先生在教学、研究之余，还作了大量有益的社会工作，产生了较大的影响。1996 年、1999 年和2000 年，参加了我国注册会计师资格考试指定教材的编写工作。从1996 年至今，多次担任中国注册会计师协会举办的各层次注册会计师审计准则培训班的主讲教师，出色地完成了任务，教学效果长期获得中注协和广大学员的普遍好评。他每年还担任全国注册会计师资格考试《审计》科目阅卷组组长，为注册会计师后备人才的选拔作出了自己的贡献。

为了扩大影响和加强海外学术交流，张龙平先生曾多次到美国、香港、台湾等国家和地区访问。

（三）事业终有所成，恒守个人信条，未来任重道远

天道酬勤，张龙平先生多年的辛勤耕耘终于有了结果。他先后获得了中南财经大学有突出贡献的优秀硕士学位获得者、中南财经大学优秀共产党员、湖北省优秀教师、湖北省有突出贡献中青年专家、湖北省普通高校跨世纪学术带头人、财政部首批跨世纪学科（学术）带头人（获最高档资助）等荣誉和称号。现兼任中国独立审计准则组成员、中国审计学会理事、中国中青年财务成本研究会常务理事、中国注册会计师资格考试专家组成员、湖北省会计学会理

事、湖北省审计学会特约审计理论研究员、《会计研究》特约编审、《中国会计与财务研究》匿名评委等。

《湖北日报》1996年初的一个周末版，曾对湖北地区高校1995年的“娃娃”教授作了专题报道，在社会上产生了很大的反响，张龙平先生是其中最年轻的一位。他忠于“用200%的劳动去换取50%的收获”的个人信条，深信选好目标、勤奋和智慧是打开成功之门的三把金钥匙。他虽然取得了很大的成绩，但仍很谦虚。他深知肩上的担子和责任，深知任重道远。他从不为官、不求财，只期将毕生精力奉献给党的教育事业，踏踏实实地做人，认认真真地做学问，做一名人民满意的好教师，无愧于国家多年的培养。他对未来充满信心，计划在未来一段时间全力做好以下工作：一是建设好中南财经大学会计学院；二是多产出高质量的科研成果，扩大中南财经大学会计学科的影响；三是继续关注和支持我国注册会计师事业的发展，力争作出更大的贡献；四是培养一批比较优秀的审计学硕士生和博士生。我们衷心祝愿张龙平先生在未来取得更大的成就。

二、博文明理、善智有道
——记中南财经政法大学会计学院张龙平教授

——《财会学习》2011年6期（作者：张磊）

张龙平，四川垫江人，博士、教授、博士生导师、博士后联系导师，国务院政府特殊津贴专家。1981 年 9 月考入湖北财经学院（现中南财经政法大学）财务与会计专业，1985 年 7 月毕业后被推荐免试攻读硕士，1987 年留校任教和研究审计学至今，1994 年 6 月获会计学（审计方向）博士学位，1993 年、1995 年分别破格晋升副教授、教授。1999 年被评为博士生导师，博士后流动站合作研究导师。张龙平现任中南财经政法大学会计学院院长、审计研究所所长、中南财经政法大学纪律检查委员会委员和校职称评定小组成员、中南财经政法大学中国经济安全监管研究中心会计监管研究室主任等；兼任国务院学位委员会工商管理学科评议组成员；教育部审计硕士专业学位（MAud）教育指导委员会委员、中国审计学会常务理事、中国注册会计师审计准则委员会资深委员、中国注册会计师执业准则（含审计准则）起草小组专家成员、中国会计准则委员会咨询专家、中国企业内部控制标准委员会咨询专家、中国审计署国家审计准则技术咨询专家组成员、中国会计学会会计监督与审计专业委员会副主任委员、中国内部审计协会培训委员会委员、中国会计学会财务成本分会会长、中国总会计师协会理事、湖北省审计学会副会长、湖北省会计学会副会长等。

张龙平教授长期以来紧密围绕审计学来开展科学研究，在大学审计教学、科研以及我国注册会计师行业的审计准则制定和社会服务等方面，作出了显著贡献，是全国知名的中青年审计专家，研究方向包括审计学及财务会计理论（特别是审计基本理论）、西方审计制度与准则（特别是IAASB发布的文告）、中国审计制度与准则、资本市场舞弊审计技巧、审计风险控制与品质提升、内部审计绩效改进路径等。

张龙平教授对审计学有针对性地进行研究，取得了一系列重大研究成果。他在《管理世界》《会计研究》《审计研究》等学术刊物上独立或作为第一作者发表专业论文170余篇，其中国家级20余篇。《论财务会计理论结构体系》《论社会审计质量控制标准的建设》《审计质量特征及其对质量控制思想的影响》等论文在会计、审计学术界引起了较大的反响。张龙平教授编写和参编著作近40部，专著《注册会计师审计控制系统研究》是我国第一本系统探讨中国注册会计师制度的专著。张龙平教授站在有力保障和推动社会主义市场经济和资本市场健康发展的角度，借鉴发达国家和地区的成功经验，运用系统的方法和各种控制手段，提出加强我国注册会计师审计质量及其工作管理的指导框架和基本构想。他认为审计控制的目标是提高已审财务报表的可信程度，尽量减少信息风险，使报表使用决策者不致失误；主张审计控制系统由宏观控制子系统、中观控制子系统和微观控制子系统构成；提出中国注册会计师协会、省级注册会计师协会和会计师事务所应分别成为这三个子控制系统的主体，并对各子系统的功能作用、组成要素以及控制主体的工作内容和方法进行了研究。张龙平教授提出的观点对于完善我国注册会计师审计制度有重要参考价值。

作为中国注册会计师审计准则委员会资深专家，张龙平教授在1995~2005年还起草完成财政部5个法规制定项目："注册会计师质量控制基本准则""违反法规行为"审计准则；"存货监盘"审计准则、"会计师事务所业务质量控制"准则、"历史财务信息审计的质量控制"准则，还参加了其他所有的独立审计等业务准则、道德准则的起草制定全过程的工作。张龙平教授主持完成国家级、省部级课题20多项，负责主持的《审计学》课程于2007年被教育部批准为"国家级精品课程"；其和李璐副教授共同负责主持的《现代审计学》于2007年被教育部批准为"国家级双语示范课程"。他任负责人建设的《审计学》教学团队于2010年被湖北省教育厅批准为"湖北省级优秀教学团队"。

天道酬勤，张龙平教授多年的辛勤耕耘得到广泛的认可，他曾获国家教育部1999年首届全国百佳"高校青年教师奖"、国家级重点学科和财政部重点学科——中南财经政法大学"会计学"学科（学术）带头人、湖北省有突出贡献中青年专家、湖北省优秀教师、财政部部属院校首批跨世纪学科（学术）带头人、湖北省高等学校跨世纪学科带头人、入选湖北省新世纪高层次人才工程第二层次等荣誉称号。

三、张龙平：淡泊以明志，潜心做科研

——《中南财经政法大学报》2018年3月20日（学生记者：严珮瑜，林菲，陈玉婧）

本报讯　1996 年 4 月 20 日，《湖北日报》曾经报道过一位我校会计学院的“娃娃教授”。他 15 岁上大学，19 岁成为我国恢复高考制度后首届推荐免试攻读硕士生，21 岁硕士毕业留校任教审计学至今，28 岁获博士学位（师从杨时展教授），27 岁、29 岁分别破格晋升为副教授和教授，2013 年入选财政部开展的全国首批会计名家培养工程 10 人中的一位。近日，财政部正式颁予他“中国会计名家”证书。昔日“娃娃教授”，今日会计名家，他的传奇经历还常常被人们津津乐道。

他就是我校会计学院教授，国务院学位委员会第六、七届工商管理学科评议组成员，中国会计学会副会长张龙平。1966 年 2 月出生于四川省垫江县（现重庆市垫江县），从农村考进中南财经政法大学，1995 年至 2005 年任我校会计学院副院长、院长，2000 年至今，任我校审计研究所所长。2016 年起任湖北省人文社科重点研究基地“注册会计师行业发展研究中心”主任。

张龙平 1991 年考上博士，其博士生导师杨时展教授和中国会计学界泰斗郭道扬教授从布局培养学院未来各学科带头人出发，指定他专攻审计学方向，并强调要多读西方审计名著名篇，要精通美国和国际审计准则。尽管审计比会计、财务课程难教、难学、难出科研成果，但他乐于接受这一指定，很快对审计学产生浓厚兴趣，并将其作为终生的耕耘领地。张龙平对于他所热爱和追求的审计学感叹道：“我一辈子都要以我的专业为基础，我不能没有我的专业。”张龙平也坦言，他由衷感谢前辈们将他带进审计学术的殿堂，能够用所学知识为我国注册会计师行业发展持续作出自己的贡献。如今，张龙平的办公室里摆放着他博士生导师杨时展教授的塑像，以示对恩师的感谢和尊重。

张龙平1987年硕士毕业留校任教审计学至今，为我校会计学院本科生、硕士生和博士生系统讲授审计学（中英文版）、西方审计学、审计理论研究、审计准则研究、审计前沿问题研究等课程，教学效果得到大家的认可。指导的李银香、吕伶俐、吕敏康等撰写的博士学位论文获“湖北省优秀博士学位论文”荣誉称号。至今，张龙平已执教审计学30年，培养了一大批德才兼备，专业过硬的学生。不少学生毕业后已在工作岗位取得突出成绩。他爱生如子、因材施教、严慈并济、以才育人、以德服人，深受学生的喜爱。他说：“老师价值主要是两个方面的体现：第一，我们老师的影响、水准是通过学生来体现的，这是我们的行业特征，学生优秀才折射出老师优秀。第二才是老师的个人表现，能不能为国家的重大决策和政策制定提供有价值的参考。作为老师必须把自己全身心投入专业研究及教学；老师的核心竞争力和社会价值哪里来，来自科研，来自向书本学，向身边同行学，向实际部门学；老师有胸怀，有品格，有知识，有智慧，学生才会有这些精神财富和支柱。”

在2013年入选首批会计名家之后，他任首席专家完成一项国家社科基金重大项目，负责主持起草财政部我国注册会计师行业《温室气体声明鉴证业务》准则和主持研究完成财政部“会计名家”专项重点课题“中国注册会计师行业社会责任指标体系构建”等，还主编国家级规范教材《现代审计学》一部，2013年获得教育部人文社科优秀成果奖（研究报告类）三等奖。张教授认为科研对一个大学老师来说就是“练功”，一个大学老师必须在科研驱动和支撑下开展教学，一个国家的创新能力主要靠科研，与此类似，大学人才培养靠以科研为基础的高水准的教学活动。在这样高强度的“练功”后，张教授表示动力更强了，责任更大了，更要积极参加国家相关重大事项和制度选择的研究、论证和决策咨询。

“行专业道路，品淡泊风景；为教书育人，得宁静心空”，这是张龙平的个人信条。他说，他最值得骄傲的就是“对于自己的专业拿捏得比较好”，他在担任会计学院副院长和院长的20年里，即使行政工作占用了大量时间，也从未离开专业。也正是他所热爱的专业，才带给他淡泊的风景。“所谓淡泊，是内心快活地去接受自己的选择，而不去苛求得名、得利。”关于教育，张龙平这样评价自己：“我认为我适合做这项工作，我喜欢思考和表达，我喜欢给学生专业知识和正能量。所以我自得其乐，我可以给学生一个非常好的思维方式，对我来说是很骄傲的，这种骄傲才能让我得到宁静。”

从1981年张龙平考入我校，他与母校已经相伴了37年，今年又恰逢我校建校70周年，张龙平感慨万千：“我把母校比成我的母亲，我对她是无比的感恩和疼爱。因为是母校培养我，我珍惜母校的名声，我用实际行动为学校争光添彩，也希望我们的母校和兄弟学校相比进步得更快更好！”

张龙平也不止一次地提到：走专业道路非常“过瘾”，教书育人十分“幸福”。刻苦钻研、谦虚踏实、淡泊名利，是张龙平选择并秉承的个人风格，也是这位当今审计学界领军人物在专业领域中有所建树的根基。

四、为会计师事务所新业务拓展搭好平台

——《中国会计报》2010年9月17日（作者：宫莹、于濛）

"会计师事务所的新业务拓展不是哪个事务所或者注册会计师愿意不愿意做的事，也不是哪个政府部门想支持或不想支持的事，而是我国相关政府部门和每个事务所、每个注册会计师应该做好和必须做好的事情。除此之外，企业也要做好相关支持工作。只有政府、企业、事务所和注册会计师共同努力才能为会计师事务所的新业务拓展搭建好平台。"中南财经政法大学会计学院院长张龙平在接受《中国会计报》记者采访时表示。

（一）事务所不能"等米下锅"

"会计师事务所要想在新业务拓展中争取主动地位，就必须积极主动地去培育和发现市场中的新业务，不能等米下锅。"对于某些会计师事务所在新业务拓展中表现出的"迷茫"情绪，张龙平给出这样的建议。

张龙平表示，会计师事务所拓展新业务的意义不仅十分重大而且非常深远，它是注册会计师行业履行使命的需要，更是拓展行业自身生存空间和服务范围的需要。会计师事务所应当在行业主管部门和协会的指导下，根据自身实际，认真分析市场环境，确定新业

务拓展的有效途径和办法，争取在新业务拓展方面取得积极成果。

具体来说，对于会计师事务所应该为新业务的拓展做好哪些方面的准备，张龙平给出了如下建议。

“认识是首位的。会计师事务所必须认识要到位，全体员工都要清楚地认识到新业务拓展的重要意义和紧迫性。当然，这与事务所领导层的重视是分不开的。”张龙平说，“事务所还要做好开展新业务的各项准备，包括人才培养和储备、技术和管理创新、社会协调等。根据本所现状和优势，找准拓展新业务的突破口，主动出击。”

（二）构建多种合作机制

在日前召开的第四届注册会计师论坛上，为了促进注册会计师行业与相关产业的互助合作、共同发展，北京、广西、江苏注册会计师协会分别与地方政府签署了合作框架协议。

“中国注册会计师协会在协议签订中起到了联系各地政府与企业的桥梁作用。不论是政府相关部门，还是企业，都是会计师事务所拓展新业务所必需的平台。各平台良好的‘合作机制’，也是会计师事务所做好新业务拓展的关键。”张龙平说。

在见证各地注协与地方政府迈出合作第一步的同时，张龙平对未来还有更多的期待。

“政府相关部门要思考应该和能够为会计师事务所新业务的拓展创造什么样的环境和条件。例如，为保障该新业务的有效开展，本部门应该在法规建设方面做哪些事情？包括从法规建设角度思考该业务应当规划为法定业务还是非法定业务，该业务的权责利如何合适配比等问题。”张龙平告诉记者，“政府相关部门要思考该新业务如何实现规范化和标准化，也就是执行业务的行业标准建设问题。”张龙平呼吁，政府相关部门要在会计师事务所拓展新业务中发挥协同效应，形成促进事务所开展新业务的合力。

五、诲人不倦，桃李满园
——访审计专业博士生导师张龙平教授

——《中南财经政法大学研究生学报》2015年1期（作者：韩申、刘拯）

编者按：和风习习的三月，我们如约采访到了会计学院院长张龙平教授。谈话间，我们感受到了他学识渊博与平易近人。尽管张教授有很多学术与行政职务，但“仰之弥高，钻之弥坚”是张教授的不懈追求。作为老师和长辈，他一直用“博文明理存真意，厚德济世天下知”来鼓励青年学生，并身体力行的践行着。

记者（以下简称“记”）：张教授，您好！首先，非常感谢您在百忙之中，抽出时间接受我们研究生学报的采访。寒假过后，我们就进入下半学期了，紧张的毕业论文答辩让人心生敬畏，激起了我们对论文的向往。在我们会院学子心中，张教授在学术上成绩斐然，享受国务院政府特殊津贴，主持国家社科基金重大课题、教育部课题、财政部重点课题、审计署重点课题、中注协重点课题等多项课题，编写《审计》《现代审计学》等多本著作。您在科研上取得了如此卓越的成就，能否与我们分享一下您在学术研究上的心得，能否以“国家利益保护导向的中国环境审计体系创新研究”这项社科基金重大课题为例，向广大研究生传授一些经验呢？

张龙平教授（以下简称“张”）：科研源于兴趣，兴趣是最好的老师。大部分人也许一开始并不知道何为科研，更不会产生兴趣了。然而，科研是研究生的一项必修课，那么应该从不感兴趣，到培养兴趣，最终到感兴趣。其次，在科研方面，我自认为不是会计学院最优秀的老师，但我一定是最努力的老师之一。科研，需要一个人集中全身心，需要长时间保持热度，如果缺乏持久的热度，科研是做不出来的。我申报的社科基金重大项目，是在长期审计研究的基础上，水到渠成的一件事。因此，做科研，不仅需要有兴趣，还需要长期的坚守。再次，科研不是苦行僧似的生活，科研实际上是一件名利双收的事情。“名”并非主动索取，而是社会主动授予，如评教授、博导、社会职务等。做科研让你真正体会到，“名和利”，你不必去苛求，君子爱财、爱名，但取之有道。最后，科研是生产力，对高校老师而言，科研和教学是高校老师的最基本的职责。

记：诚如您在课堂上曾讲到，您的研究方向为注册会计师审计，您也告诫我们说，一辈子做好一件事情就够了。然而，对于我们来说，研究生的生活已经过去了六分之一，很多人都还未确定自己的研究方向及研究对象，您认为，如何构建系统的知识框架和研究思路呢？

张：面对浩若烟海的文献，我们应当如何去阅读和为研究所用呢？应该保持对专业的敏感和思考。专业问题需要保持高度敏感，要摒弃本科时希望老师手把手教的思维模式，研究生阶段应该发挥自主性和创新性，导师只是引路人，并且老师给你指定的内容，或许不是你的兴趣所在。比如我的博士生，当我谈到一个自认为很有研究意义的课题，他们可能会觉得难以搜集资料或难以着手。认识到导师的角色之后，就要自己独立思考，要对专业问题保持高度敏感性，批判性地思考。你们可以扪心自问以下问题：何时思考过专业问题？上网大部分时间用在何处？有在查看相关专业新闻吗？以金融工具会计准则为例，在学习相关理论知识之后，有无在互联网上搜索相关文献？有无分析过这些文献探讨了什么？在哪些地方存在争议？争议的焦点是什么？等等。如果没有，说明缺乏科研的的思维方式。缺乏科研的思维方式，是科研路上最大的阻碍。不会抓住问题，便不会知道该如何去做。如刚刚所说的衍生金融工具，或者公允价值的会计准则，公允价值在中国运用的过程中，面临哪些问题？我在科研的过程中，也曾遇到过自己解决不了的问题，那么别人有无提出解决办法呢？为什么全世界都解决不了呢？这些问题问清楚，以后自然就能获得相关学科、跨学科的突破。哪怕仅仅是提供了一个思路，哪怕并非十分精确，但都是创新。所以我所谈到的第一问题是科研的敏感度和思维方式。

记：您能结合您自身的经历，谈一谈我们应该如何选择研究方向呢？

张：我自己从硕士开始，从来没有问过导师要研究什么。当我有问题的时候，我会和我的导师商量，导师会给我如下答复：想法对不对，问题有无意义，或为什么没有意义。但是，过几天，我又会抓到问题去问老师。直到老师说这个问题有点意思，你可以从哪些方面多阅读。选择研究方向，需要发挥自己的主动性。如果我指定一个题目让你们去看，你们肯定兴趣不大。作为学生，学习本科课程或做科研，都需要学会思考，学会找有意义的问题，学会如何才能做得比别人更好。

记：那，我们应如何确定选题呢?

张：要将专业和学术结合，要干一行，爱一行。我们的研究要对今后的工作有指导意义，包括科研促进教学，科研促进技术工作。科研这个东西呢，你一定要把你专业的东西和社会的需求、社会存在的问题和社会需要解决的问题相结合找选题。如审计和审计质量，如果我们能到事务所去了解审计质量产生的过程，你的科研将会更好。但现在的学生，当你实习的时候，让你盘点，你便去盘点，让你做什么，你便去做什么，你不会去思考你所做的工作对审计质量有什么贡献、你可以查到什么问题。一直机械地做事，说到底，还是不喜欢用科研的思维方式来问问题，不喜欢抓问题。又如，应收账款函证的目的是确认应收账款的真实性，假定我们担心应收账款高估，那事务所的函证是如何做的，能不能满足这一目标？所以，学会抓问题，有社会需求的问题，也有专业的问题。你需要先找到问题，再看能否解决，并且在抓问题时，要注意社会需求和专业方向相结合。

记：当我们确定了选题时，如何开始论文写作呢？需要注意什么呢?

张：我个人的科研套路是，首先，当我发现问题后，便凭借我自身的知识框架开始思考解决问题的方法，在这一阶段我不再读别人的相关文献。相关文献读得太多，易受到他人的制约，会感觉他人在这个问题上都已经写了，没有什么可以研究的了。其次，当有了自己的想法后，整理文章的构思、创新点，所以我自己会把问题抓得很准。再次，当文章构思好了后，主要的部分已经出来了，再去看别人的文章，我才觉得我和别人有点不同，不同才值得我写下去，我的创新点也就出来了。但是如果我觉得不同，但创新点意义不大，我可能会放弃这篇文章。如果我觉得我看到的问题值得写，我就会写下去了。如果平时就没有抓问题，那是不会有想法的。这是我个人的习惯。你们现在习惯先去找别人的文献，找别人的文献的目的是看在哪里是否可以改动一下。这个方法并非不好，但是你们大脑里面没有问题，就变成了为写文章而写文章。大脑里并没有这些问题，所以你就会缺乏兴趣，看资料也缺乏兴趣。当然每个人的思路都不同，这些就是我的思路。

记：对于研究生阶段的重心，有的可能会选择学术之路，有的可能会选择毕业后去企业工作。您不仅在理论研究上颇有造诣，而且还具有丰富的实务经验，您是怎样看待理论研究与实务经验之间的关系的？

张：在事务所实习，不是学不到东西，而是你们没有掌握学习知识的方法。通过实习，你可以找到很多问题。但是很多同学在实习过程中像一个傻瓜，别人让你做什么你便做什么，而不喜欢去问为什么。我举个简单的例子：科学问题来自于什么？首先要对科研感兴趣，并且会抓问题。那么应该怎么抓？你可以问事务所合伙人，现在他们最棘手的是什么问题，是重要的客户风险比较大，还是会计师事务所内部的矛盾大，是合伙人之间的矛盾大，还是总所和分所难以管理。如果你掌握了学习知识的方式，在实习的过程中，你可以问许多问题，而这些问题便类似于来自实践的问题。而你们中的很多人，不懂得思考问题。我再举一个简单的例子，把一个宾馆交给你们去当经理，你是否想过其中存在的问题。你可能会觉得宾馆不错，也可以说出哪些地方不错，但是却没有系统去思考这个问题。当你们精力过剩的时候，并没有在想问题。科研需要带着质疑的眼光去找问题。找问题的方法很多，你们没有做实务，但是你们可以去问别人有哪些问题，并思考是否是存在真正的的问题。问别人是一种找问题的方法，你也可以在报纸或杂志中寻找隐藏着什么问题。第二，你也可以不问问题，而是把一个国家的理想目标与现实问题联系在一起。是改法律，还是改现实，问题便产生了。例如，审计准则规范了注册会计师工作的目标，而会计师事务所做到了没有呢？你心中有目标，你就会找差距，找到了差距，便找到了问题。找问题需要有思路，你可以问别人问题，或者通过网上看到的现象引发自己的思考，或者通过阅读文章受到启发而找到问题，也可以通过目标与现实之间的差距找问题。比如，在探讨独立董事是否发挥作用的问题时，这些研究对国家的政策是否有指导作用？如果每个人当独立董事，都不认真，那么独立董事制度到底存在哪些问题？我是以很真诚，实事求是的态度来研究问题。独立董事的问题存在哪些地方，首先，独立董事的工作时间无法保证，那需要采取哪些制度对独立董事工作的时间进行考核监督。假定独立董事参加现场会议，如何确定独立董事真的参加现场会议？要求上市公司必须把现场开会图片和文件一起上传网上，便有助解决这一问题，而解决这些问题不需要你通过实证研究。

记：此外，您曾在课堂上惋惜道，我们去事务所实习，不好好发现问题、思考问题，还不如在学校多看点东西。那么，您觉得，在研究生阶段，我们应该如何在学习、实习、科研之间取得平衡，以为未来做好准备？

张：对于将参加工作的同学，科研思维和写作能力也很重要。我认为科研不是仅针对老师和研究生的。任何一个人，做理论研究还是实务工作，都不能缺少科研思维和文字及口头表达能力。参加社会工作后，你也需要发现问题，思考问题和解决问题，这个过程写下来就是科研。无论你是否去参加工作，无论从事哪个行业，这些都是必须具备的能力。所以，参加工作的同学，从严格意义上来讲，他们更应该会寻找工作中的问题。那如何去提高寻找工作中问题的能力呢？这就需要同学们在读研究生的时候，善于从社会、经济生活中去捕捉问题。比如说我举个最简单的例子，为什么惩罚更严格了，仍然有很多人闯红灯？因为我们很多路口没有装电子眼，人们敢于去碰运气。你至少可以建议在更多路口装电子眼，不仅能够监视违规的人，更能够找出交通事故的肇事司机，这是对公民合法权利的有力保护。再者，现在存在卖分的现象，那就要求电子眼摄像头的像素变高，可以看清开车的人与交罚款的人是否为同一人，那就可以杜绝卖分的现象。高高在上是行不通的，工作需要的是思维方式，当你存在好的思维方式时，你的工作能力将大大提高。

记：《中南财经政法大学研究生学报》一直致力于为广大研究生提供一个优质的学术交流平台，虽取得了一定的成果，但仍有许多不足之处，请问您如何评价我们的《研究生学报》？对我们的建设有什么建议呢?

张：研究生学报办了那么久，我觉得办得非常好，是我们学校的一个品牌。特别是我们的编辑部，坚持到今天是十分不容易的。我希望研究生学报提高问题的针对性，研究生确实需要去关注问题，因为有些问题确实研究价值太少。问题抓准之后，研究问题的过程，需要把你所学的知识和方法用上，也就是希望把研究生学报办成研究生去发现社会上有意义的问题、思考问题和解决问题的一个平台，充分体现我们研究生学科基础的扎实和思考问题、解决问题能力的强大。因为有的问题大家都写过了，没有创新；有的为了数据而写论文。写论文应该是问题导向，而不是数据导向；不能自恋，要看社会需求。无论我走到哪里做什么，我都会去思考遇到、听到、看到、想到的问题。所以，我们的大脑不能停止思考。我们要有质疑和思考的习惯，这种质疑和思考的习惯对科研或改进工作尤为重要和珍贵!

第九部分

部分研究生名录与表现

會計

一、博士生名录

序号	入学年级	姓名	性别	毕业博士学位论文题目
1	2000 级	朱锦余	男	注册会计师执业报告研究
2	2001 级	王泽霞	女	管理舞弊导向审计研究
3	2001 级	王清刚	男	会计准则全球趋同研究
4	2002 级	谢盛纹	男	审计证据理论研究
5	2002 级	林琳	女	上市商业银行信息披露研究
6	2003 级	邓川	男	审计分析程序研究
7	2003 级	聂曼曼	女	会计师事务所审计质量控制研究
8	2004 级	李璐	女	政府绩效审计研究
9	2004 级	吴琼	女	注册会计师职业道德研究
10	2004 级	陈作习	男	财务报告内部控制审计研究
11	2005 级	陈丽红	女	注册会计师行业专门化战略研究
12	2005 级	毛敏	女	审计重要性研究
13	2005 级	喻采平	女	政府审计效能研究
14	2006 级	王布衣	女	政府审计质量改进研究
15	2006 级	陈海清	男	待毕业（审计方向）
16	2007 级	李银香	女	注册会计师审计职业判断研究（省优博）
17	2007 级	吕伶俐	女	我国本土会计师事务所合并绩效研究（省优博）
18	2007 级	王军只	男	内部控制鉴证对财务报告可靠性影响研究
19	2008 级	张刚	男	股权分置改革的盈余管理与审计治理效应研究

续表

序号	入学年级	姓名	性别	毕业博士学位论文题目
20	2008 级	李淼	女	上市中央企业境外资产审计问题研究
21	2008 级	牟辉	男	待毕业（审计方向）
22	2009 级	王帆	女	审计师声誉形成机制研究
23	2009 级	鲁清仿	男	会计师事务所内部控制研究
24	2009 级	武恒光	男	注册会计师行业非审计业务拓展研究
25	2010 级	史永	男	XBRL 财务报告实施效果研究
26	2010 级	程亭	女	我国环境审计制度创新研究
27	2011 级	吕敏康	男	新闻媒体对资本市场影响与作用机制（省优博，许家林教授、张龙平教授共同指导）
28	2011 级	孙俊奇	男	内部控制、会计师事务所审计质量与企业环境绩效
29	2012 级	游春晖	男	环境审计国际比较研究
30	2012 级	孙晗	女	我国政府水环境审计优化研究
31	2012 级	李苗苗	女	待毕业（环境审计方向）
32	2012 级	董丽华	女	待毕业（审计方向）
33	2013 级	邓芳	女	基于云计算的连续审计研究
34	2013 级	熊方军	男	待毕业（审计方向）
35	2014 级	陈晓萍	女	审计师声誉与审计师行为研究——基于审计质量与审计定价的视角
36	2014 级	娄顽意	男	资本结构与股票收益——基于市场效率视角的研究
37	2014 级	成畅	女	待毕业（审计方向）
38	2015 级	潘临	男	签字会计师繁忙度的审计影响研究
39	2015 级	仲杨梅	女	政府审计、财政透明与地方政府债务风险
40	2015 级	徐会超	男	待毕业（审计方向）
41	2016 级	张呈	女	待毕业（审计方向）
42	2017 级	杨钦皓	男	待毕业（审计方向）

二、部分毕业硕士博士学术与工作表现

（一）张敦力

1.学术简历

张敦力，男，1971年生，安徽庐江人，管理学硕士（张龙平教授指导）、博士（郭道扬教授指导）、博士后（合作博导为西南财经大学郭复初教授），现任中南财经政法大学会计学院教授、博士生导师、院长，国家“双一流”建设中南财经政法大学“法与经济学”会计学科建设负责人、湖北省品牌专业中南财经政法大学财务管理专业建设负责人、湖北省专业综合改革试点项目中南财经政法大学财务管理专业综合改革试点项目负责人、国家级双语示范课程《财务管理（Financial Management）》、湖北高校省级精品课程《高级财务管理》、湖北高校省级精品资源共享课程《高级财务管理》课程负责人，兼任国务院学位委员会全国会计专业学位研究生教育指导委员会委员、湖北省人大财经委咨询专家库专家、中国会计学会会计史专业委员会副主任委员、中国会计学会财务成本分会副会长、湖北省内部审计协会副会长和湖北省会计学会副会长，入选教育部新世纪优秀人才支持计划、财政部全国会计领军人才特殊支持计划和武汉市黄鹤英才计划。

2. 荣誉与获奖

主要荣获财政部首届全国会计领军人才、湖北省有突出贡献中青年专家、资深中国注册会计师（非执业）、霍英东教育基金会第九届高等院校青年教师奖、湖北省人民政府“第七届湖北省高等学校教学成果奖”二等奖、湖北省优秀学士学位论文指导教师和湖北省优秀硕士学位论文指导教师等荣誉和奖励。

3. 教学情况

自1997年硕士毕业留校任教以来，累计指导博士研究生21人（含国际留学生3人）、硕士研究生97人、访问学者10人，讲授的课程主要有：资本市场与投融资研究、财务成本管理前沿等博士生课程，高级财务管理理论与实务、企业财务基本理论、财会审前沿问题研究等硕士生课程，职业会计师（Professional Accountants）（ACCA）、管理会计（Management Accounting）（ACCA）、财务模型、高级财务管理、财务成本专题等本科生课程，其中，财务管理（Financial Management）课程被评为国家级双语示范课程（与本院詹雷副教授共同主持）、高级财务管理课程先后被评为湖北高校省级精品课程和湖北高校省级精品资源共享课程，年均完成教学任务超过500课时，教学效果优秀。

4. 科学研究

近年来，在会计研究、审计研究、宏观经济研究等期刊上发表专业学术论文100余篇，其中，CSSCI收录论文20余篇、被CSSCI

期刊源杂志引用 80 余篇次，多篇论文被人大复印资料、高等学校文科学术文摘等文献全文转载或摘录；主持和参与国家社科基金重大科研项目和一般项目 4 项、省部级课题和横向课题 10 余项，专著 1 部，译著 2 部。

（1）代表性论文

序号	名称	发表时间	发表刊物名称或出版社名称
1	分析师跟踪、股权结构与内部人交易收益	2017.1	会计研究
2	管理者能力与企业投资羊群行为：基于薪酬公平的调节作用	2015.8	会计研究
3	自由现金流量理论的发展路径、挑战与机遇	2014.11	会计研究
4	市场竞争视角下的管理者权力和企业投资关系研究	2013.10	会计研究
5	管理者权力与企业投资回报	2013.10	宏观经济研究
6	社会信任、政治关系与民营企业银行贷款	2012.8	会计研究
7	会计稳健性的经济后果研究述评	2011.7	会计研究
8	论资本成本的计量及运用	2006.6	会计研究
9	论成本概念框架的构建	2004.3	会计研究
10	试论审计质量特征与审计质量控制思想	1997.5	审计研究

（2）代表性课题

序号	项目名称/编号	起止时间	项目来源	经费（万元）
1	中国会计通史系列问题研究（11&ZD145，子课题负责人）	2011~2019 年	国家社科重大项目	80
2	全国财会人才工程一会计从业资格考试《会计基础》科目大纲开发（KJCYZGKSDG001）	2012~2013 年	财政部、人力资源和社会保障部	15

续表

序号	项目名称/编号	起止时间	项目来源	经费（万元）
3	全国财会人才工程—全国财会人才工程—会计从业资格考试《会计电算化》科目大纲开发（KJCYZGKSDG002）	2012~2013 年	财政部、人力资源和社会保障部	15
4	全国财会人才工程—会计从业资格考试《财经法规与会计职业道德》科目大纲开发（KJCYZGKSDG003）	2012~2013 年	财政部、人力资源和社会保障部	12
5	全国财会人才工程—会计从业资格考试《珠算》科目大纲开发（KJCYZGKSDG004）	2012~2013 年	财政部、人力资源和社会保障部	8
6	现代会计在倾销预警及反倾销调查应诉中的功能作用问题研究	2004~2006 年	国家社会科学基金项目	5.5
7	产权会计法制史与现实会计法制体系建设研究	2003~2005 年	国家社会科学基金项目	8

（3）主要著作

专著：风险基础财务管理研究，中国财政经济出版社，2002 年 8 月。

主译：固定收益分析（[美] 弗兰克 · J. 法伯兹著，第 2 版），东北财经大学出版社，2011 年 12 月，“十二五”国家重点图书出版规划项目，2011 年度国家出版基金资助项目。

主译：财务管理（[美] 尤金 · F. 布里格姆、乔尔 · F. 休斯敦著，第 14 版），机械工业出版社，2017 年 12 月。

5. 社会服务

曾长期担任全国会计专业资格统一考试命题专家、湖北省正高职高级经济（会计、统计、审计）师评审委员会评委和湖北省优秀总会计师（CFO）评审专家，主持财政部、人力资源和社会保障部的全国财会人才工程系列课题，为国家培养和选拔高级会计人才献计献策；长期担任财政部中国企业内部控制标准委员会咨询专家、湖北省科技计划财务专家和多家上市公司独立董事；为多家上市公司和企事业单位讲授或设计成本管控制度、预算管理制度、内部控制制度和风险管控制度，深受好评。

（二）王泽霞

1. 学术简历

王泽霞，女，1965 年生，浙江淳安人，博士，博士后，现任杭州电子科技大学会计学院教授、博士生导师，“中国财务云服务研究院”校内首席专家。曾任杭州电子科技大学会计学院院长。兼任中国会计学会理事、审计专业委员会副主任委员，中国会计学会高等工科院校分会会长、中国会计学会电子分会副会长，中国审计学会教育分会理事、浙江省会计学会副会长、浙江省审计学会常务理事、浙江省管理会计专家咨询委员会委员、工业和通信业管理会计联盟咨询专家委员会委员。上海财经大学工商管理博士后，美国东南密苏里州立大学访问学者。

2. 荣誉与获奖

（1）1994 年，主编的《工业涉外会计》教材，获浙江省教委优秀教材“二等奖”。

（2）2002 年，参与《我国上市公司财务欺诈的量质特征及审计战略调整研究》项目，荣获第六届高等学校科学研究优秀成果奖（人文社会科学）三等奖。

（3）2004 年，论文《论风险导向审计发展创新——管理舞弊导向审计》（《会计研究》2004 年第 12 期）荣获中国会计学会审计专业委员会“天键杯”优秀科研成果一等奖。

（4）2005 年，著作《管理舞弊导向审计研究》获浙江省教育厅浙江省高等学校科研成果奖二等奖。

3. 教学情况

王泽霞同学长期承担学校硕士生、本科生和社会培训等多层次的教学任务，主讲课程有《高级财务会计》《国际会计》《财务理论与实务》等。每年承担 20 人左右的本科生和研究生的毕业论文指导工作。

4. 科学研究

主持国家自科基金项目 2 项，省部级课题 6 项，企业及市政府课题 3 项，参与国家级课题研究 1 项；出版专著 3 部，主编和参编教材 10 余部；公开发表论文 70 余篇（其中《会计研究》6 篇，《数量经济技术经济研究》《审计研究》各 1 篇）。

（1）主要学术论文。

王泽霞：《关于〈现金流量表〉准则实施情况分析及建议》，会计研究，2000 年第 7 期；

王泽霞：《论风险导向审计发展创新——管理舞弊导向审计》，会计研究，2004 年第 12 期；

王泽霞，江乾坤，叶继英：《生态文明、大数据与财务成本管理创新——中国会计学会财务成本分会 2014 学术年会综述》，会计研究，2014 年第 11 期；

王泽霞，甘道武，刘翰林：《中国会计学会高等工科院校分会 2007 年学术年会会议综述》，会计研究，2007 年第 11 期；

王泽霞，甘道武，郝玉贵，何瑞雄：《新环境下注册会计师行业发展与审计变革——中国会计学会审计专业委员会 2010 年学术年会综述》，会计研究，2010 年第 6 期；

张龙平，王泽霞：《美国舞弊审计准则的制度变迁及其启示》，会计研究，2003 年第 4 期；

王泽霞，张龙平：《美国独立审计师揭露舞弊财务报告的研究成果及启迪》，审计研究，2003 年第 3 期；

王泽霞，李芝军：《国有资本金效绩定性指标的模糊综合评价》，数量经济技术经济研究，2001 年第 11 期；

王泽霞，江乾坤，魏美钟，周国栋：《大华公司财务私有云服务平台模式创新与解决方案》，财务与会计，2017 年第 5 期；已被中国人民大学《复印报刊资料》收录；

王泽霞，沈佳翔，甘道武:《上市公司管理舞弊风险因子探索——基于问卷调查与因子分析》，会计之友，2014 年第 1 期；

王泽霞，黎良燕：《基于主营视角的财务危机预警模型构建研究——来自我国制造业上市公司的经验证据》，会计之友，2010 年第 8 期；

王泽霞：《我国上市公司管理层舞弊行为分析——基于舞弊三角

理论》，会计之友，2007 年第 9 期；

王泽霞，邓川：《风险导向审计模式辨析》，财经论丛（浙江财经学院学报），2006 年第 2 期；

王泽霞，李青，牟辉：《内部控制环境抑制管理舞弊有效吗？——来自舞弊上市公司的经验证据》，中国注册会计师，2013 年第 10期。

（2）研究课题。

2012~2015 年，主持国家自科基金项目：上市公司舞弊风险指数及监管机制研究——来自证券市场经验数据（71172098）；

2004~2006 年，主持国家自科基金项目：管理舞弊审计控制理论创新及应用研究（70372067）；

2002~2005 年，参与国家社科基金项目：中国会计师事务所审计资本市场舞弊的路径改革研究（02CJY007）；

2017~2018 年，主持浙江省提升地方高校办学水平专项课题：智慧城市协同创新平台项目建设（财务云服务平台）；

2007~2010 年，主持浙江广厦股份公司项目：中国房地产企业内部控制研究；

2000 年，主持信息产业部科技司课题：军工科研院所企业化转制资产重组与财务管理模式专题研究；

2012~2013 年，主持工业和信息化部财务司课题：事业单位财务规则与会计制度实施问题研究；

2015~2016 年，主持浙江省哲学社会科学规划课题：大华公司财务云服务平台模式创新与解决方案；

2005~2008 年，主持信息产业部科技司课题：高科技电子信息产业企业特殊财务与会计问题研究；

2001 年，主持信息产业部科技司课题：集团公司合并会计报表软件开发；

2014 年，主持浙江省审计厅课题：深化改革背景下国有企业审计研究；

2011~2012 年，主持工业和信息化部科技司课题：嵌入式软件产品分类及核算问题研究；

2010~2011 年，主持中国电子装备技术开发协会课题：人民币升值对电子信息产业影响及对策研究；

2010~2011 年，主持中国电子装备技术开发协会课题：振兴我国电子装备制造业的发展战略；

2005~2007 年，主持中国博士后科学基金项目：识别上市公司管理舞弊预警信号（2005037136）。

（3）著作与教材。

专著：《高科技电子信息产业企业会计与财务问题专题研究》，经济科学出版社，2009 年 7 月；

专著：《上市公司管理层舞弊的量质特征与风险评价模型研究——来自舞弊公司的经验证据》，经济科学出版社，2017 年 7 月；

专著：《识别上市公司管理舞弊之预警信号——来自中国证券市场的经验证据》，上海三联文化，2007 年 5 月；

专著：《管理舞弊导向审计研究》，电子工业出版社，2005 年 1 月；

主编：《高级财务会计案例与实训》，经济科学出版社，2012 年 10 月；

主编：《高级财务会计》（浙江省重点建设教材），浙江科学技术出版社，2010 年 2 月。

5. 社会服务

研发了浙江省龙头企业智能服务与决策优化系统，为万事利、大华、传化、巨化、亿力等一批浙江省龙头企业，提供云服务平台解决方案，获得了良好的应用成果。参加过同花顺、开尔新材、大华股份、万安科技、东方通信、铜城商厦、浙江广厦等多家大型企业集团的管理咨询、课题研究和员工培训等工作。

（三）朱锦余

1. 学术简历

朱锦余，男，1967 年生，湖南绥宁人，苗族，管理学（会计学）博士，留学博士后，现任云南财经大学会计学院二级教授、博士生导师。1986 年 6 月，湖南省第一师范学校毕业后参加工作；1992 年 12 月，毕业于西南财经大学，获得经济学（会计学）硕士学位；2003 年 6 月，毕业于中南财经政法大学，获得博士学位。1993 年 3 月至今，在云南财经大学任教，曾先后任担任会计学院副院长、党委书记，科研处处长，人事处处长，现为财务与会计研究中心主任；系首期财政部全国会计学术类领军人才，财政部企业内部控制委员会咨询专家（第一届），中国注册会计师审计准则组专家，中国会计学会曾任理事和高级会员，中国审计学会理事，云南省中青年学术和技术带头人，云南省首批高等学校教学名师，云南省委联系专家，云南省审计学会副会长，云南省内部审计协会副会长，云南省会计学会理事等，曾在英国爱丁堡龙比亚大学、澳大利亚南澳大学做博士后研究或高级访问学者，先后访问泰国曼谷 Rajabhat Institute Suan Dusit、香港理工大学和台湾东吴大学等。

2. 荣誉与奖励

因工作业绩突出，多次被学校评为优秀教师、优秀共产党员和工会活动积极分子以及云南省高校系统优秀共产党员。2007 年被评为云南省首批高校教学名师；2008 年成为云南省中青年学术技术带头人；2009 年被评为云南省高校教学和科研带头人。在科研方面，获得省部级奖励 10 余次，国家级学会或协会奖励 10 余次。代表性科研成果获奖有：

2013 年 3 月，发布《云南省突发重特大自然灾害救灾款物审计应急管理研究》。荣获云南省人民政府颁发：2012 年度云南省科技进步三等奖；

2012 年 5 月，研究报告《云南省突发重特大自然灾害救灾款物审计应急管理研究》荣获审计署 2010 至 2011 年优秀审计论文和研究报告一等奖；

2011 年 7 月，荣获中国云南省高校工委，云南省教育厅颁发：云南省教育系统优秀共产党员；

2010 年 12 月，论文《审计委员会的本质属性及制度创新——基于新制度经济学视角》荣获云南省 2010 年度（第十四次）哲学社会科学优秀成果三等奖；

2010 年 12 月，专著《注册会计师法律制度研究》，荣获云南省 2010 年度（第十四次）哲学社会科学优秀成果三等奖；

2010 年 8 月，研究报告《云南省预算执行审计创新研究》，荣获审计署 2008~2009 年优秀论文和研究报告二等奖；

2008 年 12 月，专著《企业会计信用评价与管理》荣获云南省第十二次（2007 年）社会科学优秀成果著作类三等奖；

2006 年 12 月，专著《注册会计师执业报告研究》，荣获云南省第十次（2005 年）社会科学优秀成果著作类二等奖；

2005 年 9 月，辅助教材《会计报表审计案例》，荣获 2005 年云南省高等教育教学成果二等奖；

2004 年 2 月，论文《谈谈我国注册会计师行业发展中的五大热点问题》，荣获云南省 2001~2002 年社会科学优秀成果论文类三等奖；

2003 年 8 月，著作《经济责任审计》荣获辽宁省新闻出版局 / 辽宁省新闻出版工作者协会 2002 年度优秀图书奖；

2003 年 2 月，论文《我国企业内部审计情况问卷调查结果统计分析报告》，荣获云南省 1999~2000 年社会科学优秀成果论文类三等奖。

3. 教学情况

主讲本科生审计学、Auditing、Audit and Assurance 以及研究生审计理论研究、审计理论与实务、审计法律研究与案例、舞弊审计等课程。主持云南省精品课程《审计学》建设，主编的《审计学》评为云南省“十二五”规划教材。2007 年评为云南省首批高校教学名师；2010 年起，主持云南省高校教学名师工作室，接受了来自云南省内外的访问学者，为云南省培养优秀的会计学专业青年教师作出了贡献。课外热心指导学生创新创业大赛和科研训练项目，并获得较好成绩；所指导研究生多次获得云南省优秀硕士学位论文；自己多次被评为学校课堂教学优秀教师和课堂教学改革优秀教师、年度优秀教师。

4. 科学研究

主要研究领域：资本市场中的会计与审计问题、舞弊审计、风险管理与内部控制、公司治理与信息披露等。先后在《会计研究》《审计研究》等公开发表论文 100 多篇，被《中国会计年鉴》全文转载 1 篇，被人大复印报刊资料《财务与会计》《审计文摘》全文转载或摘登 10 余篇；出版《注册会计师执业报告研究》等专著 3 部、主编出版《审计学》等教材 10 多部、主译出版《公司舞弊手册：检查与防范》等译著 2 部；主持或参与完成国家级课题多项，主持或参与完成省部级课题 10 多项。代表性科研成果有：

（1）主要学术论文。

《行为导向人本审计模式研究》，《中南财经政法大学学报》，2016 年第 3 期；

《基于产权理论的国有企业内部控制实施机制构建》，《财会月刊》，2015 年第 22 期；

《中泰〈会计法〉比较研究》，《东南亚纵横》，2014 年第 7 期；

《国有企业内部控制特殊性及其现实选择》，《财会通讯》，2013 年第 1 期；

《产权性质、高管薪酬与高管腐败——来自中国上市公司的经验数据》，《会计与经济研究》（上海立信会计学院学报），2013 年第 4 期；

《治理环境、产权性质与内部控制治理效应》，《经济与管理评论》，

2013 年第 6 期；

《高薪能够养廉吗？——来自中国国有上市公司的实证证据》，《中国会计评论》，2013 年第 11 卷第四期；

《国家治理与政府审计职能拓展》，《当代会计评论》，2013 年第 2 期；

“Fraudulent Financial Reporting：Corporate Behavior of Chinese Listed Companies”，in S.Susela Devi and Keith Hooper, Research in Accounting in Emerging Economies，Volume 11：Accounting in Asia，Emerald Group Publishing Limited，2012；

《价格惯性与盈余惯性的文献述评》，《经济问题探索》，2011 年第 7 期；

《垄断企业成本透明化　涨价方能合理化》，《财务与会计》（理财版），2010 年第 10 期；

《我国 A 股上市公司审计费用决定因素分析》，《经济问题探索》，2010 年第 10 期；

《审计委员会的本质属性及制度创新——基于新制度经济学视角》，《审计与经济研究》，2009 年第 4 期；

《合同管理流程及其主要风险分析与控制研究》，《会计之友》，2009 年第 5 期；

《我国上市公司 2006 年度财务报表审计意见分析》，《当代财经》，2008 年第 3 期；

《企业内部控制规范实施情况问卷调查分析》，《会计之友》，2008 年第 1 期（上），第 34~37 页；

《英国内部控制标准特点分析》，《财会月刊（会计）》，2008 年第 2 期；

《内部审计参与公司治理——公司治理架构和委托代理理论框架的重构》，《中国内部审计》，2007 年第 1 期；

《舞弊性财务报告及其防范与监管——基于中国证券监督委员会处罚公告的分析》，《会计研究》，2007 年第 11 期；

《会计职业发展的新动向》，《财务与会计》，2006 年第 1 期；

《内部审计的舞弊审计程序探讨》，《对外经贸财会》，2006 年第 1 期；

《国际审计报告准则的变迁及其对我国的影响》，《云南财经大学学报》，2006 年第 3 期；

《关于会计信用若干问题探讨》，《中国农业会计》，2005 年第 9 期；

《论注册会计师执业报告的质量特征》，《当代财经》，2003 年第 10 期；

《法律诉讼与注册会计师执业报告演进：规避责任论》，《审计研究》，2003 年第 3 期；

《关于使用者对审计报告的理解与评价的问卷调查》，《会计研究》，2003 年第 7 期；

《关于注册会计师对内部控制评价的理论思考》，《审计研究》，2002 年第 2 期；

《审计合谋的制度分析》，《中南财经大学学报》，2001 年第 3 期。

（2）研究课题。

2015~2017 年，主持财政部会计研究一般项目《混合所有制下企业内部控制与风险管理应用研究》；

2014 年，昆明市人民政府政策研究室委托项目《昆明市“三公”

经费监管创新研究》；

2010~2016 年，主持国家社科基金项目《国有企业内部控制与风险预警机制研究》；

2011~2012 年，云南沃森生物科技股份有限公司委托项目《内部控制完善研究》；

2011~2012 年，云南省人民政府政策研究室委托项目《云南省社会保障资金审计监督创新研究》；

2010~2011 年，主持云南省电网公司委托项目《内部审计规范化建设研究》；

2010~2011 年，主持云南省科技厅社会发展研究项目《促进云南省高校科技成果转化的体制机制研究》；

2009~2010 年，主持云南省科技厅社会发展研究项目《云南省突发重特大自然灾害救灾款物审计应急管理研究》；

2009~2010 年，主持云南省哲学社会科学研究项目《泰国注册会计师行业制度及其中泰比较研究》；

2008 年，主持云南省审计厅委托项目《云南省预算执行审计创新研究》；

2008~2009 年，主持财政部重点会计研究课题《合同内部控制操作指引与典型案例研究》；

2005~2006 年，主持课题《云南省注册会计师行业发展研究》；

2004~2005 年，主持财政部重点会计研究课题《企业财务信用评价与管理问题研究》。

（3）专著教材。

主编《审计》，东北财经大学出版社，2004 年第 1 版、2007 年第 2 版、2011 年第 3 版、2015 年第 4 版、2017 年第 5 版；

主编《审计学》,高等教育出版社,2006 年第 1 版、2011 年第 2 版、2016 年第 3 版；

编著《企业内部控制操作规范》，云南人民出版社，2013 年；

编著《救灾款物审计》，中国时代经济出版社，2012 年；

编著《审计报告理论与范例》，东北财经大学出版社，2012 年；

编著《合同风险管理与内部控制》，大连出版社，2010 年；

译著《公司舞弊手册：防范与检查（第二版）》，东北财经大学出版社，2010 年；

专著《注册会计师法律制度研究》，法律出版社，2009 年；

专著《企业会计信用评价与管理》，经济科学出版社，2007 年；

主编《现代内部审计：理论、法规与实务操作》，中国时代经济出版社，2006 年；

专著《注册会计师执业报告研究》，高等教育出版社，2005 年；

主编《经济责任审计》，东北财经大学出版社，2002 年。

5. 社会服务

具有中国注册会计师、中国资产评估师资格和较丰富的审计、资产评估经验以丰富的上市公司治理经验。现任或曾任多家上市公司独立董事。担任云南省教授副教授评审委员会、云南省高级会计师评审委员会、云南省高级经济师评审委员会、云南省高级会计师评审委员会委员。担任云南省审计厅外部咨询专家、昆明市人民检察院外聘专家,为其业务活动规范化和科学化提供专家咨询建议。另外，多次受邀为大中型企业提供财务管理、内部审计、内部控制方面的咨询和培训服务。

（四）谢盛纹

1. 学术简历

谢盛纹（2017 年 9 月因病不幸辞世），男，1970 年生，江西瑞金人，管理学博士，博士后，江西财经大学会计学院教授、博士生导师。曾任江西财经大学会计学院副院长，会计发展研究中心副主任。曾任中国会计学会财务成本分会理事，中国审计学会审计教育分会常务理事、副秘书长，江西省金融会计学会常务理事，南昌市审计学会副会长。学习经历：1988 年 9 月 ~1992 年 7 月，赣南师范大学数学学士；1996 年 9 月 ~1999 年 6 月，江西财经大学会计学硕士，导师：张蕊；2002 年 9 月 ~2005 年 6 月，中南财经政法大学会计学博士，导师：张龙平。工作经历：1992 年 7 月 ~1996 年 8 月，江西省瑞金市职业技术学校数学教研室中教二级；1999 年 7 月 ~2002 年 8 月，华南师范大学经济与管理学院讲师；2005 年 6 月 ~2017 年 9 月，江西财经大学会计学院教授；2007 年 6 月 ~2010 年 6 月，厦门大学博士后，合作导师：陈少华。

2. 荣誉与获奖

（1）入选财政部全国首期会计领军人才（学术类）（2005）。

（2）入选江西省新世纪百千万人才（2010）。

（3）江西省青年骨干教师（2006）。

(4) 研究成果获江西省社会科学优秀成果二等奖 2 项。

(5) 研究成果获江西省高校人文社科优秀成果三等奖 1 项。

(6) 教学成果获江西省优秀教学成果二等奖 1 项。

3. 教学情况

谢盛纹教授长期承担学校博士生、硕士生、本科生和社会培训等多层次的教学任务，主讲课程有《会计学原理》《审计学》《高级审计理论与实务》等。

4. 科学研究

主持 3 项国家级科研课题，参研 3 项国家级课题；主持 7 项省、部级课题；出版专著 3 部、译著 6 部、教材 3 部；在《会计研究》等刊物上公开发表学术论文 90 余篇，其中 CSSCI 期刊 51 篇。

(1) 主要学术论文。

谢盛纹，刘阳晖：《审计师变更、前任审计师任期和会计信息可比性》，审计研究，2016 年第 2 期；

谢盛纹，闫焕民：《事务所轮换与签字注册会计师轮换的成效对比研究》，审计研究，2014 年第 4 期；

谢盛纹，闫焕民：《换“所”不换“师”式变更、超工具性关系与审计质量》，会计研究，2013 年第 12 期；

谢盛纹，闫焕民：《随签字注册会计师流动而发生的会计师事务所变更问题研究》，会计研究，2012 年第 4 期；

谢盛纹：《最终控制人性质、审计行业专业性与控股股东代理成本——来自我国上市公司的经验证据》，审计研究，2011 年第 3 期；

谢盛纹，黄善东：《应对金融危机促进会计发展——中国会计学会七届二次理事会会议综述》，会计研究，2010 年第 1 期；

谢盛纹：《重要性概念及其运用：过去与未来》，会计研究，2007 年第 2 期；

谢盛纹：《审计证据、审计风险与合理保证：一个哲学视角的分析框架》，审计研究，2006 年第 3 期。

（2）研究课题。

2015~2018 年，主持国家自科课题：签字注册会计师个体执业行为特征及其结果研究；

2012~2015 年，主持国家自科课题：基于签字注册会计师流动的会计师事务所变更研究；

2012~2015 年，参与国家自科课题：外部审计监督、信息传导机制与投资效率：基于投资机会集视角的研究；

2009~2011 年，参与国家自科课题：中国资本市场 GCO 行为：信息解读、自我预言实现及其决策机制研究；

2004~2006 年，参与国家自科课题：管理舞弊审计控制理论创新及应用研究；

2006 年，全国会计领军人才（学术类一期）；

2010~2012 年，主持教育部人文社科青年项目：独立审计对公司代理成本的作用研究——基于行业专门化的经验证据；

2009 年，主持财政部课题：基于产权视角的企业内部控制理论研究；

2012 年，主持省级课题：审计行业专门化与会计师事务所变更及其后果；

2010 年，主持省级课题：治理环境、注册会计师行业专门化与管理层代理成本；

2009 年，主持省级课题：转型时期政府审计职责的理性定位及其履行研究；

2008 年，主持省级课题：审计证据理论的构建及其应用研究；

2007 年，主持省级课题：内部控制框架构建的产权理论研究。

（3）著作与教材。

主编：《审计学（第三版）》，东北财经大学出版社，2014 年 1 月；

主编：《内部控制》，东北财经大学出版社，2012 年 11 月；

主编：《审计学》，中国财政经济出版社，2007 年 12 月；

专著：《换“所”不换“师”式变更问题研究》，东北财经大学出版社，2015 年 1 月；

专著：《独立审计对公司代理成本的降低研究——基于审计行业专门化的经验证据》，东北财经大学出版社，2013 年 3 月；

专著：《审计证据理论研究》，西南财经大学出版社，2007 年 9 月；

译著：《会计中的经济学》，立信会计出版社，2014 年 6 月；

译著：《审计学：一种整合方法（第十四版）》，中国人民大学出版社，2013 年 1 月；

译著：《会计和审计中的判断与决策》，中国人民大学出版社，2011 年 6 月；

译著：《内部控制设计——提升企业价值的战略过程》，大连出版社，2011 年 1 月；

译著：《审计计划编制——风险导向方法》，东北财经大学出版社，

2009 年 3 月；

译著：《舞弊侦查技巧与策略（第二版）》，东北财经大学出版社，2008 年 1 月。

5. 社会服务

曾在中国会计学会、中国审计学会、江西省金融会计学会、南昌市审计学会兼任学术职务，曾任江西赣能股份有限公司、广州鹏辉能源科技股份有限公司独立董事以及有关培训班审计主讲教师。

（五）王清刚

1. 学术简历

王清刚，男，1970 年生，安徽淮北人，管理学博士，厦门大学工商管理博士后，现任中南财经政法大学会计学院教授、博士生导师，湖北省及国家级精品在线开放课程《内部控制与风险管理》MOOC 负责人，中国注册会计师。曾任会计学系主任。兼任财政部企业会计准则咨询委员会委员，中国会计学会会计准则委员会委员、中国金融会计学会理事、武汉市会计学会理事。兼任武汉三特索道集团股份有限公司独立董事。澳大利亚科廷大学访问学者。先后出访伦敦政治经济学院、英国哥拉斯哥大学、国立西澳洲大学、台湾政治大学等 20 多所境外知名高校。

2. 获奖情况

(1) 2017 年 7 月，在香港中文大学举办的大中华区首届优秀 MOOC 选拔赛中，主持负责的《内部控制与风险管理》MOOC 课程入围总决赛，并获最佳课程设计提名奖。本次大赛参选课程众多，而且不分专业。2017 年 12 月，该课程分别荣获湖北省高校精品在线开放课程和国家级精品在线开放课程。

(2) 2016 年，主持开发的教学案例《哈佛财务分析框架能改进 HBDL 公司的财务绩效评价吗？》荣获教育部学位与研究生教育发展中心和全国会计专业学位研究生教育指导委员会联合颁发的优秀案例奖。

(3) 2013 年，论文《我国上市公司财务报表重述的市场反应研究》(《经济管理》2011 年第 7 期) 荣获“蒋一苇企业改革与发展学术基金论文奖”。

(4) 2012 年，主编的《会计制度设计》教材荣获东北财经大学出版社最佳教材奖。

(5) 近 5 年来，多次获得学校和学院的教学奖励，其中，会计学院教学一等奖 1 次、三等奖 2 次，学校一等奖 1 次、三等奖 1 次。

3. 教学情况

长期承担学校博士生、硕士生、本科生和社会培训等多层次的教学任务，年均完成 500 多个课时，主讲课程有《内部控制与风险管理》《会计学原理》《会计制度设计》，Financial Accounting，Financial Accounting Theories 等。主持建设的中南财经政法大学《内部控制与风险管理》MOOC 课程，是学校首批慕课建设项目，目前在中国大学 MOOC 和清华大学学堂在线两个国内最大的 MOOC 平台同时上线，前三期累计选课人数超过 6 万人。

4. 科学研究

主持国家级科研课题 1 项，参研 4 项国家级课题，主持完成 2 项省部级课题，10 项横向课题；出版专著 1 本、编著教材 16 部；在《会计研究》等刊物上发表学术论文 60 余篇，其中，英文 3 篇，CSSCI 期刊 18 篇，5 篇被人大复印资料全文转载。

（1）主要学术论文。

王清刚、徐欣宇：《企业社会责任的价值创造机理及实证检验——基于利益相关者理论和生命周期理论》，中国软科学，2016 年 2 期；

王清刚、李琼：《企业社会责任价值创造机理与实证检验——基于供应链视角》，宏观经济研究，2015 年第 1 期；

王清刚：《论企业内部控制的灵魂——从制度建设到道德与文化建设》，中南财经政法大学学报，2014 年第 1 期；

王清刚，李瑾：《实施风险导向的内部控制监督要素应用研究——以 BJNY 集团为例》，当代会计评论，2013，第 5 卷，第 2 期；

王清刚：《企业社会责任管理中的风险控制研究》，会计研究，2012 年第 10 期；

Ling Mei Cong, Qinggang Wang and John Evans. Determinants of Excessive Executive Compensation. Journal Corporate Board：Role, Duties & Composition, Volume 8, Issue 1, 2012；

王清刚，胡亚君：《管理层权力与异常高管薪酬行为研究》，中国软科学，2011 年第 10 期；

王清刚，尹文霞：《我国上市公司财务报表重述的市场反应研究》，经济管理，2011 年第 7 期；

Qinggang Wang, Ross Taplin and Alistair M. Brown. Chinese students' satisfaction of the study abroad experience, International Journal of Educational Management, Vol. 25 No. 3, 2011, pp. 265-277.

（2）研究课题。

2017 年，主持横向课题：电网企业配网工程项目风险实时管控研究；

2016 年，主持横向课题：湖北省电力公司所属地市公司财务同业对标体系的应用研究；

2014~2015 年，主持横向课题：基于风险导向的电网公司内部控制升级改造方案研究；

2013~2015 年，主持国家社科课题：基于风险智能管理的企业社会责任价值创造研究；

2011~2012 年，主持横向课题：武大巨成加固实业有限公司实施全面预算管理方案研究。

（3）著作与教材。

主编：《内部控制与风险管理：理论、实践与案例》，北京大学出版社，2016 年 8 月；

主编：《会计制度设计》，中国财政经济出版社，2013 年 1 月；

主编：《会计学基础》，东北财经大学出版社，2012 年 8 月；

主编：《会计制度设计》，东北财经大学出版社，2011 年 7 月；

主编：《会计学原理》，上海财经大学出版社，2008 年 1 月；

专著：《全球会计准则研究——兼论中国会计标准国际化》，中国财政经济出版社，2007 年 3 月。

5. 社会服务

参加我国会计准则制定的咨询工作以及北京能源集团、铁道部、广铁集团、南宁铁路局、武汉铁路局、国家电网、南方电网、中国兵器工业集团、汉江集团、湖北能源、南瑞集团、湖北省建行等 40 多家大型企业集团和湖北省国税局、地税局等单位的管理咨询、课题研究或员工培训等工作。

（六）邓川

1. 学术简历

邓川，男，1973 年生，四川达州人，管理学博士，现任浙江财经大学会计学院教授、博士生导师、副院长。浙江省“十三五”特色专业“审计学”专业负责人，财政部全国会计领军人才（学术类），浙江省“新世纪 151 人才工程”培养对象。兼任中国会计学会财务成本分会常务理事，浙江省内部审计协会副会长，浙江省注册会计师协会治理指导委员会委员。主要研究领域为审计理论与实务。先后在《审计研究》《会计研究》《中国工业经济》《管理世界》等核心期刊发表论文 40 余篇，主持教育部、财政部、浙江省社科等省部级以上课题 5 项，出版专著 5 部。曾任思美传媒股份有限公司、杭州远方光电信息股份有限公司、珀莱雅化妆品股份有限公司、浙江正元智慧科技股份有限公司独立董事。

2. 荣誉与获奖

（1）科研类。

1）浙江省第十二届哲学社会科学优秀成果奖三等奖：英国会计准则研究与比较（专著），序 2，2004 年；

2）浙江省第十三届哲学社会科学优秀成果奖三等奖：国际会计准则与财务报告准则——研究与比较（专著），序 2，2006 年；

3）浙江省第十六届哲学社会科学优秀成果奖三等奖：美国会计准则研究——从经济大萧条到全球金融危机（专著），参与，2011 年；

4）“CFO 审计师经历、旋转门现象与上市公司会计稳健性”，中国会计学会审计专业委员会 2015 年会优秀论文奖，2015 年；

5）浙江省审计厅 2006 年度调研文章评选二等奖：对审计师分析性复核使用情况的调查研究（论文），2006 年；

6）浙江省审计厅 2005 年度优秀审计论文三等奖：风险导向审计模式辨析（论文），2005 年。

（2）教学类。

1）浙江省高等教育教学成果奖一等奖：《自主高效、层级递进的国际化会计人才培养模式探索与实践》，序 4，2016 年；

2）浙江省高校第五届青年教师教学技能比赛优秀奖，浙江财经大学第五届青年教师教学技能比赛一等奖，2008；

3）浙江省“挑战杯”大学生课外学术科技作品竞赛优秀指导教师，2007 年；

4）浙江财经大学首届“我心目中的好老师”（全校 10 人），2014 年；

5）浙江财经学院第四届教坛新秀，2010 年；

6）浙江财经大学优秀硕士论文指导教师，2010 年、2012 年、2014 年、2016 年；

7）浙江财经大学优秀教师，2002 年、2003 年、2005 年、2006 年、2009 年、2011 年；

8）主编的《审计》教材，3 次荣获东北财经大学出版社最佳教材奖。

3. 教学情况

长期承担硕士生、本科生和社会培训等多层次的教学任务，年均完成 300 多个课时，主讲课程有《会计研究方法》《审计理论专题》《审计学》、Governance Risk and Ethics、Audit and Assurance 等。教学效果好，受到学生的好评。

4. 科学研究

先后在《会计研究》《审计研究》《中国工业经济》《管理世界》等核心刊物发表论文 40 余篇，5 篇论文被人大复印资料全文转载。主持教育部、财政部、浙江省社科等省部级课题 5 项，承担中国注册会计师协会、浙江省财政厅、浙江省注册会计师协会委托行业课题多项，出版专著 5 部，编著教材 2 部。

（1）主要学术论文。

邓川、高雅琴、杨文莺：《CFO 审计师经历、旋转门现象与会计稳健性》，财经论丛，2017 年第 3 期；

邓川、张雪、郑文郁：《会计师事务所合伙人收益分配模式的调查分析》，中国注册会计师，2016 年第 01 期（人大复印资料《审计文摘》2014（12）全文转载）；

邓川、孙金金：《QFII 持股、产权性质与企业融资约束》，管理世界，2014 年第 05 期；

邓川、杨文莺：《会计师事务所合并的效果：审计质量、审计收费与市场反应》，财经论丛，2014 年第 3 期；

邓川：《会计师事务所合伙人退出机制探讨》，中国注册会计师，2012 年第 11 期（人大复印资料《财务与会计导刊（理论版）》2013（4）、《财会文摘》2013（2）全文转载）；

邓川：《审计师变更方向、盈余管理与市场反应——基于公司在内资审计师之间变更的研究》，中国工业经济，2011 年第 11 期；

邓川：《对注册会计师分析程序使用情况的实证调查》，财经论丛，2006 年第 4 期；

邓川：《现代风险导向审计的两种视角及运用难点分析》，当代财经，2005 年第 9 期；

汪祥耀、邓川：《主权国家会计准则与国际财务报告准则趋同的经验及启示》，会计研究，2005 年第 1 期；

邓川：《中美注册会计师对证券投资者的民事责任制度比较》，审计研究，2004 年第 4 期。

（2）研究课题。

2016~2017 年，主持浙江省注册会计师协会委托课题：会计师事务所合伙人加入和退出机制研究；

2016~2017 年，主持中国注册会计师师协会委托课题：历史财务信息审计或审阅以外的鉴证业务准则研究；

2016~2018 年，主持浙江省哲学社科规划项目：人力资本冲突背景下的会计师事务所合伙人利益协调机制研究；

2015~2016 年，主持浙江省财政厅委托课题：会计信用体系建设研究；

2011~2013 年，主持教育部人文社科研究项目：我国证券审计机构合并的绩效、市场反应与激励整合研究；

2008~2009 年，主持浙江省哲学社科规划项目：公司财务信息舞弊的分析程序研究：战略视角、量化模型和认知心理；

2008~2009 年，主持财政部重点会计科研项目：企业财务报告内部控制审计准则研究；

2005~2006 年，主持浙江省哲学社科规划项目：现代分析性审计的错弊查证绩效与改进路径研究。

（3）著作与教材。

专著：《我国证券市场会计师事务所合并绩效与整合研究》，东北财经大学出版社，2013 年；

专著：《公司财务信息舞弊的分析程序研究：战略视角、量化模型和认知心理》，经济科学出版社，2009 年；

专著：《国际会计准则与财务报告准则——研究与比较》，副主著，立信会计出版社，2005 年；

专著：《澳大利亚会计准则及其国际趋同战略研究》，副主著，立信会计出版社，2005 年；

编著：《国际审计准则：阐释与运用》，立信会计出版社，2009 年；

主编：《审计学》，东北财经大学出版社，2009 年；

副主编：《审计与鉴证服务》（浙江省重点建设教材），浙江人民出版社，2007 年。

5. 社会服务

承担中国注册会计师协会、浙江省财政厅及注册会计师协会委托课题，为行业主管部门提供决策参考。

作为项目负责人，代表学校竞标成功浙江省第三期、第五期会计领军人才项目（行政事业类）、浙江省跨境并购类国际化高端会计人才项目，是省内受省财政厅、省委人才办、省人社厅、省金融办等四部门委托、唯一承办此类高端会计人才项目的高校。2016 年圆满组织完成浙江省第三期会计领军人才项目的培训工作，得到主办方的高度肯定，《浙江日报》《中国会计报》、杭州电视台、新浪网等媒体作了报道。这些项目提高了学校的知名度与影响力，也为学校深化产学结合的人才培养模式改革提供了良好保障。

6. 专业与学科建设情况

按学院工作安排，作为副院长，成功承办"《亚洲会计评论》2017 年国际会计学术研讨会""全国会计领军人才学术研讨会""会计名家培养工程学术研讨会"等国内外学术会议，组织领导所在学院在国家自科基金项目立项、在《管理世界》《经济学季刊》等发表论文方面取得突破，成功申报获批审计专业硕士点，获得 MPAcc 全国十佳优秀硕士学位论文、全国 MPAcc 案例大赛华南分赛区十强、全国资产评估研究生知识竞赛三等奖等荣誉与奖励。

作为专业负责人，“审计学”本科专业获批浙江省“十三五”特色专业。根据中国科学评价研究中心 2017 年发布的全国高校专业评价排名榜，所在学校审计学专业全国位次比为 0.028，全国排名第三，连续三年获评全国五星专业。

（七）李璐

1. 学术简历

李璐，女，1979 年生，河北宝坻人，管理学博士，博士后（合作导师为北京大学光华管理学院王立彦教授），现任中南财经政法大学会计学院教授、博士生导师。一直从事审计领域的科研和教学工作。获得中国注册会计师、英国特许公认注册会计师（ACCA）、中国法律职业资格证书。财政部中国注册会计师协会访问研究员、技术专家，湖北省审计学会副秘书长，湖北省金融学会理事，湖北省民革经济专业委员会成员，湖北省首期会计领军（后备）人才，湖北省地税局首批特约监督员等。

2. 荣誉与获奖

（1）研究报告《我国上市公司财务欺诈的量质特征及审计战略调整研究》，2013 年度获全国高校人文社会科学优秀成果奖三等奖，序三；

（2）研究报告《水环境审计研究》，2015 年度获湖北省会计学会优秀课题研究报告一等奖，独撰；

（3）论文《WGEA 的全球性环境审计调查结果：分析与借鉴》，2013 年度获湖北省会计学会年度优秀论文二等奖，序一；

（4）论文《基于数据包络分析的审计机关绩效评价研究》，2012 年度获湖北省会计学会年度优秀论文三等奖，序一；

（5）2012 年，评为全国首批 ACCA 优秀专业指导教师（全国共 10 名）；

（6）Auditing 课程，2007 年评为全国首批“国家双语示范课程”，课程负责人：张龙平、李璐；

（7）《现代审计学》教材，2010 年评定为国家“十一五规划教材”，主编：张龙平、李璐。

3. 教学情况

长期承担博士生、硕士生、本科生和社会培训等多层次的教学任务，年均完成 500 多个课时。主讲的博士生课程有 Literature Review of Empirical Research on Accounting, Financial Management and Auditing、《审计理论与审计准则研究》，硕士生课程有《审计前沿专题研究》《舞弊审计与审计技术研究》，本科生课程有 Auditing and Assurance、《审计学》等。与张龙平教授共同主持的 Auditing 课程，入选全国首批“国家双语示范课程”。

4. 科学研究

主持国家级科研课题 1 项，参研国家级课题 3 项，主持完成博士后资助项目、财政部中注协、湖北省审计厅、北京市审计局等委托课题10余项；出版专著2部、教材3部；在《审计研究》等刊物上发表学术论文30余篇，其中7篇被人大复印资料全文转载。

（1）主要学术论文。

李璐、万怡：《事务所转制、审计师声誉与IPO市场反应——基于审计需求方的视角》，审计与经济研究，2017年05期；

李璐、万怡：《产品市场竞争与审计问题研究文献综述》，审计月刊，2017年11期；

李璐、孙亚丽：《事务所强制轮换制度的政策研究》，中国注册会计师，2017年07期；

李璐：《美国财政资金的协同审计监督研究——以ARRA法案资金为例》，财政研究，2013年09期；

李璐、孙俊奇：《独立董事背景特征对企业信贷融资的影响研究——基于我国上市民营企业的经验证据》，投资研究，2013年08期；

李璐、张龙平：《WGEA的全球性环境审计调查结果：分析与借鉴》，审计研究，2012年01期；

李璐、夏昱：《基于数据包络分析的审计机关绩效评价研究》，财政研究，2011年12期；

李璐、张婉婷：《研发投入对我国制造类企业绩效的影响研究》，科技进步与对策，2013年12期；

李璐、张龙平：《关于我国开展水环境审计的理论与实践探讨》，中南财经政法大学学报，2012年06期；

李璐：《环境保护、受托责任与环境会计审计问题研究——第一届CSEAR中国研讨会暨“环境会计与综合报告”国际学术年会综述》，中国会计评论，2012 年 06 期。

（2）研究课题。

2016 年，主持湖北省审计厅重点科研课题：统一管理体制下审计与地方党委政府协同研究；

2014 年，主持财政部中国注册会计师协会科研课题：国外政府预算绩效评价研究；

2013 年，主持湖北省会计学会科研课题：水环境审计理论与实践问题研究；

2013 年，主持湖北省高校省级教学改革研究项目：国际化背景下拔尖创新审计人才培养模式改革研究；

2011 年，主持国家社科基金课题：包容性增长框架下财政预算审计监督一体化改革研究；

2010 年，主持中国博士后基金会科研项目：中国政府绩效审计改革路径与模式研究等。

（3）著作与教材。

专著：《水环境审计研究》，世界图书出版公司，2013 年 12 月；

专著：《政府绩效审计研究》，湖北科学技术出版社，2009 年 12 月；

主编：《现代审计学》，北京大学出版社，2017 年 8 月（第二版）；

主译：《工商管理经典译丛 · 会计与财务系列：会计英文写作（第 8 版）》，中国人民大学出版社，2013 年 6 月；

副主编：《注册会计师职业道德守则精讲与案例》，大连出版社，2011 年 7 月。

（八）陈丽红

1. 学术简历

陈丽红，女，1978 年生，湖北武汉人，管理学博士，现任中南财经政法大学教授、博士生导师。2010 年聘为财政部中国注册会计师协会审计行业标准制定专家，2012 年入选湖北省首批会计领军（后备）人才培养工程，2013~2014 年，作为访问学者，在美国休斯敦大学进行了一年的学术交流，2014 年当选为湖北省审计学会副秘书长，2015 年当选为中国学位与研究生教育学会审计专业学位工作委员会副秘书长，2015 年末入选全国会计学术领军（后备）人才培养工程。

2. 荣誉与获奖

（1）2017 年，指导硕士生荣获湖北省第一届 MPAcc 学生案例大赛总冠军，网络最佳风采奖，本人荣获最佳指导教师奖。

（2）2015 年，论文《会计信息会影响捐赠者的决策吗？——来自中国慈善基金会的经验证据》荣获湖北省会计学会 2015 年优秀论文一等奖。

（3）2014 年，论文《慈善基金会特征、审计师选择与捐赠决策》荣获湖北省会计学会 2014 年优秀论文特等奖。

（4）2014 年，指导硕士生荣获第二届中国 MPAcc 学生案例大赛总冠军，本人荣获最佳指导教师奖。

（5）2011 年，指导本科生荣获 2011 年海峡两岸会计辩论赛季军。

（6）2011 年,主持的课题“审计准则体系运行效果的实证研究”荣获湖北省会计学会第三批会计科研课题二等奖。

（7）2010 年，论文《行业专门化、行业特征与行业集中度》荣获中国会计学会审计专业委员会 2010 年学术年会优秀论文一等奖。

3. 教学情况

长期承担本科生、硕士生、博士生和社会培训等多层次的教学任务,年均完成 500 多个课时。主讲本科生课程《中级财务会计》《会计学》、Intermediate Accounting,硕士生课程《现代审计理论》《CPA 审计前沿问题专题研究》以及博士生课程《审计专题研究》《财会审实证研究文献研读》。

4. 科学研究

主持国家社科基金一般项目 1 项，参研国家级课题 4 项，主持完成教育部人文社科青年基金项目 2 项，横向课题 2 项；出版专著 2 部、教材 4 部；在《会计研究》《审计研究》等刊物上发表学术论文 30 余篇。

（1）主要学术论文。

陈丽红、张龙平、朱海燕:《国家审计能发挥反腐败作用吗？》,《审计研究》，2016 年第 3 期；

陈丽红、张龙平、李青原、杜建军：《会计信息会影响捐赠者的决策吗？——来自中国慈善基金会的经验证据》,《会计研究》，2015

年第 2 期；

陈丽红、张龙平、叶馨：《产权性质、审计质量、产品类型与慈善捐赠——基于战略慈善观的分析》，《审计研究》，2015 年第 5 期；

陈丽红、张龙平、彭昱可：《本土事务所转制对审计质量有影响吗？——基于双重差分模型的分析》，《投资研究》，2015 年第 7 期；

陈丽红、张龙平、杨平:《慈善组织特征、信息披露与捐赠收入》，《当代财经》，2015 年第 11 期；

陈丽红、杨佳乐、李民:《论自然资源资产离任审计的五大难点》，《审计月刊》，2015 年第 5 期；

陈丽红、张龙平、全红蕾、杜建军：《慈善基金会特征、审计师选择与捐赠决策》，《审计研究》，2014 年第 5 期；

陈丽红、张龙平：《行业同质性与事务所行业专门化战略——来自中国审计市场的经验证据》，《经济管理》，2011 年第 2 期；

陈丽红、张龙平：《事务所行业专门化研究述评及展望》，《会计研究》，2010 年第 11 期；

陈丽红、张龙平：《行业专门化与审计质量——来自中国审计市场的经验证据》，《当代财经》，2010 年第 11 期；

陈丽红、张龙平：《行业专门化、客户重要性与审计质量》，《财经论丛》，2010 年第 6 期。

（2）研究课题。

2014 年，主持国家社科基金一般项目：腐败治理中的政府审计机制创新研究（14BJY208）；

2017 年，主持湖北省审计学会 2017 年科研课题：国家审计在全面从严治党中的重要作用、实现机制与保障措施研究（17SJXH004）；

2013~2016 年，主持教育部人文社会科学青年基金：中国慈善基金审计制度创新研究（13YJC790008）；

2009~2012 年，主持教育部人文社会科学青年基金：会计师事务所行业专门化发展战略研究（09YJC790109）；

2011~2017 年,作为子课题负责人,参与国家社科基金重大项目“国家利益保护导向的中国环境审计体系创新研究”（11&ZD044）；

2013~2016 年，参加国家自然科学基金面上项目：会计师事务所组织形式变迁、法律责任与审计质量（71262013）；

2012~2013 年，主持中央高校基本科研业务费资助课题：我国会计师事务所合并整合研究（2012079）；

2011~2014 年，主持湖北省教育科学“十二五”规划 2011 年度重点课题：基于信息共享的审计案例教学模式研究（2011A008）；

2009~2010 年，主持湖北省审计厅 2009 年度审计科研课题：中国绩效审计一般准则及指南研究（09SJ01003）；

2009~2010 年，主持中国注册会计师协会 2009 年度审计课题：中国注册会计师审计准则——对简要财务报表出具报告的业务起草项目（2009–D–21）；

2008~2010 年，主持湖北省会计学会 2008~2010 年度重点会计科研课题：审计准则体系运行效果的实证研究（HBKJ200810）；

2008~2009 年，主持湖北省审计厅 2008 年度审计科研课题：财政专项资金经济效益审计（08SJ01004）。

（3）著作与教材。

专著：《中国慈善组织信息披露与审计监管研究》，湖北科学技术出版社，2015 年 11 月；

专著：《会计师事务所行业专门化研究》，经济科学出版社，2010 年 12 月；

副主编：《会计学》，中国财政经济出版社，2013 年 7 月；

副主编：《中级财务会计学》，上海财经大学出版社，2009 年 1 月；

副主编：《房地产金融》，人民交通出版社，2007 年 1 月。

5. 社会服务

作为中国注册会计师协会技术专家和湖北省审计学会副秘书长，积极参加我国注册会计师审计准则的起草、制定及修订工作，曾多次为湖北省审计学会、会计师事务所以及上市公司进行学员或员工培训。注重产学研结合，主持研究多项来自实务界的横向重大课题，课题成果受到委托方的采纳和好评。还担任会计学院硕导组组长，积极为师生们服好务。